EDITH SCHREYER

Pluralistische Entscheidungsgremien im Bereich sozialer und kultureller Staatsaufgaben

Schriften zum Öffentlichen Recht

Band 428

Pluralistische Entscheidungsgremien im Bereich sozialer und kultureller Staatsaufgaben

Eine verwaltungs- und verfassungsrechtliche Untersuchung am Beispiel der Bundesprüfstelle für jugendgefährdende Schriften, der Jugendwohlfahrtsausschüsse und der Filmförderungsanstalt

Von

Dr. Edith Schreyer

DUNCKER & HUMBLOT / BERLIN

Gedruckt 1982 bei Berliner Buchdruckerei Union GmbH., Berlin 61
Printed in Germany

ISBN 3 428 05225 0

Vorwort

Die Arbeit hat im Wintersemester 1981/82 der Rechts- und Wirtschaftswissenschaftlichen Fakultät der Universität Bayreuth als Dissertation vorgelegen. Später erschienene Literatur konnte nur noch vereinzelt bis Februar 1982 berücksichtigt werden.

Mein Dank gilt vor allem Herrn Professor Dr. Walter Schmitt Glaeser, der mich zu der Arbeit ermutigte und ihren Fortgang durch Anregung, Kritik und ständige Gesprächsbereitschaft förderte. Danken möchte ich auch Herrn Professor Dr. Peter Häberle, der das Zweitgutachten erstellte und durch seinen freundlichen Zuspruch mit zum Gelingen der Arbeit beitrug. Ganz herzlich danke ich aber auch meinem lieben Freund Herrn Dr. Hans Hege für fruchtbare und engagierte Diskussionen zum Thema, in denen ich viele meiner hier niedergelegten Gedanken entwickeln konnte.

Dank schulde ich schließlich dem Bundesinnenministerium, das die Drucklegung der Arbeit durch einen Druckkostenzuschuß förderte sowie Herrn Ministerialrat a. D. Professor Dr. J. Broermann für die Aufnahme der Arbeit in die Reihe „Schriften zum Öffentlichen Recht".

Berlin-Dahlem, im Juli 1982

Edith Schreyer

Inhaltsverzeichnis

1. Einleitung — Problemstellung

1.1. „Dogmatisches Defizit“ bei der Behandlung pluralistisch strukturierter Entscheidungsgremien

Als das Bundesverwaltungsgericht in seiner Entscheidung vom 16. Dezember 1971[1] zum Gesetz über die Verbreitung jugendgefährdender Schriften (GjS) mit seiner bisherigen Rechtsprechung brach und die Entscheidungen der Bundesprüfstelle — gleiches folgerte kurze Zeit später das Verwaltungsgericht Berlin für die Bescheide der Filmförderungsanstalt[2] — nur noch in Randbereichen als überprüfbar ansah, wurde dies „fast als Sensation“[3] bezeichnet. Sensationell vor allem deswegen, weil das Gericht darin die überkommene Rechtsprechung hinsichtlich der Überprüfbarkeit sog. „unbestimmter Rechtsbegriffe“ aufgab und die Vorstellung, daß bei der Anwendung des Begriffs der „Eignung zur Jugendgefährdung“ nur *eine* richtige Lösung möglich sei, kurzerhand als Fiktion abtat.

Nur am Rande und mit mannigfachen Fragezeichen versehen wurde dabei auf die wohl brisanteste Stelle[4] des Urteils eingegangen, die auf „Elemente gesellschaftlicher Repräsentanz“ in der Bundesprüfstelle und die damit verbundene „Gewähr, daß bei der Entscheidung über die Aufnahme einer Schrift in die Liste die verschiedenen Gruppen unserer pluralistischen Gesellschaft wirksam werden“[5] verweist, um die These von der Unüberprüfbarkeit der Entscheidung dieses Gremiums zu erhärten.

Dabei scheinen Zusammensetzung und Struktur dieses Gremiums nach herkömmlicher Auffassung ebenso wie die vom Bundesverwaltungsgericht zuerkannte Legitimation zur verbindlichen Letztentscheidung nahezu allen rechtsstaatlichen und demokratischen Postulaten zu widerstreiten: so ist die Bundesprüfstelle weder über Rechts- und Fachaufsicht der Ministerialverwaltung an das Parlament rückgebunden, noch sollen nach Auffassung des Bundesverwaltungsgerichts die Ge-

[1] BVerwGE 39, 197.

[2] Urteil v. 25. 10. 1972, DVBl. 1974, S. 375 ff.

[3] *Bachof,* Anmerkung zum Urteil des Bundesverwaltungsgerichts in JZ 1972, S. 208.

[4] So *Ossenbühl,* DöV 1972, S. 404.

[5] BVerwGE 39, 197 (204).

richte darüber wachen können, ob die Verwaltung den Begriff der Jugendgefährdung entsprechend dem Willen des Gesetzgebers ausgelegt hat, um so zumindest eine mittelbare Rückbindung an den Willen des parlamentarischen Gesetzgebers zu bewirken, ganz zu schweigen von den Bedenken, die im Hinblick auf die Rechtsschutzgarantie des Art. 19 Abs. 4 GG geltend gemacht werden[6].

Polemisch formuliert: die verbindliche Rechtsfindung wird aus dem Bereich der demokratisch legitimierten staatlichen Gewalt entlassen und Repräsentanten der Gesellschaft ausgeliefert, „für deren Qualifikation nicht die Gesellschaft als der souveräne Demos, sondern in unkontrollierbarer Weise allein die vorschlagenden Organisationen die Verantwortung tragen“[7].

1.2. Pluralistisch strukturierte Entscheidungsgremien als Teilausschnitt der Partizipationsproblematik

Eher am Rande und ohne näher darauf einzugehen, hat *Bachof* in der Rezension dieser Entscheidung[8] auf die juristische Relevanz der Zusammensetzung von Verwaltungsgremien verwiesen, während *Ossenbühl*[9] den Bogen zur Partizipationsdiskussion schlug und die Frage stellte, inwieweit Entscheidungsgremien wie die Bundesprüfstelle für jugendgefährdende Schriften Ansätze zu einer „Sozialisierung“ von Verwaltungsentscheidungen enthalten.

Daß man es mit diesen Andeutungen bewenden ließ, ist nicht verwunderlich, scheint doch die vom Bundesverwaltungsgericht neben den Fachkenntnissen hervorgehobene „gesellschaftliche Repräsentanz“ des Gremiums, sowie die Tatsache, daß in der Bundesprüfstelle die „verschiedenen Gruppen unserer pluralistischen Gesellschaft wirksam werden“[10], auf Aspekte hinzuweisen, die in erster Linie Gegenstand politologischer oder soziologischer, nicht aber juristischer Untersuchungen sind und im Bereich der Staats- und Verwaltungslehre nur mit Skepsis betrachtet werden, soweit es sich nicht um die meist nur als Ausnahmen apostrophierten Rundfunkräte oder Gremien der sozialen Selbstverwaltung handelt. Auch der zuweilen unternommene Versuch, Gremien dieser Art als reine Sachverständigengremien oder gar richterähnliche Gremien einzuordnen und damit das Element „gesellschaftlicher Repräsentanz“ auszublenden, signalisiert eher Ratlosigkeit.

---

[6] In diesem Sinne etwa die Kritik von *v. Olshausen*, JuS 1973, S. 220.

[7] *v. Olshausen*, JuS 1973, S. 220; *Ott*, NJW 1972, S. 1221, Fußnote 15; kritisch auch *Papier*, DVBl. 1975, S. 463.

[8] JZ 1972, S. 209.

[9] DöV 1972, S. 404.

[10] BVerwGE 39, 197 (204).

Pluralistisch strukturierte Verwaltungsgremien haben aber auch in der Verwaltungswirklichkeit einen schweren Stand, selbst dann, wenn sie — wie etwa die Jugendwohlfahrtsausschüsse — auf eine lange Tradition zurückblicken können.[11] Im Rahmen der Diskussion um die Neuregelung des Jugendhilferechts wurde immer wieder deutlich[12], wie sehr man, vor allem von staatlicher und parteipolitischer Seite, die Jugendwohlfahrtsausschüsse als Fremdkörper in der Verwaltung betrachtet. Eine Reihe von Vorschlägen ging denn auch dahin, die — insbesondere durch die eingeräumten Beschlußfassungsrechte gekennzeichnete — Sonderstellung der Jugendwohlfahrtsausschüsse in der Kommunalverwaltung überhaupt abzuschaffen.[13]

Das Interesse der Verfassungs- und Staatslehre gilt zudem weitgehend nur der Wirksamkeit der verschiedenen gesellschaftlichen Gruppen im Vorfeld staatlicher Willensbildung[14], wo man ihnen freilich ein erhebliches Gewicht für die Vorformung des politischen Willens zumißt[15]. Für legitim hält man das Wirken von Gruppen und Verbänden der pluralistischen Gesellschaft in der Regel nur in der Sphäre der nichtorganisierten Öffentlichkeit.[16]

Zwar hat die zu Beginn der 70er Jahre verstärkt geführte Partizipationsdiskussion[17] wesentlich dazu beigetragen, die Zielwerte der

[11] Bereits § 9 Abs. 2 des Reichsjugendwohlfahrtsgesetzes v. 9. 7. 1922 (RGBl. I, S. 633) sah einen Verwaltungsausschuß des Jugendamtes vor, dessen Beisitzer sich zu 2/5 aus den im Bezirk des Jugendamtes wirkenden freien Vereinigungen für Jugendwohlfahrt und Jugendbewegung rekrutierten. In dieser organisatorischen Zusammensetzung haben die Jugendämter bis zum 31. 1. 1939 bestanden. Durch Reichsgesetz v. 1. 2. 1939 (RGBl. I, S. 109) wurden die freien Vereinigungen der Jugendwohlfahrt und die Jugendverbände von der Mitarbeit in den Jugendämtern ausgeschlossen. Erst im Jahre 1953 wurde die alte organisatorische Ausgestaltung der Jugendämter wieder eingeführt (G. zur Änderung von Vorschriften des RJWG v. 28. 8. 1953 — BGBl. I, S. 1035) und später in das am 1. 1. bzw. 1. 7. 1962 in Kraft getretene JWG (BGBl. I, S. 1205) übernommen. Siehe dazu *Hasenclever*, Jugendhilfe und Jugendgesetzgebung seit 1900, S. 169 ff. u. S. 198 ff.; *Potrykus / Rauball*, Der Jugendwohlfahrtsausschuß, S. 1 ff.

[12] s. dazu auch unten, Teil 1.3.2.

[13] s. dazu sogleich unten, Teil 1.3.2.

[14] *Maunz*, in Maunz / Dürig / Herzog / Scholz, GG, Art. 9 Rdnr. 13 ff.; *Scheuner*, Der Staat und die Verbände, S. 14 f.; *H. Huber*, Staat und Verbände, S. 21 f.

[15] *Hesse*, Grundzüge, S. 167 f.

[16] *J. H. Kaiser*, Die Repräsentation organisierter Interessen, S. 354 ff.

[17] Hierzu ausführlich die Referate von *Schmitt Glaeser* und *Walter* zur „Partizipation an Verwaltungsentscheidungen" in VVDStRL 31 (1973), S. 179 ff. bzw. 147 ff.; siehe ferner: *Blümel*, „Demokratisierung der Planung" oder rechtsstaatliche Planung, S. 9 ff.; *Dagtoglou*, Partizipation Privater an Verwaltungsentscheidungen, DVBl. 1972, S. 712 ff.; *Dienel*, Partizipation an Planungsprozessen als Aufgabe der Verwaltung, Die Verwaltung, 1971, S. 151 ff.; *Kisker*, Gruppenmitbestimmung in der öffentlichen Verwaltung, DöV 1972, S. 520 ff.; *Knöpfle*, Organisierte Einwirkungen auf die Verwaltung, DVBl.

Pluralismustheorie, wie „Mäßigung der Macht, Minderheitenschutz und institutionalisierte Suche nach dem breiten Konsens“[18] durch Überlegungen zur Beteiligung von Bürgern und Bürgergruppen an staatlichen Entscheidungsprozessen auch für das Verfassungs- und Verwaltungsrecht fruchtbar zu machen. Dabei konnten jedoch nur grob umrissene Grenz- und Richtlinien aufgezeigt werden, welche die verfassungspolitische Gebotenheit pluralistischer Entscheidungsstrukturen, vor allem aber ihre verfassungsrechtlichen Grenzen markierten.

1.3. Beschränkung des Untersuchungsgegenstandes auf konkrete Erscheinungsformen pluralistischer Entscheidungsgremien

Indes: ebenso wie „Verwaltung“ nicht aus sich heraus verständlich werden kann, erschließt sich auch das komplexe Phänomen der Partizipation in seiner tatsächlichen und rechtlichen Bedeutung nur in den jeweils gegebenen konkreten Erscheinungsformen. Dem Versuch, etwa aufgrund entscheidungs- und systemtheoretischer oder gar demokratietheoretischer Annahmen, einheitliche Strukturprinzipien für Partizipation im Bereich staatlicher Aufgabenwahrnehmung zu entwickeln[19], kann in Anbetracht der gegebenen Ausdifferenzierung der einzelnen Verwaltungstätigkeiten nur mit Skepsis begegnet werden[20].

Auch im Rekurs auf verfassungsrechtliche Wertentscheidungen wie Demokratieprinzip und Grundrechte lassen sich nur begrenzt generalisierbare Aussagen über Wert und Unwert von Partizipation an Verwaltungsentscheidungen treffen. Der Sinn der Beteiligung von nichtstaatlichen Entscheidungsträgern an staatlichen Entscheidungen läßt sich vielmehr nur von der jeweiligen Aufgabe und ihrem tatsächlichen und rechtlichen Wirkungsfeld her bestimmen.[21]

1974, S. 707 ff.; *Oberndorfer*, Partizipation an Verwaltungsentscheidungen in Österreich, DöV 1972, S. 529 ff.; *H.-H. Rupp*, Freiheit und Partizipation, NJW 1972, S. 1537 ff.; *Scharpf*, Demokratie als Partizipation, S. 117 ff. Aus neuerer Zeit vor allem: *v. Aleman*, Partizipation — Überlegungen zur normativen Diskussion und zur empirischen Forschung, S. 245 ff.; *Hollihn*, Partizipation und Demokratie; *P. John*, Bedingungen und Grenzen politischer Partizipation in der Bundesrepublik am Beispiel der Bürgerinitiativen; *Matthöfer* (Hrsg.), Bürgerbeteiligung und Bürgerinitiativen; *H.-J. Menzel*, Legitimation staatlicher Herrschaft durch Partizipation Privater? — Dargestellt am Beispiel der Gewerkschaften in Gremien der Wirtschaftsverwaltung.

[18] *Scharpf*, Demokratietheorie zwischen Utopie und Anpassung, S. 54.

[19] So etwa *Naschold*, Organisation und Demokratie, S. 56 ff. und passim; siehe auch *Vilmar*, Elemente einer integralen Theorie der Partizipation, S. 295 f., der Partizipation für nahezu alle Subsysteme fordert, von Familie und Kindergärten angefangen über staatliche und kirchliche Entscheidungszentren bis hin zu supranationalen Organisationen.

[20] *Schmitt Glaeser*, VVDStRL 31 (1973), S. 197.

Die vorliegende Untersuchung verzichtet demgemäß darauf, von vornherein allgemeine Grundsätze für mitentscheidende Partizipation in der Verwaltung aus der Verfassung zu deduzieren. Sie stellt sich vielmehr die Aufgabe, in einem bestimmten Bereich staatlicher Aufgabenwahrnehmung, nämlich im Rahmen sozialer und kultureller Aufgaben, konkrete Erscheinungsformen von Entscheidungsteilhabe nichtstaatlicher Entscheidungsträger zu untersuchen und einzuordnen.

Die Beschränkung auf den Bereich sozial-kultureller Aufgaben ergibt sich nicht nur aus der Notwendigkeit einer Begrenzung des Untersuchungsgegenstandes. Sie liegt auch deswegen nahe, weil man *gerade* in diesem Bereich häufiger auf Gremien trifft, in denen nichtstaatliche Entscheidungsträger an Entscheidungen mitwirken. Es scheint sich hier um Bereiche zu handeln, die vom Staat und den Parteien nicht adäquat repräsentiert werden können und sub specie grundrechtlicher Freiheitsverbürgungen auch nicht absorbiert werden dürfen und in denen sich daher alternative Formen der Gemeinwohlfindung unter Einbeziehung vorhandener gesellschaftlicher Strukturen und Initiativen, namentlich des Verbändepluralismus, herausbildeten. Im Rahmen der möglichen Handlungsmodalitäten der Verwaltung decken diese Gremien ein breites Spektrum ab: ihre Entscheidungskompetenzen reichen von den repressiven Regelungen der Bundesprüfstelle für jugendgefährdende Schriften über Maßnahmen der Förderung und Subventionierung durch die Filmförderungsanstalt bis hin zu den lediglich koordinierenden und richtlinienhaften Entscheidungen der Jugendwohlfahrtsausschüsse.

1.3.1. Die Bundesprüfstelle für jugendgefährdende Schriften

Die Bundesprüfstelle ist eine selbständige Bundesoberbehörde mit eigenem Haushalt.[22] Sie entscheidet über die Aufnahme von Schriften, Schallaufnahmen, Abbildungen und Darstellungen in die sog. Liste für jugendgefährdende Schriften (§ 1 Abs. 1 und 3 GjS). Die Entscheidung trifft ein Gremium, das mehrheitlich aus Beisitzern besteht, die auf Vorschlag bestimmter Gruppen vom Bundesminister für Jugend, Familie und Gesundheit berufen werden (§ 9 GjS). Die Gremiumsmitglieder sind an Weisungen nicht gebunden (§ 10 GjS).

---

[21] *Schmitt Glaeser*, ebd.; siehe im übrigen auch *Luhmann*, Legitimation durch Verfahren, S. 207, der zu Recht darauf hinweist, daß sich in Anbetracht der Vielgestaltigkeit von Verwaltung eine einheitliche Beurteilung oder gar die Institutionalisierung eines einheitlichen Verfahrenstyps von selbst verbietet. Siehe auch *Hoffmann-Riem*, Interessenzuordnung im Handwerk, S. 23, der sich für die Notwendigkeit „bereichsspezifischer Detailanalysen" ausspricht.

[22] *Stefen*, Massenmedien — Jugendmedienschutz, S. 92.

Als jugendgefährdend sieht die gesetzliche Regelung vor allem unsittliche, verrohend wirkende, zu Gewalttätigkeit, Verbrechen oder Rassenhaß anreizende sowie den Krieg verherrlichende Schriften an (§ 1 Abs. 1 Satz 2 GjS).

Allerdings lassen sich die Maßnahmen der Bundesprüfstelle nicht ohne weiteres als solche der sozial-kulturellen Daseinsvorsorge einordnen, wenngleich eine sozialpädagogische und daher im weitesten Sinne fördernde Funktion der Indizierung durchaus innewohnt und von der ständigen Rechtsprechung des Bundesverwaltungsgerichts wohl auch unterstellt wird, wenn dort von Schriften die Rede ist, die geeignet sind, Kinder und Jugendliche „sozialethisch zu verwirren"[23]. Auch das Bundesverfassungsgericht rekurriert zur Begründung der Gesetzgebungskompetenz des Bundes für das Gesetz über jugendgefährdende Schriften auf Art. 74 Nr. 7 GG, d. h., auf den Regelungsbereich der öffentlichen Fürsorge.[24]

Auf der anderen Seite kann aber nicht darüber hinweggesehen werden, daß die Indizierung einer Schrift (bzw. der ihr gleichgestellten Publikationsträger) dazu führt, daß das betroffene Werk „nur noch ein Schattendasein führen kann"[25]. Sie schränkt damit das Recht des Autors ein, sein Werk einem breiteren Publikum zugänglich zu machen und tangiert damit die Grundrechte aus Art. 5 Abs. 1 und 3 GG. Die Indizierung erschwert ferner die wirtschaftliche Verwertung der betroffenen Schriften, Tonträger etc. und greift damit zumindest in das durch Art. 2 Abs. 1 GG geschützte Recht auf freie wirtschaftliche Betätigung ein. Der Begriff der Jugend*gefährdung* verweist zudem auf den klassischen Terminus der Gefahr als Voraussetzung ordnungsbehördlichen Einschreitens[26], so daß es gerechtfertigt erscheint, hier von einem „Spezialpolizeirecht"[27] zu sprechen, das bestimmte gesellschaftliche Standards und Wertvorstellungen der Jugenderziehung dem Schutz der öffentlichen — d. h. in diesem Zusammenhang „staatlichen" — Ordnung unterstellt und Verhaltensweisen, die dagegen verstoßen, mit Sanktionen belegt und damit gleichzeitig eine sozialpädagogisch-fürsorgerische Funktion erfüllt.

---

[23] BVerwGE 23, 112 (114); 25, 316 (320); 39, 197 (208), siehe dazu auch *Schefold,* Jugendmedienschutz, S. 14.

[24] BVerfGE 31, 113 (117).

[25] *Schilling,* Literarischer Jugendschutz, S. 25.

[26] *Schefold,* Jugendmedienschutz, S. 15.

[27] *Raue,* Literarischer Jugendschutz, S. 16.

1.3.2. Der Jugendwohlfahrtsausschuß

Der Jugendwohlfahrtsausschuß bildet als beratendes und beschließendes Gremium zusammen mit der Verwaltung des Jugendamtes das kommunale Jugendamt.[28] Die organisationsrechtliche Stellung des Jugendwohlfahrtsausschusses wird einerseits geprägt durch die entsprechenden landesrechtlichen Ausführungsvorschriften, andererseits durch die Bestimmungen des Jugendwohlfahrtsgesetzes (JWG), die dem Jugendwohlfahrtsausschuß sein besonderes, von der allgemeinen Gemeindeverwaltung abweichendes, Gepräge geben. Da der Jugendwohlfahrtsausschuß sowohl Elemente des Kommunalverfassungsrechts[29] als auch des Bundesrechts aufweist, ist es wohl zutreffend, ihn als einen Kommunalausschuß mit bundesrechtlich bestimmten Besonderheiten zu bezeichnen.[30]

Daran dürfte sich auch nach der geplanten Änderung des Jugendhilferechts nichts ändern. Der von der Bundesregierung vorgelegte Entwurf[31] übernimmt zwar nicht mehr die Zweigliedrigkeit des Jugendamtes, der Jugendwohlfahrtsausschuß — in der Terminologie des Entwurfs „Jugendhilfeausschuß" — bleibt jedoch bestehen. Die Regelung stellt damit einen Kompromiß zwischen der, vor allem von den kommunalen Spitzenverbänden vertretenen Forderung dar, die Stellung des Jugendwohlfahrtsausschusses der der anderen kommunalen Ausschüssen anzugleichen,[32] und der Beibehaltung der bestehenden Regelung, wie sie von den freien Trägern der Jugendhilfe gefordert wurde[33].

Dem Jugendwohlfahrtsausschuß gehören Mitglieder der kommunalen Vertretungskörperschaft und in der Jugendwohlfahrt erfahrene oder tätige Männer und Frauen aller Bevölkerungskreise an. Sie werden von der kommunalen Vertretungskörperschaft gewählt (§ 14 Abs. 1 Nr. 1 JWG). Hinzu kommen gemäß § 14 Abs. 1 Nr. 2 Personen, die zwar ebenfalls vom kommunalen Parlament zu wählen sind, die aber von den im Bezirk des Jugendamtes wirkenden Jugendverbänden und freien Vereinigungen der Jugendwohlfahrt vorgeschlagen werden. Letztere haben Anspruch auf zwei Fünftel der Sitze im Jugendwohlfahrtsausschuß.[34]

---

[28] Da die Untersuchung nur exemplarischen Charakter hat, soll der Einfachheit der Darstellung halber nicht auf die ähnlich strukturierten Landeswohlfahrtsausschüsse (§ 21 JWG) eingegangen werden. Die Erörterungen zu den Jugendwohlfahrtsausschüssen gelten weitgehend auch für jene.

[29] Die Jugendhilfe wird dem herkömmlichen Bestand der kommunalen Selbstverwaltung zugerechnet, s. BVerfGE 22, 180 (205).

[30] 3. Jugendbericht, BT-Drucksache VI/3170, S. 56.

[31] BT-Drucksache VIII/2571.

[32] So auch der Alternativantrag des Landes Baden-Württemberg, BR-Drucksache 100/79, S. 117.

[33] Siehe dazu die Begründung des Regierungsentwurfs, BT-Drucksache VIII/2571, S. 128.

[34] Daneben gehören dem Ausschuß noch eine weitere Anzahl lediglich beratender Mitglieder an — § 14 Abs. 1 Nr. 3—7, Abs. 3 JWG.

Nach der gesetzlichen Regelung ist es zumindest nicht ausgeschlossen, daß Nichtparlamentarier im Jugendwohlfahrtsausschuß die Mehrheit haben.[35]

Im Jugendwohlfahrtsgesetz selbst ist nicht geregelt, in welchem Zahlenverhältnis Parlamentarier und Nichtparlamentarier im Jugendwohlfahrtsausschuß vertreten sind, insbesondere wie die Stimmen unter den Mitgliedern der kommunalen Vertretungskörperschaft und den „in der Jugendwohlfahrt erfahrenen und tätigen Männern und Frauen aller Bevölkerungskreise" (§ 14 Abs. 1 Nr. 1 JWG) verteilt werden. Unter Hinweis auf die ursprünglich beabsichtigte breite Demokratisierung des Ausschusses wird für eine verstärkte Beteiligung der Nichtparlamentarier plädiert[36], während sich der 3. Jugendbericht des Bundesministers für Jugend, Familie und Gesundheit für ein Übergewicht der Vertreter der Kommunalparlamente ausspricht[37].

Gemäß § 15 JWG befaßt sich der Jugendwohlfahrtsausschuß anregend und fördernd mit den Aufgaben der Jugendwohlfahrt. Gemäß § 15 Satz 2 JWG *beschließt* der Jugendwohlfahrtsausschuß über die Angelegenheiten der Jugendhilfe im Rahmen der von der kommunalen Vertretungskörperschaft bereitgestellten Mittel, der von ihr erlassenen Satzung und der von ihr gefaßten Beschlüsse.[38] Die Vertretungskörperschaft ist berechtigt, Beschlüsse des Jugendwohlfahrtsausschusses aufzuheben und durch eigene zu ersetzen. Sie sollte sich dabei allerdings auf grundlegende Fragen des Jugendhilferechts beschränken, um das Beschlußrecht des Jugendwohlfahrtsausschusses nicht auszuhöhlen.[39]

Der Leiter der Verwaltung des Jugendamtes ist an die Beschlüsse des Jugendwohlfahrtsausschusses gebunden (§ 16 Abs. 1 JWG). Entscheidungen der Verwaltung des Jugendamtes können — soweit sie sich nicht auf die laufenden Geschäfte beziehen — vom Jugendwohlfahrtsausschuß aufgehoben werden.[40]

---

[35] Auch die landesrechtlichen Ausführungsvorschriften enthalten sich hier einer eindeutigen Regelung. In der Regel wird nur auf den Stimmanteil der freien Träger und Jugendverbände, wie er bereits im JWG geregelt ist, Bezug genommen: § 3 Bay. Jugendamtsgesetz; § 2 Hess. Gesetz über die Jugendwohlfahrtsbehörden; § 3 Nieders.AGJWG; § 2 N.-W.AGJWG; § 6 Rhld.-Pf.AGJWG; § 4 Saarl.AGJWG; § 3 Schlesw.-Holst.AGJWG; im Landesjugendwohlfahrtsausschuß von Berlin sind die „privaten" Beisitzer in der Mehrzahl: § 12 Berl.AGJWG.

[36] *Potrykus / Rauball*, Der Jugendwohlfahrtsausschuß, S. 6.

[37] BT-Drucksache VI/3170, S. 138.

[38] Auch der z. Z. noch nicht gesetzeskräftige Entwurf der Bundesregierung zur Neugestaltung des Jugendhilferechts läßt das Beschlußfassungsrecht des Jugendwohlfahrtsausschusses (bzw. Jugendhilfeausschusses) unberührt — s. BT-Drucksache VII/2571, S. 128.

[39] *Münder u. a.*, Frankfurter Kommentar zum JWG, § 15 Anm. 2.

[40] 3. Jugendbericht, BT-Drucksache VI/3170, S. 56; s. auch § 23 Abs. 2 Satz 2 Berl.AGJWG, wonach die vom Landeswohlfahrtsausschuß gefaßten Beschlüsse für das zuständige Mitglied des Senats verbindlich und von ihm

In dem aufgezeigten Rahmen stellen die Beschlüsse der Jugendwohlfahrtsausschüsse jedoch eine „definitive" Konkretisierung des Verwaltungsvorgehens dar.

Der Jugendwohlfahrtsausschuß ist seit seinem Bestehen umstritten.[41] Die Befürworter sehen in ihm den „Prototyp moderner gesellschaftlicher Verwaltungsformen"[42] — laut Begründung der Novelle von 1953 wurde damit eine „Demokratisierung der Verwaltung" beabsichtigt[43] — während die Gegner geltend machen, daß gerade die besondere Zusammensetzung des Jugendwohlfahrtsausschusses dazu geführt habe, daß dieser immer noch als unbequemer Fremdkörper angesehen werde. Dies zeige vor allem das Bestreben, diesen Ausschuß „auszutrocknen", d. h., ihm keine echten Aufgaben mehr zukommen zu lassen.[44] Im Rahmen der Arbeiten zur Neuregelung des Jugendhilferechts schlug sich dieses Unbehagen vor allem in den alternativen Gesetzesentwürfen des Landes Baden-Württemberg[45] und des Bundesrates[46] nieder, die die Sonderstellung der Jugendwohlfahrtsausschüsse beseitigen und sie damit den anderen Ausschüssen des kommunalen Verfassungsrechts angleichen wollten[47].

Auch der Regierungsentwurf[48] trägt diesem Trend insofern Rechnung, als danach ein Übergewicht von Nichtparlamentariern im Ausschuß ausgeschlossen werden soll.

Die mit der Erstellung des 3. Jugendberichts betraute Kommission, die sich u. a. auch mit der Stellung und Funktion des Jugendwohlfahrtsausschusses auseinandersetzte und in ausgedehnten Hearings Jugendamtsleiter, Verbandsvertreter der freien Wohlfahrtspflege und Jugendhilfe sowie Fachleute hörte, konnte sich in Anbetracht der kontroversen Diskussion zu keinem einheitlichen Votum durchringen.[49] Einig war man sich jedoch dahingehend, daß die Mehrheit der stimmberechtigten Mitglieder im Ausschuß bei den Vertretern der Kommunalparlamente liegen müsse. Auch darin wird deutlich, daß die zur Zeit noch von Gesetzes wegen ermöglichte Mehrheit von Nichtparlamentariern im Ausschuß als unliebsame Störung einer durch staatliche und parteipolitische Entscheidungsmonopole gekennzeichneten Wirklichkeit betrachtet wird.

---

auszuführen sind. Letzterem steht allerdings bzgl. solcher Beschlüsse ein Beanstandungs- und Aussetzungsrecht zu — § 21 Abs. 1 u. 2 Berl.AGJWG. Gegen eine erfolgte Beanstandung kann die Entscheidung des Senats beantragt werden — § 21 Abs. 3.

[41] 3. Jugendbericht, BT-Drucksache VI/3170, S. 135.

[42] Ebd., S. 137.

[43] BT-Drucksache I/3641, S. 5.

[44] 3. Jugendbericht, BT-Drucksache VI/3170, S. 137.

[45] BR-Drucksache 100/79.

[46] BT-Drucksache VIII/3108.

[47] Siehe § 43 des Bad.-Württ. Entwurfs, ebd. sowie § 44 des Entwurfs des Bundesrates, BT-Drucksache VIII/3108.

[48] BT-Drucksache VIII/2571 — nach § 91 des Entwurfs entfallen die in § 14 Abs. 1 Nr. 1 JWG genannten „erfahrenen Männer und Frauen aller Bevölkerungskreise". An ihre Stelle treten weitere Mitglieder der Vertretungskörperschaft, so daß letztere insgesamt drei Fünftel der stimmberechtigten Ausschußmitglieder stellen.

[49] 3. Jugendbericht, BT-Drucksache VI/3170, S. 135 ff.

1.3.3. Die Filmförderungsanstalt

Die Filmförderungsanstalt ist eine bundesunmittelbare rechtsfähige Anstalt des öffentlichen Rechts. Rechtsgrundlage für die Entscheidungen der Filmförderungsanstalt ist das Gesetz über Maßnahmen zur Förderung des deutschen Films (Filmförderungsgesetz — FFG) in der Neufassung vom 25. Juni 1979.[50]

Ursprünglich als nur vorübergehende „Hilfe zur Selbsthilfe" der deutschen Filmwirtschaft gedacht[51], trat das FFG erstmals am 1. Januar 1968 in Kraft. Nach einem ersten Änderungsgesetz zum FFG aus dem Jahre 1971[52] erfolgten seit 1973 Beratungen über eine umfassende Novellierung, die am 3. März 1974 in Kraft trat.[53] Die Filmförderung nach dem FFG 1974 war zeitlich begrenzt (vgl. § 25 FFG 1974). Da sich der eingeschlagene Weg der Förderung einerseits bewährt hatte, andererseits trotz erster Anzeichen einer Konsolidierung die Filmwirtschaft nach wie vor auf Hilfe angewiesen ist[54], wurde im Jahre 1979 eine Neufassung des Filmförderungsgesetzes beschlossen, die sich weniger dem materiellen Gehalt nach, wohl aber in Systematik und Darstellung vom FFG 1974 unterscheidet.

Organe der Filmförderungsanstalt sind der Vorstand, das Präsidium sowie der Verwaltungsrat (§ 3 FFG). Neben Vertretern von Bundestag, Bundesrat und Bundesregierung besteht der Verwaltungsrat mehrheitlich aus Beisitzern, die nach einem gesetzlich festgelegten Verteilungsschlüssel von bestimmten Verbänden benannt werden (vgl. § 6 FFG). Die Mitglieder des Verwaltungsrats benennen ihrerseits die Beisitzer der Bewertungskommission (§ 7 FFG) und der Vergabekommission (§ 8 FFG).

Die Bewertungskommission ist für die Erteilung des Gütezeugnisses zuständig (§ 7 Abs. 2 FFG), die Vergabekommission entscheidet u. a. über die Projektfilmförderung und die Förderung von Drehbüchern (§ 64 Abs. 1 FFG). Über die sog. Referenzfilmförderung entscheidet zwar in der Regel der Vorstand (§ 64 Abs. 2 FFG) auf Antrag von mindestens 3 Mitgliedern des Präsidiums kann jedoch die Entscheidung des Verwaltungsrates herbeigeführt werden (§ 64 Abs. 2 Satz 2 FFG).

Die Filmförderungsanstalt selbst untersteht der Rechtsaufsicht des Bundeswirtschaftsministeriums (§ 13 Abs. 1 FFG). Eine darüber hinausgehende Fachaufsicht ist nicht vorgesehen. Inwieweit der Inhalt der

---

[50] BGBl. I, S. 803.

[51] So der Abgeordnete Meinecke (SPD) in der 103. Sitzung des Deutschen Bundestages am 14. 4. 1967, Sitzungsprotokoll S. 4822.

[52] BGBl. I, S. 1251.

[53] BGBl. I, S. 437, Neubekanntmachung vom 6. Mai 1974, BGBl. I, S. 1048; zur Entstehungsgeschichte bis zur Novelle von 1974 s. *Woeller*, Die Verfassungsmäßigkeit des FFG, S. 3 ff.

[54] Begründung des Regierungsentwurfs, BT-Drucksache VIII/2108, S. 23.

Kommissionsbeschlüsse der Rechtsaufsicht unterliegt, läßt sich dem Gesetz nicht eindeutig entnehmen. Aus der Weisungsfreiheit der Gremiumsmitglieder dürfte allerdings folgen, daß sie auch nicht an Weisungen, die im Wege der Rechtsaufsicht ergehen, gebunden sind.[55]

Auch in der Ausgestaltung des Widerspruchsverfahrens, dessen wesentliche Funktion ja ebenfalls die (Selbst)-Kontrolle der Verwaltung[56] ist, erweisen sich die Gremien der Filmförderungsanstalt als autonom: über Widersprüche gegen Entscheidungen des Vorstands zur Referenzfilmförderung entscheidet der Verwaltungsrat (§ 65 Abs. 1 FFG). Im übrigen entscheiden Verwaltungsrat und Unterkommissionen jeweils selbst über Widersprüche gegen die von ihnen gefällten Entscheidungen (§ 65 Abs. 1, 2, 3). Für die Widerspruchsentscheidungen gelten dann allerdings modifizierte Abstimmungsregeln (§ 65 Abs. 4 FFG).

1.4. Bundesprüfstelle, Jugendwohlfahrtsausschüsse und Filmförderungsanstalt als institutionalisierte Formen der Mitentscheidung

Gemeinsam ist allen Gremien, daß sie unmittelbar, d. h., über bloße Anhörungs-, Beratungs- und Vorschlagsrechte hinausgehend, an Verwaltungsentscheidungen mitwirken. Unter Verwaltungsentscheidung wird hier — in Anlehnung an *Dagtoglou*[57] — jede ausdrückliche und definitive Konkretisierung des Verwaltungsvorgehens verstanden. Darunter fallen nicht nur die von der Bundesprüfstelle und der Filmförderungsanstalt gefällten Einzelfallentscheidungen, sondern auch die von den Jugendwohlfahrtsausschüssen erlassenen Richtlinien für die Jugendamtsverwaltung. „Definitiv" bedeutet allerdings nicht, daß gegenüber den Entscheidungen der genannten Gremien keinerlei Möglichkeiten nachträglicher Kontrolle bestehen. Dies gilt lediglich hinsichtlich der Bundesprüfstelle und weitgehend auch für die Gremien der Filmförderungsanstalt. Hinsichtlich der Jugendwohlfahrtsausschüsse bestehen weitgehende Kontrollrechte der kommunalen Vertretungskörperschaft. Soweit diese jedoch von ihrem Kontroll- und Aufhebungsrecht keinen Gebrauch macht, sind die Entscheidungen der Ju-

[55] In § 13 Abs. 1 Satz 2 FFG ist zwar geregelt, daß die Aufsichtsbehörde befugt ist, Anordnungen zu treffen, um den Geschäftsbetrieb der Anstalt mit dem geltenden Recht in Einklang zu halten. Aus dem Wortlaut dieser Vorschrift läßt sich aber nicht schließen, ob damit lediglich exemplarisch ein besonderer Fall der Ausübung von Aufsichtsbefugnissen gemeint ist, oder ob damit eine Beschränkung der allgemeinen Rechtsaufsichtsbefugnisse auf Maßnahmen zur Aufrechterhaltung des äußeren Geschäftsbetriebes beabsichtigt ist.

[56] *Tschira / Schmitt Glaeser*, Verwaltungsprozeßrecht, S. 111.

[57] *Dagtoglou*, DVBl. 1972, S. 713.

gendwohlfahrtsausschüsse für die Verwaltung des Jugendamtes verbindlich und daher definitiv.

Formen der Mitentscheidung werden jedoch — abgesehen von den als Ausnahmen allgemein anerkannten staatsfrei konzipierten Rundfunk- und Fernsehanstalten, der Universitäten und einiger Gremien der sozialen Selbstverwaltung — für bedenklich, wenn nicht gar für unzulässig gehalten[58], während man demgegenüber den Verfahren der Entscheidungsvorbereitung eine weitgehende Offenheit für organisierte und nichtorganisierte Einwirkungen zugesteht[59].

Anhand der Untersuchung konkreter Erscheinungsformen pluralistischer Entscheidungsteilhabe soll jedoch aufgezeigt werden, daß die Verfassung durchaus offen ist für den Einfluß nichtstaatlicher Entscheidungsträger, ja daß solche pluralistisch strukturierten Gremien komplementäre Funktionen der Freiheitssicherung übernehmen können, die von Grundrechten, verstanden als Abwehrrechte und Entscheidungsgesichtspunkte im Rahmen punktueller richterlicher Entscheidungen, allein nicht mehr geleistet werden können.

1.5. Bundesprüfstelle, Jugendwohlfahrtsausschüsse und Filmförderungsanstalt als Formen pluralistischer Gruppenpartizipation

Eine weitere Gemeinsamkeit der hier untersuchten Gremien besteht darin, daß ihre Mitglieder, z. T. mehrheitlich, aufgrund verbindlicher Vorschläge von Verbänden berufen werden. Die Funktion solcher Gremien läßt sich daher nicht ohne weiteres mit der eines Gutachterausschusses gleichsetzen, zumal dann nicht, wenn man, wie regelmäßig üblich, die Vermittlung von Sachverstand und die Vermittlung von Interessen als streng voneinander zu trennende Funktionen ansieht. Die Arbeit wird sich daher auch mit der Frage auseinanderzusetzen haben, welche Funktion den gruppenspezifisch rekrutierten Beisitzern in solchen Gremien zukommt.

---

[58] s. dazu etwa *Evers*, Der Staat 3 (1964), S. 51; *W. Schmidt*, VVDStRL 33 (1975), S. 199 ff.; ähnlich auch *Ossenbühl*, DöV 1981, S. 2 f. hinsichtlich der Kommissionen, die im Rahmen des Atomenergierechts allgemeine Sicherheitsrichtlinien und Immissionsgrenzwerte erarbeiten. *Ossenbühl*, S. 3, beruft sich dabei auf das Standardargument einer fehlenden demokratischen Legitimation gruppenpluralistischer Gremien. Ähnlich bzgl. der Jugendwohlfahrtsausschüsse *Mrozynski*, Jugendhilfe und Jugendstrafrecht, S. 16.

[59] Diese Differenzierung ist freilich recht willkürlich, wenn man bedenkt, daß Anhörungs- und Beratungsbefugnisse von Fachleuten oder Interessenverbänden in der Verwaltung bei entsprechender fachlicher Kompetenz bzw. faktischer Machtstellung der betreffenden Gruppe eine Entscheidung in gleichem Ausmaß determinieren können wie Mitentscheidungsbefugnisse, s. dazu etwa *Hennis*, PVS 2 (1961), S. 32.

Problematisiert werden soll dabei nicht nur die überkommene Gegenüberstellung von Sachverständigen und Interessenvertretern, sondern insbesondere auch die polemische Gegenüberstellung von ständisch-partikularer Interessenvertretung einerseits und gemeinwohlbezogener Repräsentation andererseits. Die Feststellung, daß Interessen nicht repräsentiert sondern nur „vertreten" werden können[60], erscheint problematisch vor allem deswegen, weil die Frage des Verhältnisses von Gemeinwohl und Gruppeninteressen damit quasi normativ vorentschieden wird, ohne zuvor Verfassung und Verfassungswirklichkeit dazu befragt zu haben.

Verwaltungsformen wie die hier untersuchten scheinen darauf hinzudeuten, daß die Mitwirkung von Verbänden entgegen den damit oft assoziierten ständestaatlichen Desintegrationstendenzen, auch im Bereich staatlicher Aufgabenwahrnehmung Integrationsfunktionen erfüllen kann. Sie enthalten Ansätze zu einer „Entstaatlichung des Öffentlichen"[61] und tragen mit dazu bei, die überkommenen, etatistischen Gemeinwohlvorstellungen zu relativieren.

1.6. Das Problem des Umfangs richterlicher Kontrolle bei den Entscheidungen von Bundesprüfstelle und Filmförderungsanstalt

Noch ein weiterer Gesichtspunkt läßt die Untersuchung von Gremien mit Entscheidungsbefugnissen interessant erscheinen: sowohl die Filmförderungsanstalt als auch die Bundesprüfstelle treffen Entscheidungen mit Außenwirkung für den Bürger. Damit ist wohl eines der — in Anbetracht der herkömmlich geforderten Rechtsschutzstandards — brisantesten Probleme mitentscheidender Partizipation, nämlich ihr Verhältnis zur Kontrollkompetenz der Gerichte und dem Rechtsschutz des Bürgers angesprochen. Die vom Bundesverwaltungsgericht vertretene beschränkte gerichtliche Kontrollierbarkeit der Entscheidung solcher Gremien ist mit dem Hinweis auf die Unbestimmtheit des zur Beurteilung stehenden Rechtsbegriffs nicht zu beantworten. Der Hinweis auf die Unbestimmtheit einer Norm wirft die Frage nach der Kompetenz zu ihrer autoritativen Interpretation erst auf, beantwortet sie aber nicht.

Problematisch erscheint auch der Versuch, die hier auftauchende Kompetenzfrage durch die normstrukturelle Trennung von Rechtmäßigkeit und Zweckmäßigkeit zu lösen und in diesem Rahmen der

---

[60] Statt aller *Dagtoglou,* Der Private in der Verwaltung, S. 45.

[61] *Häberle,* Struktur und Funktion der Öffentlichkeit im demokratischen Staat, S. 128.

Verwaltung die Kompetenz zur verbindlichen Konkretisierung von „metajuristischen Zielen, Wertungen oder Erkenntnissen" zuzuerkennen[62]. Weder lassen sich Recht und Zweck in einer Rechtsnorm sauber trennen — der Gesetzgeber verfolgt ja mit jeder Regelung einen Zweck, der im Gesetz zu Recht „gerinnt" — noch wird diese Kompetenzabgrenzung den nach Entscheidungsgegenstand, Entscheidungsverfahren und Entscheidungswirkungen sehr differenzierten Formen des Verwaltungshandelns im Hinblick auf ihre Kontrollbedürftigkeit gerecht.[63]

Das von Bachof[64] der verwaltungsrechtlichen Dogmatik und Judikatur attestierte verfahrens- und organisationsrechtliche Defizit bedarf nach wie vor der Aufarbeitung. Eine genauere Untersuchung des Verhältnisses von Verwaltungskompetenz und richterlicher Kontrollkompetenz in den hier untersuchten Verwaltungsbereichen kann dabei auch einen Beitrag zur Diskussion um die Übertragung der zur Überprüfbarkeit von Entscheidungen der Bundesprüfstelle und der Filmförderungsanstalt entwickelten Rechtsprechungsgrundsätze auf andere Verwaltungsentscheidungen leisten.[65]

---

[62] In diese Richtung gehen vor allem die Überlegungen von *Scholz*, VVDStRL 36 (1976), S. 154 mit Fußnote 28, S. 169 und passim.

[63] Dazu eingehend *Zimmer*, Funktion — Kompetenz — Legitimation, S. 163 ff., insbesondere S. 168 ff.

[64] JZ 1972, S. 209.

[65] Diskutiert wird das vor allem für Entscheidungen nach dem BImSchG und dem Atomgesetz. Siehe hierzu einerseits *Ossenbühl*, DVBl. 1978, S. 5 ff.; andererseits *Schmitt Glaeser*, Der Landkreis 1976, S. 446 ff.

2. Die Funktion gruppenspezifisch rekrutierter Gremiumsmitglieder

Über die besondere Funktion gruppenspezifisch rekrutierter Gremiumsmitglieder herrscht weitgehend Unklarheit. Abgesehen von der eingehenden Untersuchung *Dagtoglous*[1] scheint das Interesse der Verwaltungsrechtslehre an den damit zusammenhängenden Fragen gering. Diese „Abstinenz" der Verwaltungsrechtslehre mag ihren Grund nicht zuletzt darin haben, daß gruppen- bzw. verbandsspezifisch rekrutierte Gremien ihre Wirksamkeit hauptsächlich im Rahmen der Entscheidungsvorbereitung entfalten[2] und man die Strukturierung dieser Entscheidungsphase meist für rechtlich irrelevant hält[3]. Sie dürfte aber auch ein weiteres Indiz für die von Luhmann kritisch konstatierte Vernachlässigung organisatorischer Probleme bei einer ausschließlich am Gesetzesvollzug orientierten Betrachtungsweise[4] sein.

Eine verwaltungs- und verfassungsrechtliche Analyse und Einordnung der Entscheidungsbefugnisse der hier untersuchten Gremien kommt jedoch nicht umhin, die Frage nach dem „telos" der spezifischen Struktur solcher Entscheidungsgremien, insbesondere der Funktion des besonderen Rekrutierungsmodus ihrer Mitglieder zu stellen.

In Anbetracht der überkommenen staats- und verwaltungsrechtlichen Begrifflichkeit und der ihr zugrundeliegenden dichotomischen Unterscheidung zwischen Erkenntnis und Interesse, bzw. Recht und Politik sowie zwischen Gemeinwohl und Partikularinteressen ist es freilich

---

[1] Der Private in der Verwaltung als Fachmann und Interessenvertreter; daneben beschäftigt sich, soweit ersichtlich, nur noch *Brohm*, Sachverständige und Politik, S. 37 ff., etwas eingehender mit dem Thema.

[2] s. dazu etwa: *v. Beyme*, Interessengruppen in der Demokratie, S. 170 ff.; *v. Arnim*, Gemeinwohl und Gruppeninteressen, S. 141 ff.

[3] Nur die definitive Entscheidung wird dem Bereich des Rechts, die Entscheidungsvorbereitung dagegen dem des Politischen zugeschlagen. Letztere wird daher als weitgehend offen für organisierte und nichtorganisierte Einwirkungen angesehen. So etwa *Evers*, Der Staat 3 (1964), S. 51; *W. Schmidt*, VVDStRL 33 (1975), S. 199 ff.; auch *Dagtoglou*, DVBl. 1972, S. 714 trennt zwischen Vorbereitungs- und Entscheidungsphase. Ob diese scharfe Grenzziehung tatsächlich durch die besondere Struktur rechtlich determinierter Entscheidungsabläufe gerechtfertigt ist, — so *W. Schmidt*, VVDStRL 33 (1975), S. 201, — oder ob nicht doch die Möglichkeit, wenn nicht gar Notwendigkeit besteht, das Verfassungs- und Verwaltungsrecht für die Erkenntnisse moderner Entscheidungstheorien zu „sensibilisieren" — in diesem Sinne *Häberle*, VVDStRL 31 (1973), Aussprache, S. 299 — mag hier dahinstehen.

[4] *Luhmann*, Theorie der Verwaltungswissenschaft, S. 89.

schwierig, die sich aus Interessenverbänden rekrutierenden „Privaten" und ihre Funktion im Rahmen gemeinwohlkonkretisierender und erkenntnisorientierter staatlicher Entscheidungsprozesse sinnvoll einzuordnen.

2.1. Darstellung und Kritik der herkömmlichen Betrachtungsansätze

2.1.1. Die Rechtsprechung des Bundesverwaltungsgerichts zur Bundesprüfstelle für jugendgefährdende Schriften

Der lapidare Hinweis des Bundesverwaltungsgerichts im Urteil zur gerichtlichen Überprüfbarkeit der Entscheidungen der Bundesprüfstelle[5], daß die „Zusammensetzung des Spruchgremiums vermutete Fachkenntnisse und Elemente gesellschaftlicher Repräsentanz verbindet", wirft mehr Fragen auf als er beantwortet. Insbesondere die damit verknüpfte Vorstellung einer (institutionalisierten) Repräsentation partikularer gesellschaftlicher Interessen — seien dies nun bestimmte Interessen des ganzen Volkes oder alle Interessen eines Teils des Volkes[6] — widerspricht überkommenen Vorstellungen, wonach eine Repräsentation partikularer Gruppen bzw. Interessen mit dem „Wesen der Repräsentation", das notwendig mit dem Gedanken der politischen Einheit des Volkes verknüpft sein solle, unvereinbar sei[7], zumindest aber nicht im Rahmen staatlicher Institutionen erfolgen könne, sondern sich als „représentation de fait"[8] in der Öffentlichkeit als letzter, nichtorganisierter Instanz vollziehe.

Im Bereich verfaßter Staatlichkeit könne nur das Volk in seiner Gesamtheit repräsentiert werden und hier nur durch die dem Gemeinwohl verpflichteten staatlichen Organe, d. h. je nach Entscheidungsebene durch das Parlament, durch die Regierung, aber auch durch den der Gesamtheit verpflichteten beamteten Amtsträger[9].

---

[5] BVerwGE 39, 197 (204); ebenso das VG Berlin zu den Entscheidungsgremien der Filmbewertungsstelle, DVBl. 1974, S. 377.

[6] So die Erläuterung *Dagtoglous*, Der Private in der Verwaltung, S. 45, zum Begriff der „partikularen Interessen".

[7] Diese Vorstellungen wurden maßgeblich von *G. Leibholz*, Das Wesen der Repräsentation, S. 182 ff. und passim, sowie von *Carl Schmitt*, Verfassungslehre, S. 212 ff., mitgeprägt; in der neueren Literatur greift namentlich *Dagtoglou*, Der Private in der Verwaltung, S. 42 ff. diese Gedanken wieder auf; ebenso *Hartmut Krüger*, Interessenpolitik und Gemeinwohlfindung, S. 73 f.

[8] *J. H. Kaiser*, Die Repräsentation organisierter Interessen, S. 355.

[9] Umstritten, so aber etwa *Köttgen* in der Besprechung von *Leibholz*, Das Wesen der Repräsentation, S. 84; ferner *W. Thieme*, Der öffentliche Dienst in der Verfassungsordnung des Grundgesetzes, S. 26 f., der im Beamtentum

Die Vorstellung einer auf der Repräsentation partikularer Interessen basierenden Organisation staatlicher Gemeinwohlkonkretisierungsverfahren wird damit von vornherein desavouiert.

2.1.2. Die Gremiumsmitglieder als „unabhängige Fachleute"

Im sog. Floatglasurteil sah sich der IV. Senat des Bundesverwaltungsgerichts denn auch veranlaßt, klarzustellen, daß die Entscheidung des I. Senates zur beschränkten Überprüfbarkeit der Entscheidungen der Bundesprüfstelle[10] vornehmlich darauf beruhe, daß das Gremium mit unbeteiligten Fachleuten besetzt sei und daher wenig mit der Stellung der bei ihren Planungen parteiischen Gemeinde gemein habe.[11]

2.1.2.1. Diese Sicht der Mitwirkungsbefugnisse „Privater" bei Verwaltungsentscheidungen hat eine gewisse Tradition in der Rechtsprechung. So sah die Rechtsprechung einiger Obergerichte zum Personenbeförderungsgesetz (alte Fassung) die Funktion der Anhörungsrechte bereits zugelassener Verkehrsunternehmen[12] bzw. ihrer Fachverbände[13] lediglich in der Erschließung des Sachverstandes der Beteiligten. Wohl nicht zu Unrecht wurde es von einigen Autoren[14] als merkwürdig empfunden, gerade diejenigen als neutrale Gutachter fungieren zu lassen, die zumindest präsumtiv ein Interesse an der Nichtzulassung neuer Bewerber für den Personenbeförderungsverkehr haben, bzw. als Fachverband die Belange solcher Interessenten wahrnehmen[15].

2.1.2.2. Eine weitere Parallele zu dieser „Interessenprüderie"[16] findet sich auch bei der Behandlung wirtschaftlich-berufsständischer Kam-

---

eine intermediäre Gewalt im politischen Kräftespiel sieht, die über den Gruppeninteressen stehe. Bezeichnenderweise sieht *Thieme* im Beamtentum als Repräsentanten der Staatsidee die „Negation des Pluralismus", ebd. Kritisch dazu *W. Wiese*, Der Staatsdienst in der Bundesrepublik Deutschland, S. 52 ff.

[10] BVerwGE 39, 197.

[11] BVerwGE 45, 309 (323 f.).

[12] LVG Hmbg., Beschl. v. 25. 10. 57, MDR 1958, 453.

[13] Hmbg. OVG, Urt. v. 11. 6. 52, MDR 1952, 569; Hess.VGH, Beschl. v. 10. 1. 1952, DVBl. 1952, 472.

[14] *Faber*, Die Verbandsklage, S. 26; *Menger*, VerwArch 49 (1958), S. 369 f.

[15] Das BVerwG (E 2, 141) hat seinerzeit die Frage der Einordnung von Mitwirkungsrechten nach dem PersBefG (a. F.) offengelassen und sich auf die Feststellung beschränkt, daß der Anhörungsberechtigte nicht nur (!) seine persönlichen Interessen wahrzunehmen habe, sondern zur Mitwirkung an der Entscheidung der Verwaltungsbehörde berufen sei. — Danach ist die Wahrnehmung privater Interessen offenbar nicht von vornherein unvereinbar mit der Mitwirkung an — gemeinwohlkonkretisierenden — Verwaltungsentscheidungen.

[16] *v. Arnim*, Gemeinwohl und Gruppeninteressen, S. 128.

mern durch die Verwaltungsrechtslehre und -rechtsprechung. Nicht selten werden jene mit dezentraler staatlicher Verwaltung gleichgesetzt, als Form der Ausgliederung staatlicher Agenden[17], die mit besonderem Sachverstand ausgezeichnet und von Gesetzes wegen dem Allgemeininteresse[18] und zu einem höchstmöglichen Maß an Objektivität verpflichtet seien[19]. *Leibholz* sieht in den Industrie- und Handelskammern eine Annäherung an den Idealtypus des Fachmanns, der durch Vorschläge, Gutachten und Berichte die Behörden zu unterstützen hat.[20]

Einer von der überkommenen Verwaltungsdogmatik unbelasteten Betrachtungsweise erscheint diese Einordnung der Berufskammern freilich schlicht als „euphemistische Deklarierung ihrer Interessenvertretung zu staatlichen Hoheitsaufgaben"[21], ja der Unterschied zu privaten Wirtschaftsverbänden wird als praktisch nicht mehr wahrnehmbar angesehen[22]. Und in jüngerer Zeit wird auch nach neuen, adäquateren Ansätzen gesucht, um eine Brücke zwischen den in der Verbandstheorie festgestellten Funktionen der Interessenwahrnehmung durch Körperschaften des öffentlichen Rechts und der Verwaltungsrechtslehre zu schlagen.[23]

2.1.2.3. Dieser Brückenschlag wird gerade auch bei Verwaltungsgremien der hier untersuchten Art dadurch erschwert, daß die Suche nach präzisen, eindeutigen juristischen Begriffen häufig das Erkenntnisinteresse des Verwaltungsrechtlers dominiert und die Verwaltungswirklichkeit dahinter zurücktritt. So wird etwa die Trennung von Sachverständigen einer- und Interessenvertretern andererseits zwar praktisch als schwierig, wenn nicht gar unmöglich, theoretisch aber als unverzichtbar angesehen[24], wobei man im Interesse einer präzisen juristischen Begriffbildung den empirischen Befund weitgehend unberücksichtigt läßt.[25] Deutlich wird das insbesondere bei Dagtoglou, der einen spezifisch technischen Begriff der Interessenvertretung für

[17] *Scheuner*, Voraussetzungen und Form der Errichtung öffentlich-rechtlicher Körperschaften, S. 811 ff.

[18] BVerfGE 15, 235 (240 f.).

[19] *Leibholz*, Strukturprobleme, S. 320.

[20] Ebd., S. 321.

[21] *Breitling*, Die Verbände, S. 178 ff.

[22] *Brohm*, Strukturen, S. 57 — der aber die theoretische Unterscheidung nach wie vor für erforderlich hält; *Dürig* in Maunz / Dürig / Herzog / Scholz, GG, Art. 19 III, Rdnr. 51; *Schmitt Glaeser*, VVDStRL 31 (1973), S. 235.

[23] So insbes. die Untersuchung von *Fröhler / Oberndorfer*, Körperschaften des öffentlichen Rechts und Interessenvertretung, S. 47 ff.

[24] *Dagtoglou*, Der Private in der Verwaltung, S. 30 ff.

[25] Ebd., S. 30 ff., S. 32; kritisch dazu *Häberle*, AöR 90 (1965/66), S. 381; s. auch *Leibholz*, Strukturprobleme, S. 317 ff., der streng zwischen interessengebundenem und neutralem Sachverstand unterscheidet.

erforderlich hält und alles, was diesem Begriff nicht unterfällt, „rechtsfolgenmäßig“[26] der Fachberatung gleichstellt.

Der Begriff der Interessenvertretung wird dabei offensichtlich auf ein Maß zurückgeschnitten, das viele Formen der Interessenwahrnehmung von vornherein nicht mehr umfaßt. So werden etwa ideelle Interessen[27] ebenso aus dem Begriff der Interessenvertretung ausgeschieden wie allgemeine Interessen[28], da nur das vertreten werden kann, was eine gewisse Selbständigkeit, Abgeschlossenheit, „Individualität“ besitzt[29]. Gremiumsmitglieder, die zur Wahrnehmung solcher Belange in Verwaltungsgremien sitzen, werden daher als „unechte Interessenvertreter“ juristisch der Fachberatung gleichgestellt[30].

2.1.2.4. Zumindest implizit wird die gutachterliche Funktion der Mitglieder solcher Ausschüsse auch dort unterstellt, wo man die gerichtliche Überprüfbarkeit der Entscheidungen dieser Gremien durch Heranziehung von Gutachtern fordert.[31] Die besondere Sachkunde der Gremiumsmitglieder wird aber vor allem von den Stimmen in der Literatur hervorgehoben, die für eine nur begrenzte Überprüfbarkeit der Entscheidungen solcher Gremien plädieren.[32] In der gesetzlich verankerten Freiheit der Gremiumsmitglieder von Aufträgen und Weisungen sieht man eine zusätzliche Gewähr für die „Objektivität“ der von einem solchen Gremium getroffenen Entscheidung. Die Unabhängigkeit, die richterähnliche Stellung solcher Gremien, verbunden mit den Vorzügen besonderer Sach- und Fachkunde wird als ausschlaggebend für die begrenzte gerichtliche Überprüfbarkeit ihrer Entscheidungen angesehen.

2.1.2.5. Ebenso zeichnet sich in offiziellen Verlautbarungen die Tendenz ab, die hier untersuchten Gremien als neutrale Sachverständigengremien einzuordnen.

So sah die frühere Regelung des § 9 RJWG[33] in den „Vertretern“ der freien Vereinigungen für Jugendwohlfahrt und Jugendbewegung im Wohlfahrtsausschuß vor allem fachlich kompetente Männer und Frauen:

---

[26] *Dagtoglou,* Der Private in der Verwaltung, S. 33.

[27] Ebd., S. 30, 61 f.

[28] d. h., Interessen, die fast allen Menschen oder doch breiten Bevölkerungskreisen gemein sind, ebd., S. 46 ff.

[29] Ebd., S. 46.

[30] Ebd., S. 33.

[31] *v. Olshausen,* JuS 73, S. 220; *Ott,* NJW 1972, S. 1221; *Wagenitz,* DVBl. 1972, S. 393.

[32] *Ossenbühl,* DöV 1972, S. 404; ähnlich *Scholz,* VVDStRL 34 (1976), S. 214, Fußnote 268.

[33] Reichsjugendwohlfahrtsgesetz vom 9. 7. 1922.

„Als stimmberechtigte Vertreter des Jugendamtes sind neben dem leitenden Beamten in der Jugendarbeit *erfahrene* und *bewährte* Männer und Frauen ... insbesondere aus den im Bezirk des Jugendamtes wirkenden freien Vereinigungen für Jugendwohlfahrt und Jugendbewegung auf deren Vorschlag zu berufen."

Und die jetzige Organisation der Jugendwohlfahrtsausschüsse soll nach dem Willen des Gesetzgebers den Charakter des Jugendamtes als Fachbehörde gegenüber der allgemeinen Verwaltung betonen und ihre Fachlichkeit fördern.[34]

Auch die Beisitzer der Bundesprüfstelle für jugendgefährdende Schriften erscheinen in einer offiziellen statistischen Erhebung über Kollegialorgane in der Bundesverwaltung in der Rubrik „sonstige Sachverständige".[35]

2.1.3. Zusammensetzung und Rekrutierungsmodus der untersuchten Gremien

Schelsky hat diese, vor allem auch bei den Fachbeiräten der Ministerialverwaltung gerne praktizierte Einordnung[36], von Mitwirkungsbefugnissen scharf kritisiert und von einer mit wissenschaftlichem Anspruch auftretenden verdeckten Interessenvertretung gesprochen.[37] Selbst wenn man die von *Schelsky* vertretene strikte Trennung von Wissenschaft und Politik nicht nachvollziehen will, hält die Einordnung der hier untersuchten Gremien als neutrale Sachverständigenausschüsse, Gutachtergremien oder ähnliches einer näheren Betrachtung ihrer Organisation und ihres Rekrutierungsmodus nicht stand.

Zusammensetzung und Rekrutierungsmodus der Mitglieder dieser Gremien sollen im folgenden kurz dargestellt werden.

2.1.3.1. Die Zusammensetzung der Bundesprüfstelle für jugendgefährdende Schriften

Die Bundesprüfstelle besteht aus einem vom Bundesminister für Jugend, Familie und Gesundheit ernannten Vorsitzenden, je einem von jeder Landesregierung zu ernennenden Beisitzer und weiteren vom Bundesminister für Jugend, Familie und Gesundheit zu ernennenden

[34] s. dazu 3. Jugendbericht, BT-Drucksache VI/3170, S. 56; *Münder u. a.*, Frankfurter Kommentar zum JWG, § 14 Anm. 2.

[35] BT-Drucksache V/4585.

[36] *Conradi*, Die Mitwirkung außerstaatlicher Stellen, S. 299, m.w.N.

[37] *Schelsky*, in: Wissenschaftliche Experten und politische Praxis — Das Problem der Zusammenarbeit in der heutigen Demokratie, S. 11; zustimmend *Brohm*, Sachverständige und Politik, S. 41 f.; allgemein zu der „Symbiose" zwischen Verbänden und Verwaltung: *v. Aleman*, Verbändepolitik und Verbandsforschung in der Bundesrepublik Deutschland, S. 30 m.w.N.

Beisitzern (§ 9 Abs. 1 GjS). Letztere sind gemäß § 9 Abs. 2 GjS den Kreisen der Kunst, der Literatur, des Buchhandels, der Verlegerschaft, der Jugendverbände, der Jugendwohlfahrt, der Lehrerschaft und der Religionsgemeinschaften, soweit sie Körperschaften des öffentlichen Rechts sind, zu entnehmen. Den genannten Gruppen steht ein Vorschlagsrecht zu, de facto üben dieses Recht bestimmte Verbände aus, die jedoch in der gesetzlichen Regelung selbst nicht genannt werden. Die zur Zeit amtierenden Gruppenbeisitzer wurden auf Vorschlag der nachfolgend aufgeführten Verbände ernannt:

1. *Gruppe Kunst*[38]

   Deutscher Künstlerbund e. V.
   Bund Deutscher Kunsterzieher e. V.
   Bund Deutscher Grafikdesigner e. V.

2. *Gruppe Literatur*

   Deutscher Autorenverband e. V.
   Künstlergilde e. V.

3. *Gruppe Buchhandel*

   Börsenverein des Deutschen Buchhandels e. V.
   Verband Deutscher Buch-, Zeitungs- u. Zeitschriften-Grossisten e. V.

4. *Gruppe Verlegerschaft*

   Börsenverein des Deutschen Buchhandels e. V.
   Verband Deutscher Zeitschriftenverleger e. V.
   Bundesverband Deutscher Zeitungsverleger e. V.

5. *Gruppe Jugendverbände*

   Deutscher Bundesjugendring
   Deutsche Sportjugend

6. *Gruppe Jugendwohlfahrt*

   Bundesarbeitsgemeinschaft der freien Wohlfahrtspflege (Arbeiterwohlfahrt, Caritas, Innere Mission)
   Deutscher Städtetag
   Deutscher Städte- und Gemeindebund
   Deutscher Landkreistag

7. *Gruppe Lehrerschaft*

   Gewerkschaft Erziehung und Wissenschaft im Deutschen Gewerkschaftsbund
   Verband Bildung und Erziehung

---

[38] Die Aufstellung beruht auf einer schriftlichen Auskunft des Vorsitzenden der Bundesprüfstelle, *J. Stefen*, vom 9. 10. 1980; eine weitere Aufstellung, die freilich veraltet ist, findet sich, soweit ersichtlich, nur noch bei *Schilling*, Literarischer Jugendschutz, S. 186.

Deutscher Lehrerverband
Verein Katholischer Deutscher Lehrerinnen

8. *Gruppe Kirchen*

Katholische Kirche (Katholisches Büro Bonn)
Evangelische Kirche (Evangelische Kirche in Deutschland — Kirchenkanzlei —)
Jüdische Kultusgemeinde (Zentralrat der Juden)

Die Gremiumsmitglieder sind an Weisungen nicht gebunden (§ 10 GjS). Ein Abberufungsrecht der Stellen, die sie bestimmt haben, besteht nur für den Fall, daß ein Gremiumsmitglied seiner Verpflichtung zur Mitarbeit nicht nachkommt (§ 9 Abs. 4 Satz 2 GjS). Ein Abberufungsrecht der sie vorschlagenden Verbände besteht hingegen weder im Falle des Berufswechsels noch des Austritts aus dem vorschlagenden Verband. Eine Befangenheitsregelung trifft das Gesetz selbst nicht. § 5 der DVO GjS[39] sieht jedoch die Möglichkeit der Selbstablehnung eines Gremiumsmitglieds (Abs. 1) sowie die Ablehnung von Seiten eines Beteiligten (Abs. 2) wegen Befangenheit vor. Im übrigen gelten die Vorschriften des Bundesverwaltungsverfahrensgesetzes.

2.1.3.2. Die Zusammensetzung der Jugendwohlfahrtsausschüsse

Noch deutlicher wird die Einschaltung von Interessenverbänden bei den Jugendwohlfahrtsausschüssen. Hier räumt § 14 Abs. 1 Nr. 2 JWG den im Bezirk des Jugendamtes wirkenden Jugendverbänden und den freien Vereinigungen der Jugendwohlfahrt ein Vorschlagsrecht ein, an das die Gemeindevertretung bei der Wahl der Gremiumsmitglieder gebunden ist. Insgesamt haben diese Verbände Anspruch auf zwei Fünftel der Sitze im Jugendwohlfahrtsausschuß. Das Vorschlagsrecht dieser Verbände wird in der Literatur zum Teil als öffentlich-rechtlicher einklagbarer Anspruch angesehen.[40]

Daneben gehören dem Jugendwohlfahrtsausschuß Mitglieder der kommunalen Vertretungskörperschaft und in der Jugendwohlfahrt erfahrene oder tätige Männer und Frauen aller Bevölkerungskreise an. Auch sie werden von der kommunalen Vertretungskörperschaft gewählt (s. § 14 Abs. 1 Nr. 1 JWG).[41]

---

[39] Verordnung zur Durchführung des Gesetzes über die Verbreitung jugendgefährdender Schriften in der Fassung vom 23. August 1962, BGBl. I, S. 596.

[40] *Münder u. a.*, Frankfurter Kommentar zum JWG, § 14 Anm. 4.

[41] Nach § 91 des Regierungsentwurfs zur Änderung des Jugendhilferechts (Bundestags-Drucksache VIII/2571) entfallen die in § 14 Abs. 1 Nr. 1 JWG genannten erfahrenen Männer und Frauen aller Bevölkerungskreise. An ihre Stelle treten weitere Mitglieder der Vertretungskörperschaft, so daß diese

Das Jugendwohlfahrtsgesetz sagt nichts darüber aus, ob das Vorschlagsrecht der Jugend- und Wohlfahrtsverbände die Anerkennung gemäß § 9 JWG voraussetzt. Die Frage ist umstritten.[42] Gemäß § 4 Satz 3 des Berliner AGJWG[43] soll jedoch die „Bedeutung der Verbände und Vereinigungen im Bezirk" bei der Wahl zum Jugendwohlfahrtsausschuß des Bezirks „angemessen berücksichtigt werden"[44].

Die Frage, ob der Austritt oder Ausschluß eines Vertreters aus dem vorschlagenden Verband die vorzeitige Abberufung aus dem Jugendwohlfahrtsausschuß zur Folge hat, ist landesrechtlich und daher unterschiedlich geregelt. So bestimmt etwa § 16 Abs. 2 des Berliner AGJWG hinsichtlich des Landesjugendwohlfahrtsausschusses, daß das zuständige Mitglied des Senats einen Beisitzer abberufen muß, wenn der Träger der freien Jugendhilfe, auf dessen Vorschlag ein Mitglied des Landesjugendwohlfahrtsausschusses ernannt worden ist, darum ersucht.[45]

Im übrigen wird jedoch in der Kommentarliteratur[46] ebenso wie in einigen landesrechtlichen Ausführungsvorschriften davon ausgegangen, daß die Gremiumsmitglieder der Jugendwohlfahrtsausschüsse an Aufträge und Weisungen nicht gebunden und nur dem Gemeinwohl verpflichtet sind.[47]

Inkompatibilitäts- und Befangenheitsregelungen gelten für die Ausschußmitglieder nach Maßgabe der jeweiligen landesrechtlichen Ausführungsbestimmungen (s. etwa § 14 des Berliner AGJWG) bzw. des Gemeindeverfassungsrechts. Das Vorliegen einer Interessenkollision wird von der Kommentarliteratur auf den Fall einer unmittelbar möglichen persönlichen Vorteilserlangung beschränkt.[48]

---

dann insgesamt drei Fünftel der stimmberechtigten Ausschußmitglieder stellt.

[42] Verneinend etwa *Münder u. a.*, Frankfurter Kommentar zum JWG, § 14 Anm. 3.3.; anders aber die Begründung des Regierungsentwurfs zu § 95 Abs. 2, S. 135.

[43] Berliner Gesetz zur Ausführung des Gesetzes für Jugendwohlfahrt und zur Regelung der öffentlichen Jugend- und Familienhilfe vom 11. Dezember 1970, GVBl. S. 1997.

[44] In diesem Sinne auch Art. 3 Abs. 1 des Bayerischen Ausführungsgesetzes zum JWG vom 23. Juli 1965, GVBl. S. 194.

[45] Gleiche bzw. ähnliche Regelungen enthalten: § 4 Abs. 1 des Baden-Württembergischen Landes JWG vom 9. Juli 1963, GBl. S. 99; § 9 Abs. 2 des Saarländischen Ausführungsgesetzes zum JWG in der Fassung vom 19. Mai 1972, ABl. S. 330.

[46] *Potrykus / Rauball*, Der Jugendwohlfahrtsausschuß, S. 14.

[47] § 7 Satz 1 des Niedersächsischen Ausführungsgesetzes zum JWG in der Fassung vom 10. April 1972, GVBl. S. 211; § 8 Abs. 2 Satz 2 des Saarländischen Ausführungsgesetzes zum JWG in der Fassung vom 19. Mai 1972, ABl. S. 330.

[48] *Münder u. a.*, Frankfurter Kommentar zum JWG, § 15 Anm. 6; *Jans / Happe*, Jugendwohlfahrtsgesetz, § 14 Anm. 12 B.

2.1.3.3. Die Zusammensetzung der Entscheidungsgremien der Filmförderungsanstalt

Am deutlichsten tritt die Verbindung zwischen interessierten Verbänden und Mitwirkungsbefugnissen „Privater" in den Gremien der Filmförderungsanstalt zutage: das Filmförderungsgesetz selbst räumt bestimmten Verbänden Benennungsrechte für die Ausschüsse der Filmförderungsanstalt ein.

Neben Vorstand (§ 4 FFG), Präsidium und Verwaltungsrat, den Organen der Filmförderungsanstalt (§ 3 FFG), werden die Aufgaben nach dem Filmförderungsgesetz vom Verwaltungsrat (§ 6 FFG), der Bewertungskommission (§ 7 FFG) und der Vergabekommission (§ 8 FFG) wahrgenommen.

2.1.3.3.1. Der Verwaltungsrat

Die nach der Neufassung des Filmförderungsgesetzes nunmehr 23 Mitglieder des Verwaltungsrates (nach der alten Fassung waren es 33 Mitglieder) werden auf Vorschlag der in § 6 Abs. 1 FFG aufgeführten Verbände ernannt, drei Mitglieder wählt der Deutsche Bundestag, zwei der Bundesrat und weitere zwei Mitglieder werden von der Bundesregierung ernannt. Ferner entsenden ARD und ZDF je ein Gremiumsmitglied.

Folgende Verbände sind berechtigt, Mitglieder des Verwaltungsrates zu benennen:

— der Hauptverband Deutscher Filmtheater e. V. und die Gilde Deutscher Filmkunsttheater e. V. (zusammen drei Mitglieder)

— die Arbeitsgemeinschaft Kino e. V. und die Arbeitsgruppe kommunaler Filmarbeit (zusammen ein Mitglied)

— der Verband der Deutschen Spielfilmproduzenten e. V. (zwei Mitglieder)

— die Arbeitsgemeinschaft Neuer Deutscher Spielfilmproduzenten (zwei Mitglieder)

— der Verband der Filmverleiher e. V. (zwei Mitglieder)

— der Verband Technischer Betriebe für Film und Fernsehen e. V. (ein Mitglied)

— die Rundfunk-Fernseh-Film-Union im Deutschen Gewerkschaftsbund (ein Mitglied)

— der Deutsche Journalistenverband e. V. und die Deutsche Journalisten-Union in der Industriegewerkschaft Druck und Papier (ein Mitglied, das als Filmjournalist tätig ist)

— die evangelische und katholische Kirche (zusammen ein Mitglied),

s. § 6 Abs. 1 Nr. 4—12 FFG.

2.1.3.3.2. Die Bewertungskommission

Die Mitglieder der Bewertungskommission werden von den in § 7 Abs. 4 aufgeführten Mitgliedern des Verwaltungsrates benannt. Drei Mitglieder werden von den vom Bundestag gewählten Mitgliedern des Verwaltungsrates ernannt, ein weiteres Kommissionsmitglied von den durch die Bundesregierung ernannten Verwaltungsratsmitgliedern. Im übrigen haben folgende Verwaltungsratsmitglieder ein Benennungsrecht für die Bewertungskommission:

— das von der evangelischen und katholischen Kirche bestellte Mitglied des Verwaltungsrats (ein Mitglied)
— die vom Hauptverband Deutscher Filmkunsttheater e. V. und der Gilde Deutscher Filmkunsttheater e. V. benannten Mitglieder des Verwaltungsrates (zwei Mitglieder)
— die vom Verband Deutscher Spielfilmproduzenten e. V. benannten Mitglieder des Verwaltungsrates gemeinsam mit den von der Arbeitsgemeinschaft Neuer Deutscher Spielfilmproduzenten e. V. benannten Mitglieder des Verwaltungsrates (ein Mitglied)
— die vom Verband der Filmverleiher e. V. benannten Mitglieder des Verwaltungsrates (ein Mitglied)
— das vom Deutschen Journalistenverband e. V. und der Deutschen Journalisten-Union in der Industriegewerkschaft Druck und Papier benannte Mitglied des Verwaltungsrates (ein Mitglied),

s. § 7 Abs. 4 Nr. 3—7 FFG.

2.1.3.3.3. Die Vergabekommission

Eine ähnliche Zusammensetzung weist die 11köpfige Vergabekommission auf: neben den vom Bundestag und Bundesrat (§ 8 Abs. 4 Nr. 1 und 2 FFG) sowie von den beiden öffentlichen Rundfunkanstalten (§ 8 Abs. 4 Nr. 9 FFG) entsandten Mitgliedern des Verwaltungsrates benennen folgende Verwaltungsratsmitglieder die Beisitzer der Vergabekommission:

— die vom Hauptverband Deutscher Filmtheater e. V. und der Gilde Deutscher Filmkunsttheater e. V. benannten Mitglieder des Verwaltungsrates (zwei Mitglieder)
— die vom Verband Deutscher Spielfilmproduzenten e. V. benannten Mitglieder des Verwaltungsrates (ein Mitglied)
— die von der Arbeitsgemeinschaft Neuer Deutscher Spielfilmproduzenten e. V. benannten Mitglieder des Verwaltungsrates (ein Mitglied)
— die vom Verband der Filmverleiher e. V. benannten Mitglieder des Verwaltungsrates (ein Mitglied)
— das von der Rundfunk-Fernseh-Film-Union im Deutschen Gewerkschaftsbund benannte Mitglied des Verwaltungsrates zusammen mit dem vom Deutschen Journalistenverband e. V. und der Deutschen Journalisten-Union in der Industriegewerkschaft Druck und Papier benannte Mitglied des Verwaltungsrates (ein Mitglied)

— das von der katholischen und evangelischen Kirche benannte Mitglied des Verwaltungsrates (ein Mitglied),

s. § 8 Abs. 4 Nr. 3—8 FFG.

Insgesamt läßt sich bei Betrachtung der Zusammensetzung dieser Gremien im Hinblick auf die Benennungsrechte ein starkes Übergewicht der Filmwirtschaft gegenüber den Vertretern sonstiger Gruppen — Filmjournalisten, Gewerkschaften und Kirchen — feststellen. Die Hereinnahme von Vertretern der Filmjournalisten in das Filmförderungsgesetz von 1974 führte seinerzeit zu einer heftigen Kontroverse[49], da man die Konzeption des FFG als Wirtschaftsförderungsgesetz gefährdet sah[50].

Die Mitglieder des Verwaltungsrats und der Unterkommissionen sind an Aufträge und Weisungen nicht gebunden (§§ 6 Abs. 4 Satz 2; § 7 Abs. 3 Satz 4; § 8 Abs. 3 Satz 4 FFG). Eine Möglichkeit der die Mitglieder des Verwaltungsrates vorschlagenden Verbände, die Abberufung eines Verwaltungsratsmitglieds mit bindender Wirkung von der berufenden Stelle zu fordern, sieht das FFG nicht vor.[51] Sinnvollerweise wird man hier jedoch ein solches Recht annehmen müssen, um den Zweck der verbandlichen Benennungsrechte nicht zu verfehlen.

2.1.4. Folgerungen

Die Einflußrechte der Verbände auf die Bestellung eines Großteils der Mitglieder der hier untersuchten Ausschüsse reichen somit von bloßen Vorschlags- bis hin zu echten Benennungsrechten. Mag auch der in den betreffenden Verbänden konzentrierte einschlägige Sachverstand bezüglich der betroffenen Ordnungsbereiche für die gesetzgeberische Entscheidung eine nicht unmaßgebliche Rolle gespielt haben[52], so kann doch nicht darüber hinweggesehen werden, daß die Verbände und die von ihnen vorgeschlagenen bzw. benannten Vertreter an jenen Sachbereichen im weitesten Sinne interessiert sind. Interessiert nicht nur im rein wirtschaftlich-egoistischen Sinne — so insbesondere die im Filmförderungsgesetz genannten Verbände —,

[49] s. dazu Protokolle des Deutschen Bundestages, 7. Wahlperiode, 71. Sitzung, S. 4382.

[50] Zum Zielkonflikt des FFG Wirtschaftsförderung — Kulturförderung s. unten, Teil 2.2.3.

[51] § 9 FFG enthält eine besondere, über die Regelung der §§ 20 Abs. 4, 21 Abs. 2 BVerwVfG hinausgehende Befangenheitsregelung, die lt. Begründung des Regierungsentwurfs — BT-Drucksache VIII/2108, S. 26 — für den Fall eines sog. Beratervertrages zwischen Kommissionsmitglied und einem Dritten gedacht ist. Siehe im übrigen auch § 7 Abs. 3 Satz 2 und § 8 Abs. 3 Satz 2 FFG.

[52] Allgemein zur Rolle des interessierten Sachverstandes *v. Arnim*, Gemeinwohl und Gruppeninteressen, S. 138 ff.

sondern auch als Träger ideeller bzw. altruistischer (Bereichs-)Interessen, wie etwa die Jugendwohlfahrtsverbände, die Kirchen, aber auch Künstler- und Journalistenverbände.

Daß es hier nicht nur um die Nutzbarmachung der Sachverständigen-Ressourcen der Verbände geht, wird auch daran deutlich, daß zum Teil, wie etwa für die Jugendwohlfahrtsausschüsse, Abberufungsrechte der vorschlagenden Organisationen bestehen[53] oder doch bei einer teleologischen Betrachtung verbindlicher Benennungsrechte angenommen werden müssen[54].

Auch ohne ausdrückliche Regelung eines imperativen Mandats muß davon ausgegangen werden, daß die Verbände regelmäßig nur solche Personen für die Gremien vorschlagen bzw. benennen, die Interessen, Selbstverständnis und Wertvorstellungen des betreffenden Verbandes „repräsentieren".

Die Mitwirkungsbefugnisse der solcherart rekrutierten Gremiumsmitglieder lassen sich daher nicht mit der Gutachtertätigkeit eines Sachverständigen gleichsetzen.[55]

Der Hinweis, daß solche Gremien weisungsfrei arbeiten, vermag die Behauptung, daß es sich hier um Sachverständigenausschüsse handele, ebensowenig zu stützen.[56] Die Weisungsfreiheit kann zwar eine verfahrensmäßige Vorkehrung sein, um die Unabhängigkeit und größtmögliche Objektivität eines Urteils zu verbürgen, wie das häufig zitierte Beispiel des Richters (s. Art. 97 Abs. 1 GG) zeigt. Der zuweilen gezogene Vergleich dieser Gremien mit einem Richterkollegium[57] geht aber schon deswegen fehl, weil ein nach gruppenspezifischen Gesichtspunkten ausgewähltes Richterkollegium ohne Zweifel verfassungswidrig wäre.[58] Zudem normiert auch Art. 38 Abs. 1 Satz 2 GG die Weisungsfreiheit der Abgeordneten des Deutschen Bundestages, die als Exponenten bestimmter Parteien[59] sich legitimerweise von parteipolitischen Auffassungen und Zielen leiten lassen[60] und damit „parteilich" in des Wortes engster Bedeutung sind[61].

---

[53] s. oben, Teil 2.1.3.2.

[54] s. oben, Teil 2.1.3.3.3.

[55] Wie hier: *Oberndorfer*, DöV 1972, S. 534.

[56] So insbesondere *Ossenbühl*, DöV 1972, S. 404 f., der in der Weisungsunabhängigkeit der Bundesprüfstelle verbunden mit ihrer besonderen Sach- und Fachkunde ein Höchstmaß an Objektivität gewährleistet sieht; ähnlich *Redeker*, DöV 1971, S. 760.

[57] *Ossenbühl*, DöV 1972, S. 404 f.

[58] *Kisker*, DöV 1972, S. 525.

[59] BVerfGE 2, 1 (72).

[60] BVerfGE 5, 85 (233).

[61] Freilich ist auch die Bedeutung des freien Mandats des Abgeordneten noch nicht so recht geklärt, insbesondere was das Verhältnis zu Art. 21 Abs. 1

Zu Recht hat daher *Böckenförde* festgestellt[62], daß der für viele Gremien geltende Grundsatz des freien Mandats diese noch nicht zu interessenneutralen Sachverständigengremien mache.

Jedenfalls entsprechen die Gremiumsmitglieder offensichtlich nicht jenem, in der Literatur häufig beschriebenen Idealtypus des Sachverständigen oder Fachmanns, der Gruppeninteressen „neutral" gegenübersteht[63] und sich unabhängig und objektiv nur seinem wissenschaftlichen Ethos verpflichtet fühlt[64].

Abgesehen davon, daß die dahinterstehende Vorstellung von Objektivität und Neutralität des erkennenden Subjekts eine wirklichkeitsfremde Fiktion ist, gehört es mittlerweile zur gesicherten Erkenntnis auch der neueren juristischen Methodenlehre[65], daß rechtliche Entscheidungen nicht ohne Durchgriff auf außerdogmatische, ja vorpositive Wertungen und Prinzipien auskommen[66]. Vom bloßen Nachvollzug gesetzgeberischer Entscheidungen kann allenfalls dort gesprochen werden, wo es sich um definite und rein rechtserzeugte Normbereiche[67] handelt.

Bei Normtexten hingegen, die „mit Wertungsfragen voll gesättigt sind"[68] — und dazu gehören, wie noch ausführlicher darzulegen sein wird, auch die Gesetzesvorgaben für die Entscheidungstätigkeit der hier untersuchten Ausschüsse — kann die Wertungsproblematik zwar geleugnet, aber nicht wirklich beseitigt werden.

GG und der faktischen Entwicklung zur parteienstaatlichen Demokratie hin angeht; s. dazu einerseits *Leibholz*, Strukturprobleme, S. 71 ff. und andererseits *Chr. Müller*, Das imperative und das freie Mandat, S. 76, 206 ff. und passim, der im freien Mandat lediglich ein aus praktischen Bedürfnissen erwachsenes Prinzip sieht, um Beschlußfassung in Gremien überhaupt zu ermöglichen. Siehe dazu auch unten Teil 2.1.5.1., Fußnote 79.

[62] Die Organisationsgewalt, S. 254, Fußnote 41.

[63] *Leibholz*, Strukturprobleme, S. 319 ff.

[64] Zu dieser Vorstellung vom „Sachverständigen" *Schelsky* in: Wissenschaftliche Experten und politische Praxis — Das Problem der Zusammenarbeit in der heutigen Demokratie, S. 6 ff., S. 13, der sich auch in der Praxis für eine strikte Trennung von Wissenschaftlern und Verbandsexperten, ebd., S. 11, ausspricht — kritisch zu diesem auch von anderer Seite (*Max Weber*, u. a.) vertretenen „technokratischen Modell": *Habermas*, Verwissenschaftlichte Politik und öffentliche Meinung, S. 121 ff.

[65] Zum Zusammenhang von „Erkenntnis und Interesse" in den übrigen Wissenschaftsbereichen s. *Habermas*, Erkenntnis und Interesse, S. 148 ff.

[66] *Esser*, Vorverständnis und Methodenwahl, S. 11.

[67] Dazu *F. Müller*, Juristische Methodik, S. 117, 138 ff.

[68] *Esser*, Vorverständnis und Methodenwahl, S. 11.

2.1.5. Die Gremiumsmitglieder als „Interessenvertreter“

Vielfach werden die auf (verbindlichen) Vorschlag eines Verbandes berufenen Mitglieder eines Gremiums auch als Interessenvertreter bezeichnet.

So definiert *Dagoglou* den „echten“ Interessenvertreter im spezifisch technischen Sinn als den „auf verbindlichen Vorschlag eines Interessenverbandes als Vertreter desselben durch die Verwaltung herangezogenen Privaten“.[69] Allerdings fungierten solche Interessenvertreter oft nicht als Vertreter der von der betreffenden Verwaltungsaufgabe berührten Interessen, sondern — sofern sich diese Interessen nicht auf ein individualisierbares Substrat zurückführen lassen — nur als „unechte Interessenvertreter“, deren Funktion er rechtsfolgenmäßig der Fachberatung gleichstellt.[70]

Aber auch jenseits so exakter Begriffsbestimmungen werden verbandsspezifisch rekrutierte Gremiumsmitglieder häufig als Interessenvertreter eingeordnet.[71]

2.1.5.1. Der privatrechtliche Begriff des Interessenvertreters

Der Begriff der „Vertretung“ wie er in diesem Zusammenhang gebraucht wird, wird in der Regel nicht näher erläutert. Nur gelegentlich wird auf den privatrechtlichen Ursprung dieses Begriffs hingewiesen[72], und in Ermangelung einer verfügbaren spezifisch öffentlichrechtlichen Kategorie der Vertretung[73] kann in der Tat nur auf das Zivilrecht zurückgegriffen werden.

Bei näherer Betrachtung erweist sich jedoch das zivilrechtliche Institut der Vertretung als ungeeignet, die Vermittlung von „Interessen“ durch verbandsspezifisch rekrutierte Beisitzer in Entscheidungsgremien der Verwaltung rechtlich einzuordnen. Wie immer man den Vorgang

---

[69] Der Private in der Verwaltung, S. 46.

[70] Ebd., S. 46 f. und S. 30, s. auch oben, Teil 2.1.2.3.

[71] *Böckenförde*, Organisationsgewalt, S. 249 ff., insbesondere Fußnote 30, wo die Bundesprüfstelle als eine „eher vorwiegend aus Interessenvertretern zusammengesetzte Bundesoberbehörde“ bezeichnet wird; *Schelsky*, Wissenschaftliche Experten und politische Praxis, S. 11 ff., spricht überall dort von Interessenvertretung, wo Verbandsexperten auftreten, deren Berufsmoral nicht mit der des autonomen Wissenschaftlers identisch ist und empfiehlt daher auch in der Praxis eine strikte Trennung von Beiräten mit Wissenschaftlern und solchen, die mit Verbandsexperten besetzt sind.

[72] *Dagtoglou*, Der Private in der Verwaltung, S. 42; *Hartmut Krüger*, Interessenpolitik und Gemeinwohlfindung, S. 74.

[73] *Dagtoglou*, Der Private in der Verwaltung, S. 45 hält eine spezifisch öffentlichrechtliche Kategorie der Interessenvertretung — trotz der Besonderheiten, die die Interessenvertretung im öffentlichen Recht gegenüber dem Privatrecht aufweist, nicht für erforderlich.

der zivilrechtlichen Stellvertretung deutet[74], besteht eines ihrer wesentlichen Merkmale darin, daß die Rechtswirkungen des Vertreterhandelns unmittelbar in der Person des Vertretenen eintreten[75]. Grundsätzlich finden Stellvertretungsvorschriften daher nur in der rechtsgeschäftlichen Sphäre Anwendung.

Schon unter diesem Gesichtspunkt erscheint die Einordnung von Gremiumsmitgliedern als „Vertreter" der sie entsendenden Verbände fragwürdig, da die Abstimmung in einem Entscheidungsgremium der Verwaltung kein rechtsgeschäftlich relevantes Verhalten ist, ganz abgesehen davon, daß die von den Gremiumsmitgliedern getroffene Entscheidung rechtlich dem Staat und nicht den sie entsendenden Verbänden zugerechnet wird.

Hinzu kommt, daß (sieht man einmal von den Fällen der hier nicht vorliegenden gesetzlichen Vertretung ab), der Vertretene grundsätzlich befugt ist, dem Vertreter Weisungen zu erteilen und ihn gegebenenfalls abzuberufen[76], während die hier einschlägigen gesetzlichen Regelungen vom freien Mandat der Beisitzer ausgehen und Abberufungsrechte der sie entsendenden Verbände nicht immer normiert sind.

Widersprüchlich wird die Argumentation insbesondere dann, wenn man, wie Dagtoglou, die Weisungsfreiheit der Gremiumsmitglieder auf dem Hintergrund der überkommenen staatstheoretischen Verknüpfung von demokratischer Repräsentation und freiem Mandat des Abgeordneten[77] deutet und mit dem „notwendig imperativen Mandat" des bloßen Interessenvertreters konfrontiert. Ein Interessenvertreter mit freiem Mandat ist danach nicht denkbar. Dagtoglou verzichtet daher auch auf eine sinnvolle Einordnung des normativen Befundes und bezeichnet das freie Mandat der Gremiumsmitglieder kurzerhand als „wirklichkeitsfremde Phrasen", „rechtslogisch falsch" und „verwaltungspolitisch verfehlt".[78]

Ob die Abhängigkeit der Gremiumsmitglieder von den sie vorschlagenden bzw. benennenden Verbänden tatsächlich einem freien Mandat entgegensteht, mag hier dahinstehen.[79] Deutlich wird jedoch das Be-

[74] s. dazu die knappe Darstellung der hierzu vertretenen Theorien bei *Staudinger / Dilcher*, Vorbemerkung zu § 164, Rdnr. 32.

[75] Ebd., § 164 Rdnr. 6.

[76] *Dagtoglou*, Der Private in der Verwaltung, S. 43.

[77] So insbesondere ebd., S. 51 ff., S. 55.

[78] Ebd.

[79] Bedenken bestehen zunächst gegen die gängige, auch den Ausführungen *Dagtoglous* zugrundeliegende begriffs„notwendige" Verknüpfung von freiem Mandat und demokratischer Repräsentation. *Chr. Müller*, Das imperative und freie Mandat, S. 76, 206 ff. und passim deutet das freie Mandat aufgrund seiner Entstehungsgeschichte als lediglich organisationstechnisches Mittel, um Beschlußfassung in Gremien überhaupt zu ermöglichen, ohne daß damit die

streben, am Begriff des *Interessenvertreters* festzuhalten, obwohl die rechtliche Ausgestaltung der Stellung solcher verbands- bzw. gruppenspezifisch rekrutierter Entscheidungsträger offensichtlich nicht den Kriterien des Vertretungsbegriffs genügt.

Zu beanstanden ist das weniger unter dem Gesichtspunkt einer als Selbstzweck verstandenen „sauberen" Begrifflichkeit. Was schwerer wiegt: der Begriff des Interessenvertreters enthält zum einen — wie insbesondere die Abgrenzungsbemühungen zum Repräsentationsbegriff deutlich zeigen — Implikationen, die eine eher skeptische Beurteilung gruppenspezifisch rekrutierter Verwaltungsgremien präjudizieren. Zum anderen wird mit dem Rückgriff auf den Vertretungsbegriff die Möglichkeit versperrt, faktisch bestehende Artikulationsmöglichkeiten für nichtorganisierte und häufig auch nicht organisierbare, insbesondere altruistische und ideelle Interessen, in die juristische Betrachtung miteinzubeziehen. Denn: vertreten werden kann nur das, was eine gewisse Selbständigkeit und organisatorische Abgeschlossenheit besitzt.[80]

2.1.5.2. „Interessenvertretung" versus Repräsentation und Gemeinwohl

Neben der Abgrenzung vom „reinen"[81] oder „eigentlichen"[82] Sachverstand, der den Sachverstand eines reinen Interessenvertreters transzendiert[83], kommt dem Begriff der Interessenvertretung vor allem die Funktion zu, die Vermittlung „bloßer" Interessen gegen einen in seinem Bedeutungsgehalt allzu idealistisch aufgeladenen Repräsentationsbegriff[84] abzuheben. „Repräsentation" wird dabei ex definitione dem Gemeinwohl zugeordnet, während (Partikular-)Interessen nur vertretungsfähig sind und in ihrer Summation niemals ein Allgemeininteresse

Abhängigkeit vom Wähler bzw. den Parteien ausgeschlossen sein soll. Bereits *G. Jellinek*, Allgemeine Staatslehre, S. 572 ff., kam bei einer eingehenden Betrachtung der Entwicklung von Repräsentativsystemen in Frankreich und England zu dem Schluß, daß „die Unmöglichkeit, auf Grund von Instruktionen zu gedeihlicher Beratung und Beschlußfassung zu gelangen, endlich die Instruktionen selbst beseitigte", ebd.; ebenso *H. Reuss*, Zur Geschichte der Repräsentativverfassung in Deutschland, S. 21. Ferner erscheint zweifelhaft, ob die für kollegiale Verwaltungsgremien angeordnete Weisungsfreiheit überhaupt auf dem Hintergrund des Art. 38 Abs. 1 Satz 2 GG gedeutet werden kann. Letzterer ist eine Norm des Verfassungsrechts, während die gesetzlich angeordnete Weisungsfreiheit von Kollegialorganen in der Verwaltung in völlig anderen Sinn- und Regelungsbezügen steht.

[80] *Dagtoglou*, Der Private in der Verwaltung, S. 46.

[81] *Leibholz*, Strukturprobleme, S. 319.

[82] *Schmitt Glaeser*, VVDStRL 31 (1973), Aussprache, S. 305 f.

[83] *Leibholz*, Strukturprobleme, S. 319.

[84] So kritisch *Häberle*, AöR 90 (1965/66), S. 387; gegen die Unterscheidung von „Repräsentation" und „Vertretung" auch *Kisker*, DöV 1972, S. 520, Fußnote 3.

ergeben und daher auch nicht dem Gesamtverband zugerechnet werden können. Eine Interessenrepräsentation, d. h., eine Repräsentation partikularer Interessen gibt es nicht.[85] Was „nur" Privatsache und nur privaten Interessen dient, kann wohl vertreten werden; es kann seine Agenten, Anwälte und Exponenten finden, aber es wird nicht in einem spezifischen Sinne repräsentiert[86].

Durch parlamentarische bzw. magistratische Repräsentation vermitteltes Gemeinwohl gerät hier nur allzuleicht zum Kampfbegriff[87] gegen Interessenpluralismus, der als parakonstitutionelles Kräftesystem die Demontage des Staatlichen im Staat[88] und die Auflösung der Einheit von Staat und Verfassung in ein System von Kompromissen betreibt.[89] Staatliche Integration vollzieht sich hiernach ausschließlich über Repräsentation und beruht auf der Idee der Einheit des Volkes und seiner Interessen,[90] die als vorhanden vorausgesetzt wird. Die Vielheit und Verschiedenartigkeit partikularer Interessen erscheint als Störung dieses Integrationsprozesses[91] und ihre Artikulation wird als bloße „Interessenvertretung" in den Bereich des Privaten verbannt. Durch diese Konfrontation des Begriffs der Interessenvertretung mit den Bedeutungsgehalten eines in seiner Zeitbedingtheit kaum reflektierten Repräsentationsbegriffs[92] wird die Frage nach dem Verhältnis von staat-

[85] In diesem Sinne: *Leibholz*, Das Wesen der Repräsentation, S. 183; *Dagtoglou*, Der Private in der Verwaltung, S. 45.

[86] *C. Schmitt*, Verfassungslehre, S. 210.

[87] So *Hans Meyer*, VVDStRL 33 (1975), S. 75; ferner *H. Reuss*, Zur Geschichte der Repräsentativverfassung in Deutschland, S. 2 ff. — diese polemische Wendung des Repräsentationsbegriffs reicht weit bis in den deutschen Vormärz zurück, wo er im Kampf gegen altständische Verfassungsvorstellungen der Restauration eine zentrale Stelle einnahm, siehe dazu *H. Brandt*, Landständische Repräsentation im deutschen Vormärz, S. 182 ff., insbesondere S. 190 ff.; *K. Bosselmann*, Der Widerstand gegen die Repräsentativverfassung, S. 143 ff.; auch *C. Schmitt*, Verfassungslehre, S. 211 f. und *Scheuner*, Das repräsentative Prinzip in der modernen Demokratie, S. 250 ff.; kritisch zur Zerstörung eines neutralen Interessenbegriffs durch die deutsche Staatstradition *Ellwein*, Das Regierungssystem, S. 146 f.

[88] *W. Weber*, Der Staat und die Verbände, S. 21; *ders.*, Spannungen und Kräfte, S. 121 ff.

[89] *C. Schmitt*, Der Hüter der Verfassung, S. 237 — bei *Carl Schmitt* führt dieser antipluralistische Ansatz schließlich zum Ruf nach dem totalen Staat, der in seinem Innern keinerlei „staatsfeindliche, staatshemmende oder staatszerspaltende Kräfte" aufkommen läßt, *C. Schmitt*, Weiterentwicklung des totalen Staates in Deutschland, S. 361. In bemerkenswerter Offenheit schreibt der Autor zum Neuabdruck dieses Aufsatzes in Verfassungsrechtliche Aufsätze, S. 365, Fußnote 1, daß der Zweck dieser Veröffentlichung infolge der Entlassung Schleichers und der Ernennung Hitlers zum Reichskanzler am 30. 1. 1933 bei ihrem Erscheinen im Februar 1933 bereits entfallen war.

[90] *Leibholz*, Das Wesen der Repräsentation, S. 183; *Dagtoglou*, Der Private in der Verwaltung, S. 45.

[91] Kritisch zu dieser Sichtweise: *Scheuner*, Konsens und Pluralismus als verfassungsrechtliches Problem, S. 149; *Hesse*, Grundzüge, S. 5 ff.

licher Integration bzw. Gemeinwohlfindung und partikularen Interessen im Sinne eines unüberbrückbaren Gegensatzes vorentschieden.

Die Wahrnehmung von Interessen wird zur Sonderinteressenvertretung auf Kosten des Gemeinwohls, das zu verwirklichen ausschließlich Sache des Staates und seiner Organe sei.[93] Mitentscheidungsbefugnisse von Interessenvertretern im Rahmen staatlicher Entscheidungsverfahren können auf der Grundlage eines so verstandenen Begriffs der Interessenvertretung nur mit Skepsis betrachtet werden. Und mit dem Hinweis auf die unzulässige Privatisierung öffentlicher Interessen wird die Beteiligung von Interessengruppen an definitiven Entscheidungen — sieht man von den stets als Ausnahme apostrophierten Rundfunkräten und Universitäten einmal ab — sogar für verfassungswidrig gehalten.[94]

Auch die oben[95] bereits kritisierte Einordnung solcher gruppen- bzw. verbandsspezifisch rekrutierter Gremiumsmitglieder als neutrale Sachverständigenausschüsse oder richterähnliche Gremien beruht wohl nicht zuletzt auf dem Bestreben, solche Gremien über den empirischen Befund hinweg mit einem neutralen, konfliktfreien Gemeinwohlbegriff zu harmonisieren.[96]

Ein solcher Gemeinwohlbegriff mag im Frühliberalismus, der von einem einheitlichen bürgerlichen Menschenbild, nämlich dem des Bürgers von Besitz und Bildung, ausging, seine Berechtigung gehabt haben. Interessenverschiedenheiten mag es im Rahmen dieser relativ homogenen Schicht in der Tat kaum gegeben haben.[97] Seine Übertragung auf ein in sozialer, politischer und weltanschaulicher Hinsicht plura-

[92] s. dazu auch *Hans J. Wolff*, Organschaft und juristische Person, Bd. 2, S. 22 ff., 26, der zu Recht darauf hinweist, daß dieser Repräsentationsbegriff nur bis zur vormärzlichen Ideologie — s. oben Teil 2.1.5.2. Fußnote 87 — zurückgeht, obwohl die hinter dem Begriff der Repräsentation stehenden Vorstellungen sehr viel älter sind; ähnlich auch *Scheuner*, Politische Repräsentation und Interessenvertretung, S. 338, der darin eine zeitgebundene und überholte Vorstellung der Repräsentation sieht, die an bestimmte frühliberale Theoreme gebunden war; ferner *Rausch* (Hrsg.), Zur Theorie und Geschichte der Repräsentation und Repräsentativverfassung, Vorwort, S. VIII; *v. Arnim*, Gemeinwohl und Gruppeninteressen, S. 391 ff.

[93] *W. Schmidt*, VVDStRL 33 (1975), S. 194 f., spricht hier — wohl nicht zu Unrecht — von einem Gemeinplatz der deutschen Staatsrechtslehre.

[94] Ebd., S. 200 — was freilich bei einem Autor verwundert, der etatistischen Strömungen eher kritisch gegenüber steht.

[95] s. Teil 2.1.2.

[96] Die Verknüpfung zwischen Sachverstand und Gemeinwohl wird besonders deutlich bei *Leibholz*, Strukturprobleme, S. 319 f., der vom Sachverständigen nicht nur fachliche Qualifikation fordert, sondern auch die Fähigkeit, „differenzierten Gruppeninteressen, die auf bestimmten gesellschaftlichen Gegensätzen und Spannungen beruhen, neutral gegenüberstehen zu können."

[97] s. dazu *v. Arnim*, Gemeinwohl und Gruppeninteressen, S. 124 f.

listisch ausdifferenziertes Gemeinwesen, in dem politische Einheit nicht vorgegeben, sondern immer wieder neu aufgegeben ist, erscheint indes unmöglich.[98]

2.1.5.3. Interessenvertretung als Wahrnehmung organisierter bzw. organisierbarer Interessen

Der Vertretungsbegriff geht schließlich davon aus, daß sich die vertretenen Interessen auf eine organisierte, zumindest aber überschaubare Personenmehrheit zurückführen lassen müssen.[99]

Daraus folgt, daß etwa ein Jugendwohlfahrts- bzw. Jugendverband zwar de facto politische Input-Funktionen auf dem Gebiet der Jugendarbeit und Jugendpolitik wahrnehmen kann.[100] Für die rechtliche Betrachtung müssen solche Interessenartikulationsfunktionen aber selbst dort außer Betracht bleiben, wo sich der Gesetzgeber, wie im Jugendwohlfahrtsgesetz und im Gesetz über die Verbreitung jugendgefährdender Schriften, sich das politische Interesse solcher Verbände bewußt zunutze macht und in ein Entscheidungsverfahren einbindet. Denn weder handelt es sich hier um einen überschaubaren, noch gar um einen in den betreffenden Organisationen organisierten Personenkreis.[101]

Gleiches gilt im Bereich der Kunst: Ein ideelles Interesse kann — so die Ausführungen *Dagtoglous* zur Zusammensetzung der Bundesprüfstelle für jugendgefährdende Schriften — nicht immer und ohne weiteres „vertreten" werden. Wegen der Unmöglichkeit der Organisierung der Kunst sei der Schriftsteller in gewissem Maße als unabhängiger Fachmann zu betrachten.[102] Die Wahrnehmung und Artikulation von (Bereichs-)Interessen und Wertvorstellungen, die nicht auf ein individualisierbares Substrat zurückführbar sind, werden damit mangels verfügbarer Kategorien aus der rechtlichen Betrachtung überhaupt ausgeklammert. Nichtorganisierte Interessen sind weder vertretbar noch repräsentierbar.[103]

---

[98] Dazu *Hesse*, Grundzüge, S. 5 ff.; s. auch BVerfGE 5, 85 (135), das von einem process of trial and error *(J. B. Talmon)* spricht, in dem sich aus den einander begegnenden sozialen Kräften, Interessen und politischen Ideen der Staatswillen herausbildet.

[99] s. oben, Teil 2.1.2.4.

[100] s. hierzu etwa die umfangreichen Initiativen und Vorschläge zur Reform des Jugendhilferechts in den 50er Jahren von Seiten der (Jugend)Wohlfahrtsverbände, dargestellt bei *Chr. Hasenclever*, Jugendhilfe und Jugendgesetzgebung seit 1900, S. 191 ff.; s. auch *Nikles*, Jugendpolitik in der Bundesrepublik, S. 189 f.

[101] Allgemein zum Mißverhältnis zwischen empirisch nachweisbaren politischen Input-Funktionen und ihrer dürftigen rechtswissenschaftlichen Aufarbeitung *Teubner*, Organisationsdemokratie und Verbandsverfassung, S. 169 ff.

[102] *Dagtoglou*, Der Private in der Verwaltung, S. 30.

Die sich aus der juristischen Einbeziehung solcher Interessenartikulationsfunktionen möglicherweise ergebenden Folgeprobleme können daher auch nicht diskutiert werden: so etwa die Frage der ausgewogenen Zusammensetzung solcher Gremien und den Kriterien, nach denen Interessenträger hinzugezogen werden. Auch das Problem eines einklagbaren Anspruchs auf Stimmrecht in einem solchen Gremium kann solange nicht adäquat behandelt werden, als man die Heranziehung von Trägern nichtorganisierbarer Interessen rechtsfolgenmäßig der Fachberatung gleichstellt. Eine solche Sachverständigenmitwirkung wäre dann als Verwaltungshilfe durch Private zu qualifizieren[104], und auf die Hinzuziehung als privater Verwaltungshelfer besteht nach wohl einhelliger Ansicht kein Anspruch[105].

Hinzu kommt, daß damit eine vielkritisierte Fehlleistung unseres politischen Systems durch die Verwaltungsdogmatik unterstützt wird: nämlich die häufig konstatierte Durchsetzungsschwäche un- oder schwerorganisierbarer allgemeiner Interessen gegenüber den unmittelbar am wirtschaftlichen Verteilungskampf beteiligten organisierten Machtgruppen.[106]

---

[103] s. bereits oben, Teil 2.1.2.4.; eine andere Ursache für die Ausklammerung ideeller Interessen aus der juristischen Betrachtung dürfte freilich auch in der mehr oder weniger unbewußten Gleichsetzung des Interessenbegriffs mit materiellen, ökonomischen Interessen zu sehen sein — *J. H. Kaiser*, Die Repräsentation, S. 345, m.w.N.

[104] *Schmitt Glaeser*, VVDStRL 31 (1973), S. 191.

[105] Statt aller: *Dagtoglou*, Der Private in der Verwaltung, S. 105; *Ossenbühl*, VVDStRL 29 (1971), S. 185 ff.

[106] s. etwa die von *J. H. Kaiser*, Die Repräsentation, S. 83 ff. angeführten Beispiele organisierter Interessen; sie alle — Gewerkschaften, Arbeitgeberverbände, Berufsverbände, Bauernverbände, Verbände der im öffentlichen Dienst Tätigen — verfolgen in erster Linie ökonomische Interessen. Eine Ausnahme machen hier nur die ebenfalls gut organisierten Großkirchen. Kritisch zu dieser Dominanz organisierter Interessen: *W.-D. Narr*, Pluralistische Gesellschaft, S. 51 f.; *Scharpf*, Demokratietheorie zwischen Utopie und Anpassung, S. 48 ff. m.w.N., S. 74; *v. Arnim*, Gemeinwohl und Gruppeninteressen, S. 152 ff.; *W. Schmidt*, VVDStRL 33 (1975), S. 188 ff.; *Forsthoff*, Der Staat der Industriegesellschaft, S. 26; s. etwa auch die „Mannheimer Erklärung" der CDU von 1975, abgedr. bei *H. Geißler*, Verbände und Neue Soziale Frage, S. 182, wo es heißt: „Weite Interessenbereiche werden durch Verbände oder Organisationen nicht ausreichend vertreten. Alte und junge Menschen, Kranke, Behinderte, aber auch wichtige Rollenfunktionen, wie die des Sparers oder des Bürgers im Verhältnis zur Verwaltung, finden häufig keine organisierte Fürsprache. Ihre Interessen sind im Konzert der organisierten Sonderinteressen benachteiligt. Hinsichtlich der Analyse besteht offenbar Einigkeit, Differenzen hingegen bezüglich der vorgeschlagenen Remeduren: während bei *Forsthoff* ausgeprägt etatistische Vorstellungen überwiegen, verweist *Scharpf*, S. 66, im Rahmen seiner komplexen Demokratietheorie auf das im politischen System wirksame Nebeneinander von Bereichsöffentlichkeiten mit jeweils spezialisiertem Sachverstand und Engagement für besondere Problemstellungen.

Die ökonomische Sphäre und die darauf bezogenen Verbände gewinnen dadurch eine nicht zu übersehende — und durch Art. 9 Abs. 3 GG verfassungsrechtlich abgesicherte[107] — Dominanz gegenüber anderen Lebensbereichen[108], während im Kampf um den gerechten Anteil am Sozialprodukt wichtige allgemeine Interessen wie etwa Umweltschutz und Schutz der natürlichen Ressourcen[109] auf der Strecke bleiben. Auch die Bereiche, in denen die hier untersuchten Gremien arbeiten, nämlich Kulturförderung[110] und Jugendpolitik[111] lassen sich zwanglos in diese Verlustliste einreihen.

Mit der Feststellung, daß die auf diese Lebensbereiche bezogenen, nicht organisierbaren Interessen weder vertretbar noch repräsentierbar sind, wird zudem übersehen, daß neben den organisierten Interessengruppen ein zweites System der Interessenartikulation im politischen Prozeß wirksam ist, dessen Teilnehmer sich jedenfalls nicht überwiegend aus dem Kreis der unmittelbar betroffenen Interessenten rekrutieren[112]. Scharpf spricht hier von einem „Nebeneinander von spezialisiertem Sachverstand und Engagement für besondere Problemstellungen“[113]. Auch die mit der Wahrnehmung ideeller, altruistischer oder schlicht „allgemeiner“ Interessen befaßten Verbände sind diesem Bereich „aktiver Öffentlichkeit“[114] zuzurechnen.[115] Gleichwohl wird die

---

[107] Das BVerfG spricht von einer öffentlichen Aufgabe der Koalitionen, die ihnen von Verfassungswegen zugewiesen sei und betont ihren besonderen Status, der über den Status der in Art. 9 Abs. 1 GG genannten Vereinigungen hinausgeht, BVerfGE 28, 295 (304); neuerdings wieder Beschluß vom 15. 7. 1980, NJW 1981, S. 215 (216).

[108] Zum „horizontalen System der Disparität von Lebensbereichen“ *Offe*, Politische Herrschaft und Klassenstrukturen, S. 177 f.; *Offe* konstatiert die Dominanz derjenigen Problembereiche, die für die Aufrechterhaltung der ökonomischen Stabilität, die außenpolitischen Beziehungen und die Sicherung der Massenloyalität unmittelbar wichtig sind, ebd., S. 178 ff. Zu Recht differenziert auch *Böckenförde*, Der Staat, 15 (1976), S. 457 ff. zwischen „normalen“ Verbänden (S. 461 f.) und den Inhabern der Tarifautonomie (S. 462 ff.), die tatsächlich und funktionell an der Ausübung politischer Entscheidungsgewalt teilhaben.

[109] *v. Arnim*, Gemeinwohl und Gruppeninteressen, S. 170 ff.

[110] *Offe*, Politische Herrschaft und Klassenstrukturen, S. 185, nennt hier die Bereiche Bildung, Verkehr, Wohnung, Gesundheit; zur Fehlgewichtung des „Kulturellen“ im Kulturverfassungsrecht gegenüber dem Effizienzgedanken vgl. *Häberle*, Kulturpolitik in der Stadt, S. 11 ff.

[111] s. dazu den 3. Jugendbericht, BT-Drucksache VI/3170, S. 103; zur geringen Attraktivität der Jugendpolitik im parlamentarischen Bereich s. *Nikles*, Jugendpolitik in der Bundesrepublik, S. 165 ff.

[112] *Scharpf*, Demokratietheorie, S. 87 ff.

[113] Ebd.

[114] Ebd., unter Berufung auf *Dahrendorf*.

[115] Namentlich die Wohlfahrtsverbände sind — trotz ihrer privat-individuellen Geprägtheit durch jeweils verschiedene Selbstverständnisse — Teil dieser Öffentlichkeit, die sie wesentlich mitprägen; siehe dazu ausführlich *Rinken*, Das Öffentliche als verfassungstheoretisches Problem, S. 301 ff.

Artikulation nicht organisierbarer Interessen selbst dort aus der rechtlichen Betrachtung ausgeklammert, wo gesetzliche Verfahrensregelungen es zumindest nahelegen, sie als Rückgriff auf jenes „zweite System der Interessenartikulation“ zu deuten.[116]

Die Weiterentwicklung solcher Verwaltungsformen de lege ferenda muß daher notwendig auf diese dogmatischen Barrieren stoßen, die die Vorstellung einer außerstaatlichen Wahrnehmungszuständigkeit für allgemeine, nicht mehr organisierbare Interessen von vornherein ablehnt.[117]

Die immer wieder mit Nachdruck hervorgehobene Aufgabe der Staats- und Verfassungslehre, „Pluralismusdefizite“ aufzuzeigen und Vorschläge zu ihrem Ausgleich zu erarbeiten[118], kann auf dem Hintergrund eines auf die Vermittlung organisierter Interessen zugeschnittenen Begriffs der Interessenvertretung nur schwer gemeistert werden.[119] Die Bewältigung dieses Problems setzt freilich voraus, daß es zunächst einmal gelingt, den vorhandenen Bestand gruppen- und das heißt allemal auch interessenspezifisch rekrutierter Verwaltungseinheiten zutreffend zu analysieren und damit für die Verwaltungs(rechts)lehre zu sichern.

---

[116] Auswirkungen hat die Ignorierung dieses Systems der Interessenartikulation vor allem auch auf die Behandlung der Verbandsklage im Verwaltungsprozeß; s. dazu eingehend und kritisch *Faber*, Die Verbandsklage, S. 20 ff., ähnlich *M. Wolf*, Die Klagebefugnis der Verbände, S. 19 ff.; kritisch zu letzterem vor allem *Bettermann*, ZZP 85 (1972), S. 133 ff.

[117] s. etwa *Ossenbühl*, DöV 1981, S. 6 f., dessen Erwägungen zur Verfahrensteilhabe im atomrechtlichen Genehmigungsverfahren ausschließlich auf die individuelle (Grundrechts-)Betroffenheit abstellen. Gerade hier aber wird deutlich, wie schnell dieser Ansatz in eine Sackgasse gerät: „Wo alle gleichermaßen betroffen sind, kann von einer individuellen Betroffenheit keine Rede mehr sein“ — ebd., S. 7.

[118] *Häberle*, AöR 98 (1973), S. 130; *v. Arnim*, Gemeinwohl und Gruppeninteressen, S. 152.

[119] Die weitverbreitete Vorstellung, nur der Staat könne und müsse sich daher solcher zu kurz gekommener allgemeiner, nicht organisierbarer Interessen annehmen — so insbesondere *Forsthoff*, Rechtsstaat im Wandel, S. 39 ff., S. 41 — ist um so fragwürdiger, je stärker die staatliche Willensbildung ihrerseits von den mächtigen organisierten Interessen abhängig und damit unfähig wird, Schutzfunktionen gegenüber gefährdeten Allgemeininteressen zu erfüllen. Dazu eingehend *v. Arnim*, Gemeinwohl und Gruppeninteressen, S. 162, 198 ff. und passim. — Bezeichnend ist in diesem Zusammenhang, daß die beiden Referate zum Thema „Organisierte Einwirkungen auf die Verwaltung“ von *W. Schmidt* und *Bartlsperger* in VVDStRL 33 (1975), S. 183 ff. und S. 221 ff. auch nicht annähernd den Versuch machen, dieses Phänomen unter verfassungsrechtlichen Gesichtspunkten zu thematisieren, was von *Zacher*, ebd., Aussprache, S. 275 und *Püttner*, ebd., Aussprache, S. 294, zu Recht beanstandet wurde. Erforderlich wäre hier in der Tat eine neue Entscheidungslehre im Staatsrecht, die das politische Gewicht der Verfahrensphasen zueinander und in ihrem Verhältnis zur Endentscheidung berücksichtigt, so *Leisner*, DöV 1969, S. 405 ff.

2.2. Darstellung der von den untersuchten Gremien wahrgenommenen Aufgaben als Bezugspunkt einer Funktionsbestimmung

Wie in den vorangegangenen Ausführungen dargelegt wurde, lassen sich gruppenspezifisch rekrutierte Beisitzer nur schwer in die überkommenen und zum Teil durch bestimmte Denktraditionen vorbelasteten Kategorien des „Sachverständigen“ bzw. „Interessenvertreters“ einordnen.

Die Einordnung als „Sachverständige“ läßt den Rekrutierungsmodus und die durch Verbands- und Gruppenzugehörigkeit bedingten, teilweise durch Abberufungsrechte der betreffenden Organisationen rechtlich sanktionierten, Abhängigkeiten der Gremiumsmitglieder außer Betracht. Der vielfach mit antipluralistischen Affekten besetzte Begriff der „Interessenvertretung“ läßt unberücksichtigt, daß es hier um etwas anderes geht, als die Vermittlung „privater“ (Sonder-)Interessen einzelner Organisationen und Gruppen.

Die Funktion gruppenspezifisch rekrutierter Beisitzer im Verwaltungsverfahren kann jedoch nicht durch Rückgriff auf mehr oder weniger willkürliche, „apriorisch“ entwickelte Begrifflichkeiten, sondern nur unter Berücksichtigung ihrer speziellen, ihnen durch Gesetz zugewiesenen Aufgabe ermittelt werden. Dabei kann man sich nicht damit begnügen festzustellen, daß die Aufgabe dieser Gremien darin besteht, Verwaltungsentscheidungen zu fällen — etwa in Abgrenzung von den anderen staatlichen Funktionen der Gesetzgebung und Rechtsprechung. Auch die Qualifizierung als fördernde oder belastende Maßnahme reicht nicht aus. Bei einer so formalen Aufgabenbeschreibung kann die besondere Struktur solcher Gremien nicht plausibel erklärt werden. Die gesetzgeberische Entscheidung für ein Gremium mit Gruppenbeisitzern anstelle eines — wie üblich — monokratischen Entscheidungsträgers wäre dann mehr oder weniger willkürlich und zufällig.

Wegen des Aufeinanderbezogenseins von Aufgabe einerseits und Verfahrens- sowie Organisationstruktur andererseits, kann eine tragfähige Einordnung der Funktion solcher Gremien nur unter Berücksichtigung und Einbeziehung ihrer konkret wahrgenommenen Aufgabe und deren Besonderheiten erfolgen.[120]

---

[120] Allgemein zum Zusammenhang zwischen wahrgenommener Aufgabe und Organstruktur sowie persönlichem Zuschnitt der Verfahrensträger: *Hesse*, Grundzüge, S. 198 f.

2.2.1. Unzulänglichkeit des Normtextes zur Bestimmung der wahrgenommenen Aufgabe — Normprogramm und Normbereich

Über eine Betrachtung des Normtextes allein läßt sich freilich kein näherer Aufschluß über die Art der wahrgenommenen Aufgaben gewinnen. Besonderheiten der Normstruktur schlagen sich in der Regel nicht im Normtext nieder.[121] Selbst so komplexe Entscheidungen wie Genehmigungen nach dem Bundesimmissionsschutzgesetz sind ja bekanntlich noch als Konditionalprogramme[122] formuliert.

Neben dem Normprogramm, dem „Rechtsbefehl", dem üblicherweise die Interpretationsbemühungen gelten, gehört zur Normstruktur auch der Normbereich, d. h., der Ausschnitt sozialer Wirklichkeit und die ihm eigene Sachstruktur, den sich das Normprogramm als seinen Regelungsbereich „ausgesucht" hat.[123]

Dabei stehen normative und empirische Elemente nicht beziehungslos einander gegenüber, sondern erweisen sich als in vielfältiger Weise aufeinander angewiesen.[124] Die Frage etwa der Konkretisierbarkeit des Normprogramms hängt ganz sicher auch von den durch den betroffenen Sachbereich gebotenen „Alternativen" ab. Umgekehrt hängt aber auch die Relevanz der Sachstruktur des betreffenden Ordnungsbereichs für die Konkretisierung des Normprogramms davon ab, wie genau das Normprogramm formuliert ist und damit seinerseits den Sachbereich determiniert, indem es bestimmte Entscheidungsalternativen ausschließt. Schließlich bestimmen aber auch die Grundrechte als subjektive Gewährleistungen und objektive (Verfassungs-)Rechtsnormen den Inhalt des im Normprogramm enthaltenen Rechtsbefehls[125] und wirken

[121] *F. Müller,* Juristische Methodik, S. 107 f., S. 117.

[122] Zum Begriff, *Luhmann,* Zweckbegriff und Systemrationalität, S. 68 f. und passim; kritisch zu *Luhmanns* Unterscheidung von Zweck- und Konditionalprogramm: *Brohm,* JuS 1977, S. 500; *W. Schmidt,* AöR 96 (1971), S. 331.

[123] *F. Müller,* Juristische Methodik, S. 117 — dieser von *Friedrich Müller* entwickelte Ansatz zu einer „nachpositivistischen" Interpretationslehre dürfte um so wichtiger werden, je mehr die Verwaltung — namentlich im Planungsrecht — zu verfahrensmäßiger Ausdifferenzierung tendiert. Da Organisation und Verfahren auf die spezifische Sachstruktur einer Verwaltungsaufgabe ausgerichtet sein sollen (*Schmitt Glaeser,* VVDStRL 31 (1973), S. 229 für partizipative Verfahren) muß sich das Interesse der Verwaltungsrechtslehre notwendig stärker dem Normbereich zuwenden. Für den Bereich des Städtebaurechts dürfte die Untersuchung von *Schulze-Fielitz,* Sozialplanung im Städtebaurecht, S. 135 ff. in dieser Hinsicht vorbildlich sein.

[124] *F. Müller,* Juristische Methodik, S. 118.

[125] So die ständige Rspr. des Bundesverfassungsgerichts seit BVerfGE 7, 198 (208 f.); kritisch dazu *Herzog* in Maunz / Dürig / Herzog / Scholz, GG, Art. 5, Rdnr. 251.

damit zugleich in vielfältiger Weise auf die betreffenden Lebensbereiche ein.[126]

Den Besonderheiten von Normprogramm und Normbereich derjenigen Normen, die die Grundlage der Entscheidungstätigkeit der hier untersuchten Gremien bilden, soll im folgenden nachgegangen werden. Die Erörterungen können sich hier freilich nur auf Grundzüge beschränken und sind daher kursorisch. Sie dürften aber ausreichen, um das rechtliche und tatsächliche Wirkungsfeld der hier untersuchten Entscheidungskomplexe etwas plastischer hervortreten zu lassen, als dies aufgrund einer Betrachtung des bloßen Normtextes möglich wäre.

Aus darstellungstechnischen Gründen soll eine eingehendere Untersuchung der grundrechtlichen Aspekte dem verfassungsrechtlichen Teil der Arbeit vorbehalten bleiben. Bei der folgenden Darstellung der einzelnen Regelungsbereiche wird daher auf die Grundrechtsproblematik nur insoweit eingegangen, als dies zum besseren Verständnis der spezifischen Entscheidungsprobleme unerläßlich ist.

2.2.2. Zum tatsächlichen Wirkbereich der von der Bundesprüfstelle für jugendgefährdende Schriften wahrgenommenen Aufgabe

Gemäß § 1 Abs. 1 GjS sind Schriften[127], die geeignet sind, Kinder oder Jugendliche sittlich zu gefährden, in eine Liste aufzunehmen. Die Aufnahme in die Liste hat erhebliche Werbe- und Vertriebseinschränkungen zur Folge (s. §§ 3—5 GjS). Die Entscheidung über die Aufnahme in die Liste wird von der Bundesprüfstelle getroffen (§ 9 Abs. 3 GjS).

In ständiger, vom Bundesverwaltungsgericht gebilligter[128], Spruchpraxis nimmt die Bundesprüfstelle eine solche Gefährdung dann an, wenn die Schrift etc. geeignet erscheint, Jugendliche „sozialethisch zu verwirren“.

Damit ist das Konkretisierungsproblem freilich nicht gelöst, sondern der Rechtsanwender betritt bei seinen Auslegungsbemühungen ein Gebiet, in dem sich der Pluralismus von Weltanschauungen und Selbstverständnissen, aber auch der Pluralismus einer „fachwissenschaftlich differenzierten Wissenskultur“[129] besonders greifbar manifestiert.

---

[126] s. dazu *Häberle,* Die Wesensgehaltgarantie, S. 193: „Es wird deutlich, daß die grundrechtlich geschützten Lebensbereiche von einer Fülle von Rechtsnormen durchsetzt und durchzogen sind, die Bedingung, Erscheinungsform, Verwirklichung und Folge der jeweiligen Grundrechtsidee sind.“

[127] Gemäß § 1 Abs. 3 GjS stehen Ton- und Bildträger, Abbildungen und andere Darstellungen den Schriften gleich.

[128] s. etwa BVerwGE 23, 112 (114/115).

[129] *Luhmann,* Legitimation durch Verfahren, S. 131.

2.2.2.1. Der Begriff der sozialethischen Verwirrung setzt bestimmte Vorstellungen vom Menschen, seinen individuellen Entwicklungszielen und seiner Stellung in der Gemeinschaft voraus. Die damit zusammenhängenden Fragen werden kontrovers diskutiert, seitdem die Einheit eines vornehmlich religiös geprägten Weltbildes früherer Jahrhunderte sich auflöste und ein von einem allgemeinen Konsens getragener gesellschaftlicher Normenkodex abgelöst wurde von einem Pluralismus der Wertsysteme und Selbstverständnisse. Die wissenschaftliche Durchdringung fast aller Lebensbereiche, technische und industrielle Entwicklung, rasche politische und wirtschaftliche Veränderungen haben diesen Pluralisierungsprozeß ausgelöst und vorangetrieben.[130] Man mag dies als Wertschwund und Wertablösungsprozeß bedauern[131], rückgängig machen lassen sich diese Ausdifferenzierungsprozesse und die mit ihnen einhergehenden Wertunsicherheiten, -konflikte und -ambivalenzen[132] nicht. Orientierungsprobleme, Wertepluralismus, Werteverlust gehören zur modernen Gesellschaft[133], der Konsens ist nicht mehr vorgegeben sondern aufgegeben[134].

Die beschriebenen Vorgänge werden getragen und unterstützt durch eine damit einhergehende „externe Ausdifferenzierung“[135] derjenigen gesellschaftlichen Kräfte, die an der Definition sozialethischer Wert- und Zielvorstellungen mitwirken.

So haben etwa die großen Religionsgemeinschaften, namentlich die katholische Kirche, seit jeher sehr dezidierte Auffassungen zu diesen Fragen gehabt. Die Einflußnahme auf und das aktive Interesse an Erziehungsfragen und Sozialethik ist Teil ihres Selbstverständnisses.[136] Und die Zugehörigkeit zu dieser oder jener Religionsgemeinschaft — soweit sich diese Zugehörigkeit nicht nur auf das Abführen von Kirchensteuer beschränkt, sondern eine Identifikation mit der betreffenden Kirche einschließt — präjudiziert auch die Vorstellungen, die man sich über Jugenderziehung und ihre Ausrichtung macht. Trotz der immer

---

[130] *G. Nissen*, Erziehung 1978: Jugendhilfe im Spannungsfeld von Freiheit und Bindung — aus anthropologischer Sicht, S. 9 ff. — beschreibt diese Vorgänge für den Bereich der Erziehung.

[131] So etwa *G. Höhler*, Entgleitende Normen verteidigen?, S. 67, 71.

[132] *P. Kmieciak*, Werte — Wertwandel — Jugendmedienschutz, S. 73.

[133] *Ellwein*, Erziehung 1978: Jugendhilfe im Spannungsfeld zwischen Freiheit und Bindung — aus soziologischer Sicht, S. 29.

[134] s. auch ebd., S. 30: der Weg zur Abklärung von Wertvorstellungen ist nur über Toleranz und das Bemühen um Konsens möglich.

[135] Ebd., S. 27.

[136] s. in diesem Zusammenhang die Diskussion um die grundgesetzliche Verankerung des Elternrechts im Parlamentarischen Rat, dargestellt bei *Soergel*, Konsensus und Interessen, S. 188 ff. Nicht ganz zu Unrecht meint *Soergel*, daß es hier der katholischen Kirche der Sache nach weniger um die Verankerung eines Individualrechts sondern vielmehr um ein Gruppenrecht ging.

stärker voranschreitenden Säkularisierung der Gesellschaft kann nicht darüber hinweggesehen werden, daß die von den Kirchen getragenen und geprägten Erziehungsauffassungen nach wie vor erhebliches Gewicht im öffentlichen Meinungsspektrum haben.

Neben den Kirchen tragen auch eine Reihe säkularer Gruppen zum Erziehungsverständnis bei, die ihr Konzept entweder auf anthroposophischer Basis — so etwa die von Rudolf Steiner ausgehende Waldorfpädagogik[137] — oder auf gesellschaftspolitische Vorstellungen gründen. Zu letzteren gehören vor allem die Gewerkschaften. Neben der Vertretung aktueller Arbeitnehmerinteressen spielt in ihrem Selbstverständnis auch die Tradition der Sozialideologien der Arbeiterbewegung eine wichtige Rolle.[138] Sie stehen insoweit neben anderen Trägern weltanschaulicher Ideen wie etwa die Kirchen. Sie sind durch diese ideologische Verankerung mit an der Diskussion sozialethischer Grundsätze beteiligt. Die Teilnahme an dieser Diskussion ist Ausdruck des gesellschaftlichen Universalanspruchs der Gewerkschaften.[139]

2.2.2.2. Schließlich ist aber auch die Wissenschaft zu einem gesellschaftlichen Bestimmungsfaktor geworden: sie ist aus dem mit der früheren Gesellschaft gemeinsamen Metahorizont herausgetreten und agiert als eigene Bewegungskraft[140], die auch Grundorientierungen und Verhaltensmaßstäbe beeinflußt[141].

Die Verwissenschaftlichung von Erziehungsfragen durch Psychologie, Pädagogik[142], ja der Wertfragen selbst[143] hat aber keineswegs zu gesicherten Ergebnissen geführt, sondern ihrerseits zur Pluralisierung der sozialethischen und pädagogischen Vorstellungen beigetragen. Dies zeigen insbesondere die einander z. T. widersprechenden Ergebnisse der sog. Aggressionspädagogik, die sich unter anderem auch mit der Wirkung von Gewaltdarstellung auf das Verhalten von Kindern und Jugendlichen beschäftigt. So soll etwa nach der dort vertretenen „Katharsisthese" die Beobachtung gewalttätiger Verhaltensweisen beim Beob-

---

[137] *Gerhard Wehr*, Der pädagogische Impuls Rudolf Steiners.

[138] *Széplábi*, Das Gesellschaftsbild der Gewerkschaften, S. 39 f.

[139] Ebd., S. 57 — allgemein zum Menschenbild der Gewerkschaften s. *ders.*, S. 67 ff.

[140] *Ellwein*, Erziehung 1978: Jugendhilfe im Spannungsfeld von Freiheit und Bindung — aus soziologischer Sicht. S. 28.

[141] *Kmieciak*, Werte — Wertwandel — Jugendmedienschutz, S. 74 f.

[142] *Nissen*, Erziehung 1978: Jugendhilfe im Spannungsfeld von Freiheit und Bindung — aus anthropologischer Sicht, S. 9 ff.

[143] Wertvorstellungen selbst werden zum Gegenstand einer neuen interdisziplinären Forschungsrichtung — s. dazu *Jentzsch*, Jugendgefährdende Medien — Verhütung und Bekämpfung durch die BPS, S. 39 und *Pfürtner*, Moralwissenschaftliche Reflexionen zur gegenwärtigen Familienforschung, S. 427 ff.

achtenden den Antrieb zur Ausführung eigener aggressiver Handlungen reduzieren. Gewaltdarstellungen kommt danach eine Art Ventilfunktion zu. Ähnlich argumentiert die „Inhibitionsthese". Ihr zufolge lösen Gewaltdarstellungen Aggressionsangst aus und mindern damit die Bereitschaft, aggressives Verhalten zu zeigen. Demgegenüber gehen Stimulations- und Habitualisierungsthese davon aus, daß Mediengewalt die Aggressivität steigert, bzw. zur Gewöhnung an sie führt[144]. Ähnlich variationsreich sind die Untersuchungen über die Auswirkungen sexualbezogener Darstellungen.[145]

2.2.2.3. Die Entscheidung über die Indizierung einer Schrift berührt schließlich den Kunstvorbehalt (§ 1 Abs. 2 Nr. 2 GjS) und erfordert damit — trotz des vielfach im Hinblick auf die Garantie des Art. 5 Abs. 3 GG behaupteten Definitionsverbots bezüglich Kunstfragen[146] — eine Entscheidung darüber, was als Kunst anzusehen ist oder nicht.

Die Frage, was — unabhängig von juristischen Entscheidungszusammenhängen — als Kunst anzusehen ist, hängt einerseits vom Selbstverständnis[147] des Werkurhebers und — soweit es um die soziale Anerkennung eines Kunstwerks geht — vom Urteil der Umwelt, speziell der Personen ab, die sich von Berufs wegen oder aus sonstigem Interesse heraus mit Fragen der Kunst und Ästhetik beschäftigen. Insgesamt gibt es daher keine auch zur Entscheidung von Grenzfällen geeigneten, „objektiven" Kriterien für das, was als Kunst anzusehen ist. Gleichwohl muß die Frage, was im Sinne des § 1 Abs. 2 Nr. 2 GjS der Kunst dient, entschieden werden.[148] Die Entscheidung erfordert eine qualitative Wertung eines literarischen etc. Produkts. Darüber helfen auch Kompromißformeln nicht hinweg wie: „Auch Minderes ist durch den Kunstvorbehalt geschützt. Nur die unterhalb dessen liegende, anspruchslose Unterhaltungsliteratur ist auszuschließen."[149] Eine Wertung

[144] Ausführlicher zu diesen Theorien: *Kunczik:* Zur Wirkung massenmedialer Gewaltdarstellung auf Kinder und Jugendliche, S. 99 ff. m. N.; *Pleger,* Massenmediale Gewaltdarstellung und Aggressionspädagogik, S. 87 ff. m. N.; siehe ferner die bei *Knies,* Schranken der Kunstfreiheit als verfassungsrechtliches Problem, S. 282, Fußnote 280 zitierte Literatur.

[145] s. dazu *R. Stefen,* Massenmedien und Jugendschutz, S. 95 ff.

[146] *Knies,* Schranken der Kunstfreiheit als verfassungsrechtliches Problem; zustimmend *Raue,* Literarischer Jugendschutz, S. 85; a. A. *Scholz* in Maunz / Dürig / Herzog / Scholz, GG, Art. 5 III, Rdnr. 25.

[147] a. A. *Scholz* in Maunz / Dürig / Herzog / Scholz, GG, Art. 5 III, Rdnr. 26; zur Berücksichtigung auch des Selbstverständnisses des Künstlers als Postulat einer pluralistischen Verfassungsinterpretation: Häberle, Verfassungsinterpretation als öffentlicher Prozeß — ein Pluralismuskonzept, S. 124.

[148] *Scholz* in Maunz / Dürig / Herzog / Scholz, GG, Art. 5 III, Rdnr. 25 leitet aus dem grundrechtlichen Auftrag zum Schutz der Kunst sogar ein Definitions„gebot" ab.

[149] So die Entscheidung der Bundesprüfstelle im Verfahren gegen Gerhard Zwerenz, „Rasputin"-Entscheidungs-Nr. 2263 v. 9. 10. 70, zitiert bei *Schefold,* Kunstvorbehalt und Beschränkungen der Medienfreiheit, S. 163.

über das künstlerische Niveau einer literarischen Leistung liegt auch dann vor, wenn man sie lediglich als anspruchslose Unterhaltungsliteratur einstuft, und es ist eher eine Frage des terminologischen Geschmacks, ob zwischen niveauvollen und weniger niveauvollen künstlerischen Leistungen differenziert wird, oder zwischen Kunst und anspruchsloser Unterhaltungsliteratur.[150] Die Grenzen sind auch hier fließend.

Die Gefahr einer Ingerenz des Staates in den autonomen Sachbereich „Kunst" besteht allemal. Sie ist letztlich durch die gesetzgeberische Entscheidung für den Jugendmedienschutz vorgegeben.

Daher kann dem Bundesverwaltungsgericht — entgegen den dagegen vorgebrachten Argumenten Schefolds[151] — auch darin zugestimmt werden, wenn es in der Entscheidung vom 16. Dezember 1971[152] ausführt, daß der Begriff Kunst, wie er im GjS verwandt wird, nicht mit dem der Rechtsordnung vorgegebenen, letztlich nicht definierbaren Bereich der Kunst identisch sein kann, da anderenfalls eine Gesetzesanwendung nicht möglich sei.[153] Und die — freilich nicht ganz unmißverständliche — Feststellung des Bundesverwaltungsgerichts[154], daß sich die Beurteilung dessen, was als Kunstwerk im Sinne des § 1 Abs. 2 Nr. 2 GjS geschützt wird und den Belangen des Jugendschutzes vorgeht, sich nicht nur nach ästhetischen Kriterien richtet, sondern auch danach, welches Gewicht das betreffende Werk für die Kunst nach den „Vorstellungen der pluralistischen Gesellschaft hat", enthält einen richtigen analytischen Kern: die Entscheidung dieser Frage erfordert zumindest in Grenzfällen eine Wertung, die sich jedenfalls nicht jenseits der verschiedenen, in der Gesellschaft wirksamen Vorstellungen über Wesen und Funktion der Kunst vollzieht.[155] Damit wird der Begriff der Kunst

---

150 a. A. *Scholz*, in Maunz / Dürig / Herzog / Scholz, GG, Art. 5 III, Rdnr. 39, der nur eine Unterscheidung zwischen Kunst und Nichtkunst für zulässig hält; ebenso für die „Wissenschaft" *Schmitt Glaeser*, WissR 1974, S. 122.

151 *Schefold*, Jugendmedienschutz aus der Sicht der Rechtswissenschaft, S. 25 ff.; ähnlich *Bachof*, JZ 1972, S. 209.

152 BVerwGE 39, 197 (207).

153 *F. Müller*, Strafrecht, Jugendschutz und Freiheit der Kunst, S. 79 hält auch im Rahmen der Auslegung des Art. 5 Abs. 3 GG die Frage, ob ein Werk als Kunst gelten könne, für verfehlt. Hier werde ein Urteil gefordert, das Kunstkritik und Kunstwissenschaft überfordere und zu praktisch-juristischen Ergebnissen nicht führen könne. Der Begriff „Kunst" diene allenfalls als praktischer Anknüpfungs- und Verweisungsbegriff der Grundrechtsanwendung.

154 BVerwGE 39, 197 (207).

155 Der Zeitgebundenheit solcher Wertungen trägt das Bundesverwaltungsgericht — BVerwGE 39, 197 (206) — dadurch Rechnung, daß es ausdrücklich auf die zur Zeit der Entscheidung der Bundesprüfstelle geltenden Wertmaßstäbe abstellt. Kritisch dazu jedoch *Bachof*, JZ 1972, S. 209. Die Zeitbedingtheit solcher Urteile läßt sich auch gut an der Spruchpraxis der Bundesprüfstelle nachweisen, die gegen Ende der 60er Jahre deutlich liberaler

weder inhaltlich determiniert, noch — was im Hinblick auf Art. 5 Abs. 3 GG ebenso problematisch wäre — an „die Gesellschaft" ausgeliefert[156]. Es werden lediglich die Determinanten, die eine solche Entscheidung beeinflussen, offengelegt und bewußt gemacht.[157] Die Wertungsabhängigkeit der Entscheidung wird nicht geleugnet, sondern bewußt „ins Spiel gebracht". Gerade in Grenzfällen — und die Bundesprüfstelle hat sich häufig mit solchen Grenzfällen zu befassen — kann nicht auf gewisse minimale Qualitätsanforderungen verzichtet werden, um die Berufung auf den „Kunstvorbehalt" nicht zum Freibrief für rein kommerzielle Interessen werden zu lassen. Auch eine rein gattungstypische Erfassung des Normbereichs von Kunstfreiheit[158] kann auf solche Minimalkriterien nicht völlig verzichten.[159] Sie sind, wie F. Müller zu Recht feststellt, bereits vom eigenen Anspruch des Kunstwerks her keine die Kunstfreiheit verkürzende Anknüpfung.[160]

Gerade weil die Entscheidungen der Bundesprüfstelle sich — jedenfalls in jüngerer Zeit — darauf beschränken, eindeutig pornographische und brutal-gewaltverherrlichende Schriften etc., über deren fehlenden Kunstbezug auch in interessierten (Fach-)Kreisen nicht mehr ernsthaft diskutiert werden dürfte[161], zu indizieren, sind solche Wertungen bezüglich Kunstfragen mit Art. 5 Abs. 3 GG vereinbar.[162]

---

wurde und damit mit der allgemeinen „Liberalisierung" der Anschauungen über Kunst, Moral etc. korrespondierte. In dieser Zeit gingen auch die Indizierungsanträge zurück. Siehe dazu *Schefold,* Kunstvorbehalt und Beschränkungen der Medienfreiheit, S. 162 ff. Es bleibt abzuwarten, ob die sich seit einigen Jahren anbahnende Wiederaufnahme der „Wert"-Problematik als Reaktion auf die „Vermarktung der Werte" — so *H. E. Richter* in einem Aufsatz in der Wochenzeitung „Die Zeit" vom 6. Juli 1979; siehe aber auch bereits früher aus konservativer Sicht: *C. Schmitt,* Die Tyrannei der Werte, S. 40 — sich auf die Spruchpraxis der Bundesprüfstelle auswirkt.

156 So etwa die Befürchtungen von *Ott,* NJW 1972, S. 1222; und von *v. Olshausen,* JuS 1973, S. 220.

157 *F. Müller,* Freiheit der Kunst, S. 31 ff. hat darauf hingewiesen, daß gerade die Versuche, einen möglichst „wertfreien" Kunstbegriff zu kreieren, zu einer Ideologisierung des Kunstbegriffs führten, sofern man sich nicht auf — freilich unergiebige — bloße Tautologien beschränkte.

158 s. dazu *F. Müller,* Freiheit der Kunst, S. 40 ff.

159 Dies bedeutet freilich, entgegen der Auffassung des Bundesverwaltungsgerichts (BVerwGE 39, 197, 207) nicht, daß es dem Gesetzgeber frei stehe, dem Begriff der Kunst in seiner Funktion als Rechtsbegriff einen für den jeweiligen Gesetzeszweck erforderlichen (relativen) Inhalt zu geben. Denn damit würde die Freiheit der Kunst einem totalen Gesetzesvorbehalt unterstellt.

160 *F. Müller,* Freiheit der Kunst, S. 44.

161 s. dazu *Schefold,* Kunstvorbehalt und Beschränkungen der Medienfreiheit, S. 167 f.; bei der Entscheidungstätigkeit der Bundesprüfstelle geht es also in erster Linie darum, solche Leistungen aus dem Anwendungsbereich des Kunstvorbehalts auszuschließen, die unter keinem denkbaren Gesichtspunkt als Kunst anzusehen sind.

162 Und nicht etwa deshalb, weil — so das BVerwG in E 39, 197, 207 f. — die Freiheit der Kunst nicht das Recht umfasse, Kunstwerke in jeder Weise zu

2.2.2.4. Und schließlich ist auch eine Abwägung zwischen den beiden Zielwerten „Kunstschutz" und „Jugendschutz" erforderlich. Die pauschale, früher auch vom Bundesverwaltungsgericht[163] vertretene Formel „Kunstschutz geht vor Jugendschutz", verdeckt diesen Abwägungsvorgang durch eine griffige Formel, hinter der die Entscheidungsschwierigkeiten verschwinden.[164] Denn wo immer (verfassungsrechtlich geschützte)[165] Rechtsgüter miteinander kollidieren, ist die Herstellung praktischer Konkordanz (K. Hesse) aufgegeben. Sie kann nicht durch eine undifferenzierte Vorrangregelung „in dubio pro libertate artis" ersetzt werden.

Zumindest in Grenzfällen wird sich die konkrete Abwägung auch daran orientieren, welchen Wert man dem Erfordernis des Jugendschutzes im Verhältnis zum Erfordernis einer ungehinderten Verbreitung von Kunstwerken und damit dem Bereich der Kunst überhaupt zumißt. Und bezogen auf das zur Indizierung anstehende Werk wird das Abwägungsergebnis davon abhängen, welche Bedeutung man dem betreffenden Werk für die Kunst zumißt und welche negativen Auswirkungen auf Jugendliche zu befürchten sind, d. h., wie schwer die Beeinträchtigung des Kunstbereichs wiegt im Verhältnis zu den Gefahren, die von dem betreffenden Werk für die Entwicklung Jugendlicher ausgehen können.

2.2.2.5. Vor allem in letzter Zeit mußte sich die Bundesprüfstelle auch mit dem Wissenschaftsvorbehalt (§ 1 Abs. 2 Nr. 2, 2. Alt. GjS) auseinandersetzen. Relevant wurde dieser vor allem bei historischen Abhandlungen und Dokumentationen zur NS-Zeit. Von Mai 1978 bis Februar 1979 wurden 30 Anträge auf Indizierung von Schriften und

---

verbreiten. Denn die in §§ 3 ff. GjS ausgesprochenen Vertriebs- und Werbebeschränkungen schließen das indizierte Werk nahezu vollständig vom Publikumskontakt aus und beschränken nicht nur bestimmte, einzelne Wirkungsmodalitäten, sondern die grundsätzliche Möglichkeit der Kommunikation, die von der Gewährleistung des Art. 5 Abs. 3 GG mitumfaßt wird. Siehe dazu *F. Müller*, Strafrecht, Jugendschutz und Freiheit der Kunst, S. 83 ff.; ähnlich *Scholz* in Maunz / Dürig / Herzog / Scholz, GG, Art. 5 III Rdnr. 17; zum Schutzumfang des Wirkbereichs s. insbesondere auch BVerfGE 30, 173 (189 ff.).

[163] So etwa BVerwG, NJW 1966, S. 2374 ff. (kritisch dazu *Potrykus*, GjS-Kommentar, § 1 Anm. zu Abs. II Nr. 2, S. 28); ferner: BVerwGE 23, 104 (110); nunmehr differenzierend: BVerwGE 39, 197 (207).

[164] Kritisch auch *F. Müller*, Strafrecht, Jugendschutz und Freiheit der Kunst, S. 80, der darin zu Recht eine Umgehung der dogmatischen Schwierigkeiten des positiven Verfassungsrechts sieht.

[165] Jugendschutz gebietet sich aus dem Gebot der Achtung der Menschenwürde, so BVerwGE 39, 197 (208); zustimmend *Scholz* in Maunz / Dürig / Herzog / Scholz, GG, Art. 5 III, Rdnr. 70; a. A. *F. Müller*, Freiheit der Kunst, S. 122, der im Jugendschutz kein verfassungsrechtlich gleichrangiges Pendant zur Kunstfreiheit sieht. Er hält eine totale Werbesperre, wie sie das GjS vorsieht für verfassungswidrig.

Schallplatten mit NS-Propaganda gestellt und in 23 Fällen die Aufnahme in die Liste für jugendgefährdende Schriften angeordnet.[166]

Vor allem im Verfahren zur Indizierung einer 5-bändigen „Dokumentation“ zur NS-Propagandazeitschrift „Signal“ wird deutlich, wie stark hier der wissenschaftliche Wert bzw. Unwert dieser „Dokumentation“ in die Waagschale geworfen wird, um die Indizierung gegenüber dem Wissenschaftsvorbehalt zu rechtfertigen. So wird in der Begründung der Prüfstellenentscheidung die einseitige und umfangmäßig beschränkte Auswahl der Dokumentation moniert[167], ebenso das Fehlen einer Darlegung der Auswahlkriterien. Beanstandet wird ferner das Fehlen einer kritischen Stellungnahme zu den in die Dokumentation übernommenen wichtigsten Beiträgen.[168] In einer anderen Indizierungsentscheidung der Bundesprüfstelle zu einer bagatellisierenden Abhandlung über die Liquidierung der Juden im Dritten Reich wird gerügt, daß nicht alle, sondern nur fast alle bekannten Tatsachen verwertet wurden und Originaldokumente nur soweit aufgenommen wurden, als sie in die Konzeption dieser Abhandlung paßten.[169] Daher handele es sich nicht um eine ernst zu nehmende wissenschaftliche Arbeit, auf die der Wissenschaftsvorbehalt Anwendung finde. Hier wird offensichtlich kein neutraler, offener Wissenschaftsbegriff[170] zugrundegelegt, sondern es werden wertende Qualitätsanforderungen an eine ernstzunehmende wissenschaftliche Auseinandersetzung mit der NS-Herrschaft gestellt. Die fließenden Grenzen einer noch zulässigen Umschreibung des Anknüpfungsbegriffs „Wissenschaft“ und einer unzulässigen qualitativen Begriffsbeschreibung[171] werden hier deutlich. Der von einem offenen Wissenschaftsbegriff geforderte Schutz einer „engagierten“ Wissenschaft[172] entfällt offenbar, wo dieses Engagement sich in Widerspruch zu einem (noch) nahezu einhelligen gesellschaftlichen Konsens über die Bewertung der nationalsozialistischen Vergangenheit Deutschlands setzt.

Schon dieser eher kursorische Überblick macht deutlich, in welch hohem Maße Wertungsgesichtspunkte aus den unterschiedlichsten gesellschaftlichen Teilbereichen in die Entscheidungen der Bundesprüfstelle einfließen. Wertungen, die aus verschiedenen Wissenschaftsberei-

166 Mitteilung des Berliner Tagesspiegels vom 25. 2. 1979, S. 51.

167 Entsch. Nr. 2695/Pr. 60 — 64/78, S. 52.

168 Ebd.

169 BPS-Entscheidung Nr. 2722/Pr. 105/78, S. 16, zur Zeitschrift „Starben wirklich sechs Millionen?“ — Historische Tatsache Nr. 1, Endlich die Wahrheit von Richard Harwood.

170 s. dazu *Schmitt Glaeser*, WissR 1974, S. 115; *Scholz* in Maunz / Dürig / Herzog / Scholz, GG, Art. 5 III, Rdnr. 86 ff.

171 *Schmitt Glaeser*, WissR 1974, S. 113.

172 *Scholz* in Maunz / Dürig / Herzog / Scholz, GG, Art. 5 III, Rdnr. 96.

chen, Weltanschauungen und Selbstverständnissen entspringen, sind hier eng miteinander verknüpft. Noch weniger als in anderen Bereichen kann hier die Aufgabe der Normkonkretisierung durch Rückgriff auf einen unterstellten Konsens im Sinne materialer Gemeinwohlvorstellungen oder gar auf Kriterien „objektiver" Richtigkeit bewältigt werden.

2.2.3. Zum tatsächlichen Wirkbereich der von den Gremien der Filmförderungsanstalt wahrgenommenen Aufgabe

Über die von den Gremien der FFA wahrgenommenen Aufgaben herrscht bereits auf der Ebene der rein interpretatorischen Erfassung des Normtextes Unklarheit. Auch nach der Neufassung des Filmförderungsgesetzes (FFG) im Jahre 1979 bleibt umstritten, ob der Schwerpunkt der gesetzlichen Regelung auf filmwirtschaftlichem oder auf kulturellem Gebiet liegt.[173]

Bereits während der Vorarbeiten zum FFG 74 wurde die vorherrschende kulturpolitische Stoßrichtung des Gesetzes im Hinblick auf die verfassungsmäßige Zuständigkeitsverteilung zwischen Bund und Ländern[174] vom Kulturausschuß des Bundesrates beanstandet.[175] Von Seiten der damaligen Oppositionsfraktion war der Vorwurf zu hören, das Ziel der Wirtschaftsförderung werde durch „ideologisierte kulturpolitische Nebenziele" überlagert.[176] Wohl nicht zuletzt im Hinblick auf diese im Gesetzgebungsverfahren geltend gemachten Bedenken bezeichnet § 1 des FFG 74 und ihm folgend auch § 1 des FFG n. F. den Zweck der Filmförderungsanstalt ausdrücklich als *wirtschaftliche* Förderung des deutschen Films.

Indes: diese Absichtserklärung des Gesetzgebers ist — wie das BVerwG, das bereits mit diesem Problem befaßt war[177] — zurecht festgestellt hat, nicht maßgebend für die Einordnung des Gesetzes als wirtschafts- oder kulturfördernde Regelung. Entscheidend ist nach her-

[173] Die Frage ist seit jeher streitig: s. etwa *K. Finkelnburg*, UFITA 54 (1969), S. 111 m.w.N.; *H. Sippell*, FuR 1969, S. 232 ff., sowie dessen Entgegnung auf *Finkelnburg*, FuR 1969, S. 265; zum FFG 1974 siehe vor allem *W. Woeller*, Die Verfassungsmäßigkeit des Filmförderungsgesetzes, S. 33 ff. und passim, sowie *P. Weides*, UFITA 83 (1978), S. 147 ff.

[174] Da das FFG offensichtlich keine ausfüllungsbedürftige Rahmenvorschrift darstellt, für die dem Bund gemäß Art. 75 Nr. 2 GG die Gesetzgebungskompetenz zustände, kommt eine Bundeszuständigkeit für den Erlaß des FFG nur dann in Betracht, wenn die im FFG geregelte Materie dem Recht der Wirtschaft i. S. d. Art. 74 Nr. 11 GG zuzuordnen wäre.

[175] BR-Drucksache 397/1/73, S. 1 ff.

[176] So der Abgeordnete *Wohlrabe* (CDU/CSU) in der 71. Sitzung des Deutschen Bundestages am 13. 12. 1973, Sitzungsprotokoll S. 4393.

[177] BVerwGE 45, 1 (3).

kömmlichen, insbesondere auch der Rechtsprechung des Bundesverfassungsgerichts zugrundeliegenden Interpretationsregeln[178] allein der in einer gesetzlichen Regelung zum Ausdruck gekommene objektivierte Wille des Gesetzgebers. Den subjektiven Vorstellungen der am Gesetzgebungsverfahren beteiligten Organe kommt nur insofern Bedeutung zu, als sie die Richtigkeit der nach objektiven Maßstäben ermittelten Auslegungsergebnisse bestätigen und Zweifel daran ausräumen.[179]

Bei einer an objektiven Kriterien orientierten Auslegung des Filmförderungsgesetzes erweist sich jedoch die programmatische Aussage des Gesetzgebers in § 1 FFG als irreführend und legt den Verdacht nahe, daß der Gesichtspunkt der „Wirtschaftsförderung" vom Bundesgesetzgeber nur vorgeschoben wurde, um sich Kompetenzen auf dem der Länderhoheit unterstehenden Gebiet der Kulturpolitik zu verschaffen.[180]

Im folgenden soll die kulturpolitische Auslesefunktion des FFG anhand der einzelnen Förderungstatbestände näher belegt werden.

2.2.3.1. Das Filmförderungsgesetz als Regelung zur Förderung der Filmkunst

Der weitaus größte Teil der Haushaltsmittel der Filmförderungsanstalt entfällt auf Förderungshilfen zur Herstellung von programmfüllenden deutschen Filmen und Filmprojekten (sog. Referenzfilm- bzw. Projektfilmförderung, §§ 32—40 FFG) Kurzfilmen (§§ 41—46 FFG) und Drehbüchern, sowie zur Planung und Vorbereitung von Filmvorhaben (§§ 47—52 FFG).

(a) Die Minderqualitätsklausel

Gemäß § 19 FFG ist in jedem Falle erforderlich, daß das Filmvorhaben nicht gegen die Verfassung und gegen die Gesetze verstößt oder das sittliche oder religiöse Gefühl verletzt. Ferner dürfen Förderungshilfen nicht gewährt werden, wenn das Projekt unter Berücksichtigung des dramaturgischen Aufbaus, des Drehbuchs, der Gestaltung, der schauspielerischen Leistung, der Kameraführung und des Bildschnitts nach dem Gesamteindruck von geringer Qualität ist (sog. Min-

---

[178] Ständige Rechtsprechung seit BVerfGE 1, 299 (312).

[179] Ebd.

[180] Daß das FFG daher wegen Verstoßes gegen die verfassungsrechtlichen Kompetenzvorschriften verfassungswidrig ist, kann für die Untersuchung außer Betracht bleiben. Die im Zusammenhang mit der Filmförderungsanstalt erörterten Probleme wären auch dann relevant, falls die im FFG geregelte Materie durch die Länder (zweckmäßigerweise wohl in einer durch Vereinbarung zu schaffenden länderübergreifenden Einrichtung — dazu *Woeller,* Die Verfassungsmäßigkeit des Filmförderungsgesetzes, S. 172 f.) wahrgenommen würde.

derqualitätsklausel, § 19 Satz 2 FFG). Bereits diese Klausel rechtfertigt die Vermutung, daß hier zumindest nicht *nur* Wirtschaftsförderung sondern auch aktive Kulturpolitik[181] betrieben werden soll. Demgegenüber überzeugt weder das Argument, der Begriff der Qualität sei hier gleichbedeutend mit Handelsqualität[182] — das FFG selbst differenziert an anderer Stelle sehr genau zwischen Wirtschaftlichkeits- und Qualitätsaspekten (s. § 2 Abs. 1 und §§ 32 Abs. 9, 33 Abs. 3 FFG) — noch die lapidare Feststellung des Bundesverwaltungsgerichts[183], daß der Ausschluß minderwertiger Filme aus der Wirtschaftsförderung noch nicht auf Kunstförderung schließen lasse. Wenn es sich bei dieser Regelung auch noch nicht um eine gezielte Kulturförderung handelt, so können doch die zweifelsohne gegebenen kulturpolitischen Reflexwirkungen[184] dieser Minderqualitätsklausel nicht außer Betracht bleiben.

(b) Die Referenzfilmförderung

Deutlicher in den Vordergrund tritt der Aspekt der Kulturförderung bei der Referenzfilmförderung (§ 22 FFG). Die Gewährung des sog. Grundbetrages hängt hier alternativ davon ab, ob der Film innerhalb von 2 Jahren eine Besucherzahl von 250 Tausend oder aber, sofern der Film ein Gütezeugnis nach § 31 FFG, ein Prädikat der Filmbewertungsstelle Wiesbaden oder einen Hauptpreis auf einem A-Filmfestspiel erhalten hat, eine Besucherzahl von 130 Tausend erreicht. Letzteres bedeutet eine eindeutige Privilegierung des künstlerisch wertvollen Films, bei dem auf unter wirtschaftlichen Gesichtspunkten relevante Einspielergebnisse weitgehend verzichtet wird[185]. Denn das Gütezeugnis der FFA nach § 31 FFG orientiert sich — ebenso wie die Prädikate der Filmbewertungsstelle bzw. die Vergabe von Filmfestspielpreisen — ausschließlich an künstlerisch-filmästhetischen Kriterien wie dramaturgischer Aufbau, Qualität des Drehbuchs, Gestaltung, schauspielerische Leistung, Kameraführung und Bildschnitt (s. § 31 FFG).

---

[181] *Woeller*, Die Verfassungsmäßigkeit des Filmförderungsgesetzes, S. 115.

[182] *F.-K. Schwakenberg*, Filmförderung, S. 74.

[183] BVerwGE 45, 1 (5).

[184] *F.-K. Schwakenberg*, Filmförderung, S. 71.

[185] Wie der Begründung des Regierungsentwurfs zu entnehmen ist (BT-Drucksache VIII/2108, S. 27) entsprechen einer Besucherzahl von 250 000 etwa 500 000,— DM an Bruttoverleiheinnahmen, d. h. auf 130 000 Besucher entfallen dann Bruttoverleiheinnahmen in Höhe von 260 000 DM. Wie *Weides* jedoch bereits zum FFG 74 nachgewiesen hat (UFITA 83 (1978), S. 159) deckten 500 000 DM bereits in den Jahren 1973/1974 noch nicht einmal ein Viertel der gesamten Herstellungskosten eines Films ab, so daß dieser Zahl keinerlei filmwirtschaftlicher Aussagewert zukommen kann. Dies muß dann erst Recht von Bruttoverleiheinnahmen in Höhe von nur 260 000,— DM gelten. Im Ergebnis ebenso: *Woeller*, Die Verfassungsmäßigkeit des Filmförderungsgesetzes, S. 76.

Im Rahmen der erleichterten Referenzfilmförderung (§ 23 FFG) wird schließlich bei solchen Filmen völlig auf eine Mindestbesucherzahl verzichtet. Auch den sogenannten Zusatzbetrag, der zum Grundbetrag gewährt wird, erhalten nur Filme, die von der Filmförderungsanstalt, der Filmbewertungsstelle bzw. einer Festspieljury mit Gütezeugnis, Prädikat oder Hauptpreis ausgezeichnet wurden.[186]

(c) Die Projektfilmförderung

Nahezu unumstritten ist die kulturpolitische Auslesefunktion bei der Projektförderung (§ 32 FFG). Mittel aus der Projektfilmförderung werden gewährt, wenn ein Filmvorhaben nach Drehbuch, Stab- und Besetzungsliste geeignet erscheint, Qualität und Wirtschaftlichkeit des deutschen Films zu verbessern.[187]

Die filmkulturelle Tendenz wird schließlich auch bei den in § 39 FFG geregelten Rückzahlungsmodalitäten im Rahmen der Projektförderung deutlich. Sofern das Filmprojekt den hauptsächlich filmästhetischen Kriterien des § 38 Abs. 1 FFG genügt, ist das Darlehen nur zurückzuzahlen, sobald und soweit der Hersteller aus der Verwertung einen Gewinn erzielt. Das heißt, bei filmkünstlerisch ambitionierten Filmen wird in Kauf genommen, daß der Film auf dem vom breiten Publikumsgeschmack bestimmten Markt nicht ankommt und sich daher als wirtschaftlich unrentabel erweist.[188]

---

186 Das Bundesverwaltungsgericht in BVerwGE 45, 1 (6) sieht auch darin eine wirtschaftspolitische Maßnahme, die lediglich die Handelsqualität, nicht jedoch die damit notwendig einhergehenden kulturellen Qualitäten eines Films prämiere. Ähnlich auch *Weides*, UFITA 83 (1978), S. 163, der Wirtschafts- und Unterhaltungsqualität gleichsetzt.

Dem kann nicht gefolgt werden. Selbst wenn der Begriff des „guten Unterhaltungsfilms“ sich an den Unterhaltungsbedürfnissen breiter Schichten und damit am Markterfolg orientiert, so liegt darin eine künstlerische Wertentscheidung, allerdings mit einem geringen Anspruch (s. dazu *H. Graul*, Künstlerische Urteile, S. 143). Wegen der Gleichsetzung des Gütezeugnisses nach § 31 FFG mit der Prädikatisierung eines Films bzw. dem Hauptpreis eines A-Filmfestspiels, die sich ausschließlich an filmästhetischen Gesichtspunkten orientieren, ist zudem zweifelhaft, ob das Gütezeugnis sich tatsächlich nur an den Unterhaltungsbedürfnissen breiter Massen ausrichtet. Dieses ließe sich allemal leichter anhand der Besucherzahlen abmessen als am dramaturgischen Aufbau, Drehbuch etc. Auf eine Mindestbesucherzahl wird bei der Gewährung des Zusatzbetrages aber gerade verzichtet.

187 Auch *Weides*, UFITA 83 (1978), S. 170, geht hier davon aus, daß bei der Entscheidung über Film*projekte* allein filmkünstlerische Aspekte maßgebend seien, da keine verläßlichen Vorhersagen über die Wirtschaftlichkeit eines Filmvorhabens möglich seien.

188 s. dazu *Weides*, UFITA 83 (1978), S. 174, zu dem insoweit ähnlich gefaßten § 16 Abs. 4 FFG 1974.

(d) Kumulierung von Förderungshilfen

Eine weitere Begünstigung des künstlerisch wertvollen Films stellt zudem die Möglichkeit der Kumulierung von Referenz- und Projektfilmförderung, § 35 FFG[189] dar, die beim lediglich „marktgerechten" Film nicht möglich ist, da dieser nur im Rahmen der Referenzfilmförderung Mittel erhalten kann, nicht jedoch über die dem künstlerisch wertvollen Film vorbehaltene Projektförderung.[190]

Insgesamt läßt sich somit die kulturfördernde Haupttendenz des Filmförderungsgesetzes nicht in Abrede stellen, zumal die rein wirtschaftsfördernden Maßnahmen, nämlich die Förderung des Absatzes, des Filmabspiels, sowie der filmberuflichen Fortbildung lediglich ein Viertel des Haushaltsvolumens der FFA (s. § 68 Abs. 1 Nr. 6, 7, 8, FFG) umfassen und daher eher marginale Bedeutung haben.[191]

2.2.3.2. *Entscheidungsprobleme bei der Filmkunstförderung*

Mit der Feststellung, daß den Entscheidungen nach dem Filmförderungsgesetz eine kunstpolitische Auslesefunktion zukommt, wird deutlich, wie unsicher hier die Maßstäbe einer „sachgerechten", „vernünftigen" Verwaltungsentscheidung sind.

Anders etwa als bei den Entscheidungen der Bundesprüfstelle, die bei ihrem Urteil über den Kunstcharakter einer literarischen Produktion lediglich minimale, weitgehend konsensfähige Standards zugrundelegen darf, sind hier echte Qualitätsurteile über eine Filmproduktion gefordert. Und hier ermangelt es nicht nur der juristischen Maßstäbe sondern auch die metajuristischen, in der Gesellschaft vorgefundenen Vorstellungen über Filmkunst sind ebenso heterogen und wandelbar wie Urteile über Kunst überhaupt.

(a) Als Ausschnitt des gesellschaftlichen Teilbereichs „Kunst" nehmen auch filmkünstlerische Produktionen teil an den Eigengesetzlich-

---

[189] Eine ausdrückliche Regelung der Kumulierungsmöglichkeit wie § 16 Abs. 5 FFG 74 enthält das FFG nicht mehr. Laut Begründung des Regierungsentwurfs, BT-Drucksache VIII/2108, S. 30, zu § 36 FFG glaubte man jedoch darauf verzichten zu können, da sich die Kumulierungsmöglichkeit nunmehr inzidenter aus § 35 FFG ergebe.

[190] s. oben Teil 2.2.3.1. (c); eine filmkünstlerische Auslese findet schließlich auch bei der Drehbuchförderung und der Planung und Vorbereitung von Filmvorhaben (§ 47 FFG) statt. Wenngleich auch hier der Gesetzeswortlaut auf Qualität und Wirtschaftlichkeit des Vorhabens abstellt, so kann mangels verfügbarer Kriterien für den wirtschaftlichen Erfolg nur die filmkünstlerische Qualität ausschlaggebend sein.

[191] Zudem kann auch hier wegen der Knappheit der Mittel auf filmkünstlerische Selektionskriterien nicht verzichtet werden. Siehe §§ 53 Abs. 3, 56 Abs. 3 letzter Satz und 59 Abs. 4 FFG, die alle auf § 32 Abs. 4 FFG verweisen, wonach dem am besten erscheinenden Vorhaben der Vorrang zu geben ist.

keiten dieses nicht rechtserzeugten, sich selbst setzenden gesellschaftlichen Wirkungsbereichs[192].

Auf dem Feld der Kunstbewertung ist die Streubreite vertretbarer und begründbarer Werturteile weit größer und ideologische (Vor-)Urteile sind weit schwieriger nachzuweisen als anderwärts.[193] Selbst in den zahlreichen Versuchen der juristischen Literatur, einen mit Blick auf Art. 5 Abs. 3 GG, möglichst „neutralen" Kunstbegriff zu definieren, lassen sich mehr oder weniger deutlich Elemente ganz bestimmter Kunstverständnisse ausmachen.[194]

Trotz der in der juristischen Diskussion immer wieder hervorgehobenen „Eigengesetzlichkeit" des Kunstbereichs, die sich jeder heteronomen Bestimmung entziehe, sind wertende Urteile über Kunstwerke von verschiedenen Faktoren beeinflußt, die zu einer ständigen Änderung und damit auch Unsicherheit der Maßstäbe führen. Gerade das 20. Jahrhundert ist reich an geradezu revolutionären Umbrüchen im Kunstverständnis.[195] Auch das noch relative junge Genre des Films blickt bereits auf eine wechselhafte (Rezeptions-)Geschichte zurück.[196]

(b) Die Bestimmungsfaktoren von Kunsturteilen sind vielfältig. Die Kunstwissenschaft spielt hier ebenso eine Rolle[197] wie die soziale Stellung von Künstlern und Kunst[198], namentlich ihr Verhältnis zu den „Konsumenten" und deren sozialer Stellung. So führt die Wirtschaftsstruktur der sozialstaatlichen Gruppengesellschaft zu anderen Bedingungen für die Rezeption, aber auch Produktion von Kunst, als das in feudalen Gesellschaften übliche Mäzenatentum.[199] Letzteres führte unter anderem dazu, daß eine weitgehend homogene gesellschaftliche Schicht mit ihrem Kunstgeschmack die Auswahl für die Gesamtgesellschaft traf, was auch zu einer relativ gesicherten Grundlage der Geschmacksbildung führte.[200] Die heutigen Erwartungen an Kunst und

---

[192] s. dazu *Heller*, Staatslehre, S. 102, der die relative Eigengesetzlichkeit des Kunstbereichs mit zu den Kulturbedingungen der sich selbst setzenden gesellschaftlichen Wirklichkeit zählt.

[193] *F. Müller*, Freiheit der Kunst, S. 45.

[194] s. dazu etwa *Knies*, Schranken der Kunstfreiheit, S. 148 ff.; zu den verschiedenen Definitionsversuchen auch *Erbel*, Inhalt und Auswirkungen der verfassungsrechtlichen Kunstfreiheitsgarantie, S. 3 ff.; 13 ff.

[195] Dazu *F. Müller*, Freiheit der Kunst, S. 84.

[196] In jüngerer Zeit markiert etwa das am 28. Februar 1962 von 26 Literaten, Künstlern und Kurzfilmregisseuren unterzeichnete „Oberhauser Manifest" und die ihm nachfolgenden Produktionen des jungen deutschen Films eine Zäsur im Filmkunstverständnis, abgedruckt bei *K. Kreimeier*, Kino und Filmindustrie in der BRD, S. 239 f.

[197] Zur Wandelbarkeit der wissenschaftlichen Ästhetik s. *Knies*, Schranken der Kunstfreiheit, S. 143 ff.

[198] *F. Müller*, Freiheit der Kunst, S. 78 ff.

[199] Ebd., S. 79.

[200] Ebd., S. 81 m. w. N.

die davon geprägten Werturteile sind eher diffus, nicht zuletzt auch deswegen, weil infolge veränderter Sozialstrukturen und neuer Vermittlungstechniken (Schallplatte, Repro-Druck etc.) der Konsumentenkreis weiter geworden ist.

(c) Deutlich wird das insbesondere beim Film, dessen technisch einfach zu bewältigenden Reproduktionsbedingungen dieses Genre einem breiten Publikum zugänglich machen. Dies gab kritischen Autoren wie *Walter Benjamin* schon in den 30er Jahren Anlaß, darüber nachzudenken, welchen Sinn es überhaupt noch habe, dieses Genre der „Kunst" in ihrem überkommenen esoterischen Bedeutungsgehalt zuzurechnen[201], während manchem modernen Filmemacher das Kino zum Tummelplatz radikal-subjektiver Esoterik gerät.

Kino ist Massenmedium und Kunstträger zugleich. Die Grenzen sind fließend und die Grundlage für mögliche Urteile über Film„kunst" noch unsicherer als anderswo. Wer im Film vornehmlich ein Mittel „der kapitalistischen Freizeitindustrie" sieht, die die produktive Phantasie des Menschen aktiviert, um „den Verschleiß der Arbeitskraft zu kompensieren und die Menschen als konforme Funktionsträger für den Ausbeutungsprozeß zu erhalten"[202], der wird — quasi im Gegenentwurf zu diesen „Ausbeutungspraktiken" — anders über Filmkunst denken, als begeisterte Cineasten, denen der Film nicht nur Wirklichkeitsersatz, sondern als einzig „wahre" Wirklichkeit gilt. Diese beiden, sicher extremen, Positionen zeigen deutlich, wie stark die Maßstäbe divergieren können. Was an Maßstäben — gewissermaßen für den „Alltagsgebrauch" — dazwischen liegt, läßt sich leicht am Feuilleton unserer Zeitungen, in dem sich die Filmkritiken[203] einen festen Platz erobert haben, ablesen.

(d) Und noch ein weiteres Moment, das ebenfalls mit der vereinfachten Herstellungs- und Reproduktionstechnik zusammenhängt, schafft zusätzliche Unsicherheit bei den Beurteilungsmaßstäben: der Einbruch der Trivialkunst, die sich beim Film ähnlich stark durchsetzt wie etwa bei der Fotografie, deren ästhetischer Status lange Zeit umstritten

---

[201] *W. Benjamin,* Das Kunstwerk im Zeitalter seiner technischen Reproduzierbarkeit, S. 22 f. und passim. Seine Betrachtungen dürften wegweisend für die kunstwissenschaftliche Betrachtung des Films sein. Zu Recht sieht er das Hauptverdienst des Filmes vor allem darin, „eine revolutionäre Kritik der überkommenen Vorstellungen von Kunst zu befördern", ebd., S. 28.

[202] So *Kreimeier,* Kino und Filmindustrie in der BRD, S. 245; differenzierter hingegen *Kracauer,* Über die Aufgabe des Filmkritikers (1932), S. 9 ff., der eine soziologische Analyse vor allem bei den Durchschnittsproduktionen für erforderlich hält, bei echter Filmkunst aber auch die immanent- ästhetische Durchdringung fordert.

[203] Maßstäbe für die Filmkritik setzten vor allem S. Kracauers Filmrezensionen in den 20er und 30er Jahren — abgedruckt in *S. Kracauer,* Kino.

war.[204] Die moderne Ästhetik betrachtet diese „Öffnung des neubürgerlichen Geschmacks für die Trivialkunst"[205] zwar noch mit Skepsis. Je nach Weltanschauung erscheint sie dem Idealisten als bösartige Massenkultur, den Adepten der „Kritischen Theorie" als schlimmer Auswuchs des manipulierenden Marktes und dem dogmatischen Marxisten als Erscheinungsform bürgerlicher Dekadenz.[206] Aber es gibt auch bereits ernstzunehmende Stimmen, die dieser Trivialkunst einen festen Standort in der Kunst als „Reich der Wünsche und des schönen Scheins" einräumen wollen[207].

(e) Der Einbruch der Trivialkunst in den Film hängt eng zusammen mit seinem Warencharakter. Wie kaum ein anderer Kunstträger erweist sich der Film als januskÖpfiges Gebilde: nämlich Kunstgattung und Wirtschaftsgut zugleich.

Wegen seiner relativ hohen Entstehungskosten ist er, vor allem auch infolge des Fehlens eines etablierten staatlichen Subventionssystems wie etwa beim Theater, wie kaum ein anderes Kunstmedium auf Markterfolg angewiesen. Sein Angewiesensein auf den breiten Publikumsgeschmack nötigt ihn zum Arrangement mit den Publikumswünschen und prägt damit auch die Standards der Filmkritik. Einem mehr marktorientierten Denken erscheint dies dann freilich weniger als Zwang denn als Aufforderung, marktgerechte Filme zu erstellen. Der Film wird zur Ware, zum Konsumgut für die Befriedigung reduzierter Freizeitbedürfnisse eines „marktgerecht" entmündigten Publikums.

Hierin liegt eine von engagierten Kunstkritikern und Cineasten[208] immer wieder beschworene Gefahr für eine freie Filmkunst. In der Konkurrenz mit anspruchslosen, aber kassenfüllenden Filmstreifen wird der gehaltvollere Film nur allzu leicht unterliegen. Selbst wenn man die Öffnung der Filmkunst zum Trivialen hin als Ausdruck des „Zeitgeistes" ohne Ressentiment akzeptiert, muß doch gesehen werden, daß hier eine Kunstgattung Gefahr läuft, von wirtschaftlichen Erwägungen dominiert und damit fremdbestimmt zu werden. Staatliche Filmförderung kann bei entsprechender gesetzlicher Zielvorgabe und darauf zugeschnittener Organisation und Verfahrensweise dazu beitragen, unerwünschte Auswüchse des Marktes im Hinblick auf eine freie Filmkunst zu kompensieren.

---

[204] s. dazu *Ch. Enzensberger*, Literatur und Interesse, S. 258 f.

[205] Ebd. S. 260.

[206] Ebd.

[207] So namentlich *Enzensberger*, S. 256 ff.

[208] *Wolfdietrich Schnurre*, Rettung des deutschen Films — eine Streitschrift; *Schmieding*, Kunst oder Kasse — der Ärger mit dem deutschen Film.

2.2.4. Zum tatsächlichen Wirkbereich der von den Jugendwohlfahrtsausschüssen wahrgenommenen Aufgaben

Art und Umfang des hier vor allem interessierenden Beschlußfassungsrechts des Jugendwohlfahrtsausschusses sind im Jugendwohlfahrtsgesetz nicht geregelt.[209] § 15 Satz 2 JWG ordnet lediglich an, daß der Jugendwohlfahrtsausschuß „im Rahmen der von der Vertretungskörperschaft bereitgestellten Mittel, der von ihr erlassenen Satzung und der von ihr gefaßten Beschlüsse über die Angelegenheiten der Jugendhilfe" beschließt.[210]

Die in der Kommentarliteratur genannten Gegenstände des Beschlußrechts reichen von allgemeinen Richtlinien zur Erfüllung der dem Jugendamt gem. §§ 4, 5 JWG obliegenden Aufgaben und der Aufstellung von Grundsätzen für die Zusammenarbeit zwischen freien Trägern und Jugendamt (§ 7 JWG), über die Verteilung der Haushaltsmittel bis hin zur Übertragung der Erledigung einzelner Geschäfte oder Gruppen von Geschäften auf besondere Ausschüsse, Jugendhilfe- bzw. Jugendverbände oder einzelne in der Jugendarbeit erfahrene Männer und Frauen gem. § 18 JWG.[211] Ferner steht dem Jugendwohlfahrtsausschuß ein Initiativrecht gegenüber der kommunalen Vertretungskörperschaft (§ 15 Satz 3 JWG) in Angelegenheiten der Jugendhilfe zu.

2.2.4.1. Jugendfürsorge und Jugendpflege als Aufgabenbereich der Jugendwohlfahrtsausschüsse

Da der Jugendwohlfahrtsausschuß nach der derzeitigen Regelung Teil des Jugendamtes ist, umfaßt sein Beschlußfassungsrecht grundsätzlich alle Gegenstände, die dem Jugendamt als Aufgabe zugewiesen sind, soweit es sich nicht um Geschäfte der laufenden Verwaltung handelt.[212] Als Teil der Jugendwohlfahrtsbehörde[213] ist der Jugendwohlfahrtsausschuß mit Organ der öffentlichen Jugendhilfe.

---

[209] Da es sich hier um Aufgaben der gemeindlichen Selbstverwaltung handelt — vgl. BVerfGE 22, 180 (205) sowie Dritter Jugendbericht, BT-Drucksache VI/3170, S. 130 — fehlt dem Bundesgesetzgeber hierzu auch die Kompetenz.

[210] Nicht behandelt wird hier die ebenfalls in § 15 Satz 1 genannte Anregungs- und Förderungsfunktion des Jugendwohlfahrtsausschusses, da sie allenfalls faktisch, nicht jedoch rechtlich verbindlich ist.

[211] s. dazu die Auflistung bei *Münder, u. a.*, Frankfurter Kommentar zum JWG, Anm. 2; ferner: *Potrykus / Rauball*, Der Jugendwohlfahrtsausschuß, S. 34.

[212] Zur Behördeneigenschaft der Jugendämter und Jugendwohlfahrtsausschüsse: *Potrykus / Rauball*, Der Jugendwohlfahrtsausschuß, S. 31; dort wird der Jugendwohlfahrtsausschuß als Teil des Jugendamtes und damit als Bestandteil einer Gemeindebehörde angesehen.

Die öffentliche Jugendhilfe umfaßt gemäß § 2 Abs. 2 JWG alle behördlichen Maßnahmen zur Förderung der Jugendwohlfahrt. In einem Klammerzusatz unterteilt die gesetzliche Regelung in § 2 Abs. 2 JWG diese Maßnahmen in solche der Jugendpflege und solche der Jugendfürsorge. Die Grenzen zwischen beiden Gebieten sind fließend.

Als Jugendpflege werden dabei diejenigen Maßnahmen angesehen, die der Förderung der gesunden Entwicklung der Jugend dienen[214] und damit die Jugend in ihrer Allgemeinheit ansprechen[215]. Die Jugendfürsorge erstreckt sich hingegen auf die individuell vorbeugenden, heilenden und schützenden Maßnahmen für gefährdete, körperlich oder geistig geschädigte oder sonst schutzbedürftige Jugendliche.[216]

2.2.4.2. *Erziehungshilfe und gesellschaftliche Wertvorstellungen*

Jugendhilfe zielt damit darauf ab, elementare Erziehungsleistungen zu gewährleisten und die Interessen von Kindern und Jugendlichen im Konflikt mit der Gesellschaft zu sichern.[217] Als Teilausschnitt des Bereichs Jugendpolitik soll Jugendhilfe neben Elternhaus und Schule sicherstellen, daß Kinder und Jugendliche im sozialen Lernprozeß (Sozialisation) die Werte, Normen und Orientierungen — wie immer man diese definiert — der Erwachsenengesellschaft erlernen[218] („internalisieren"). Jugendhilfe ist damit eng mit dem in der Bundesrepublik Deutschland immer „hochpolitischen" Problem der Erziehung belastet.[219]

---

[213] Kritisch zu dieser Zweiteilung: *Münder, u. a.*, Frankfurter Kommentar zum JWG, § 2 Anm. 3.2: das dem JWG zugrundeliegende Konzept der Einheitlichkeit der Jugendhilfe habe u. a. den Sinn gehabt, die Stigmatisierungswirkung der Jugendhilfe aufgrund ihrer teilweisen Herkunft aus der Armenfürsorge abzubauen. Mit dieser Zielrichtung des Gesetzes stehe die in § 2 Abs. 2 getroffene Zweiteilung der Jugendhilfe in Widerspruch. Die Bestrebungen um diese Einheitlichkeit der Jugendhilfe reichen bis in die zwanziger Jahre dieses Jahrhunderts zurück. s. dazu vor allem *Hasenclever*, Jugendhilfe und Jugendgesetzgebung seit 1900 —, S. 76 ff.

[214] *Harrer*, Jugendwohlfahrtskunde, S. 1.

[215] Vgl. auch § 16 Nr. 1 Bayerisches Jugendamtsgesetz „durch Maßnahmen für die gesamte Jugend".

[216] *Harrer*, Jugendwohlfahrtskunde, S. 1.

[217] *G. Kaiser*, Gesellschaft, Jugend und Recht, S. 19.

[218] Ebd.

[219] *Rinken*, Das Öffentliche als verfassungstheoretisches Problem, S. 32, Fußnote 2. Aus den Anfängen unserer Republik sei hier auf die Auseinandersetzungen über die grundgesetzliche Verankerung des Elternrechts verwiesen, dargestellt bei *Soergel*, Konsensus und Interessen, S. 188 ff. In jüngster Zeit entzündete sich der Streit vor allem an der am 1. 1. 1980 in Kraft getretenen gesetzlichen Neuregelung des Rechts der elterlichen Sorge. s. dazu *Pfürtner*, Moralwissenschaftliche Reflexionen zur Familienforschung, S. 429 f. m. N.; s. auch *Schmitt Glaeser*, DöV 1978, S. 629 ff. sowie *ders.*, Das elterliche Erziehungsrecht in staatlicher Reglementierung, S. 35 ff., der den Streit unter

Im Bereich der Erziehung fungieren Wertvorstellungen, ethische Normen, aber auch gesellschaftspolitische Orientierungen nicht nur als uneingestandenes Vorverständnis bei der Behandlung von „Sachfragen“, sondern sie treten meist offen zutage, zumindest lassen sie sich in den verschiedenen Erziehungskonzepten leichter nachweisen als in Bereichen, die einer stärkeren Versachlichung zugänglich sind. Der oben bereits skizzierte Verlust an verbindlichen Wertmaßstäben[220], den die Industriegesellschaft bislang noch nicht zu kompensieren vermochte, schlägt sich in dieser, dem Konsum und der Produktion nicht unmittelbar verbundenen Sphäre besonders deutlich nieder.[221]

2.2.4.3. Jugendhilfe und Wissenschaft

Die Wissenschaft hat sich für den traditionell dem interessierten, engagierten Laien überlassenen Bereich der Jugendhilfe erst relativ spät interessiert. In jüngerer Zeit ist man sich jedoch der Relevanz von Disziplinen wie Psychologie, Psychoanalyse, (Sozial-)Pädagogik, Kriminologie und Soziologie für den Bereich der Erziehungs- bzw. Jugendhilfe stärker[222] bewußt geworden.[223]

Sie haben in ihren Untersuchungen zur Sozialisation des Menschen mit zur Umschichtung des tradierten Wertgefüges beigetragen.[224] Zu einer neuen Konsensbildung auf der Grundlage gesicherter Erkenntnisse haben diese Wissenschaften allenfalls bei bestimmten Grundannahmen geführt. Dazu gehört etwa die von Soziologie und Sozialpädagogik vermittelte Einsicht in die Relevanz schichtspezifischer Rahmenbedingungen für den Sozialisationsprozeß.[225] Aussagen über Maßnahmen der Jugendhilfe und ihre Einschätzung sind damit nicht einfacher geworden. Im Gegenteil: die Reaktion auf schichtspezifische

---

verfassungsrechtlichen Gesichtspunkten untersucht. Kritisch *Häberle*, Erziehungsziele und Orientierungswerte, S. 54 ff.

220 Teil 2.2.2.1.

221 Zum weltanschaulichen Pluralismus im Bereich der Jugendhilfe s. auch 3. Jugendbericht, BT-Drucksache VI/3170, S. 89.

222 s. dazu insbesondere die Bestandsaufnahme der gegenwärtigen, für die Praxis der Jugendhilfe relevanten Forschungen in *Bauer / Berg / Kuhlen*, Forschung zu Problemen der Jugendhilfe, S. 12 ff. und passim.

223 1954 wurde von politischer Seite (SPD) erstmals die Errichtung eines Jugendinstituts vorgeschlagen, das mit einer Zusammenfassung und Auswertung der Forschungen über die Situation und Problemlagen der Jugend betraut werden sollte — s. dazu *Nikles*, Jugendpolitik in der Bundesrepublik Deutschland, S. 62 f.

224 *G. Kaiser*, Gesellschaft, Jugend und Recht, S. 29 — In diesem Jahrhundert haben vor allem Biogenetik und Psychoanalyse dazu beigetragen, überkommene Vorstellungen über Möglichkeiten und Grenzen der Erziehung zu erschüttern, s. dazu *Nissen*, Erziehung 1978, S. 10 ff.

225 s. dazu etwa 3. Jugendbericht, BT-Drucksache VI/3170, S. 90 ff.

Sozialisationsdefizite verlangt eine noch stärkere Ausdifferenzierung der Handlungsstrategien in Jugendfürsorge und Jugendpflege, die ihrerseits kontrovers diskutiert werden.[226]

Kontrovers werden solche Fragen aber auch vor allem deswegen bleiben, weil sozialwissenschaftlich ermittelte Befunde — wie etwa die Feststellung bestimmter Defizite in der familialen Sozialisation — nicht ohne weiteres Aussagen über die daraus abzuleitenden Imperative zulassen. Diese hängen nämlich ihrerseits von bestimmten Zielvorstellungen und Wertungen ab und lassen sich nicht allein aus den Tatsachen ableiten.[227]

2.2.4.4. Bestimmung der Praxis der Jugendhilfe durch Jugendwohlfahrts- und Jugendverbände

Die wissenschaftlichen Orientierungshilfen konkurrieren schließlich mit den Handlungsansätzen der Praxis.[228] Die besondere Struktur des Feldes der Jugendhilfe, die durch ein starkes Engagement der sogenannten freien Träger der Jugendhilfe gekennzeichnet ist, bringt es mit sich, daß hier von vornherein ein Konflikt zwischen Wissenschaft und Praxis angelegt ist.[229] Die Praxis der Jugendhilfe ist durch eine außergewöhnliche Vielfalt der in ihr tätigen Organisationen und Gruppen gekennzeichnet, deren unterschiedliche Weltanschauungen, Wertorientierungen und politischen Interessen mit zur Ausdifferenzierung der Handlungsansätze im Bereich der Jugendhilfe beigetragen haben.[230]

Dazu gehören etwa die Spitzenverbände der freien Wohlfahrtspflege, der deutsche Caritasverband, innere Mission und Hilfswerk der Evangelischen Kirche in Deutschland, die Arbeiterwohlfahrt, das Deutsche

[226] s. dazu 3. Jugendbericht, BT-Drucksache VI/3170, S. 94.

[227] *Pfürtner*, Moralwissenschaftliche Reflexionen zur Familienforschung, S. 439 f. Pfürtner weist richtig darauf hin, daß etwa der vielfach behauptete „Funktionsverlust der Familie" noch keineswegs die Forderung impliziert, sich damit abzufinden. Ebenso sei es möglich, politische Sollensvorstellungen zu entwickeln, die auf eine Wiederherstellung der Sozialisationsleistung der Familie hinauslaufen.

[228] *Bauer / Berg / Kuhlen*, Forschung zu Problemen der Jugendhilfe, S. 12.

[229] Ebd.

[230] *G. Kaiser*, Gesellschaft, Jugend und Recht, S. 106; *Bauer / Berg / Kuhlen*, Forschung zu Problemen der Jugendhilfe, S. 12 f. m. N.; 3. Jugendbericht, BT-Drucksache VI/3170, S. 89; eine umfassende Aufzählung der jugendpolitischen Lobby findet sich bei *Nikles*, Jugendpolitik in der Bundesrepublik Deutschland, S. 116 ff. s. auch die umfangreichen Materialien zur Organisation, Programmatik und Praxis der Wohlfahrtsverbände bei *R. Bauer*, Wohlfahrtsverbände in der Bundesrepublik, S. 115 ff. — im übrigen stellt die Untersuchung von Bauer eine weitere Variante antipluralistischer Verbändekritik dar: das Wirken der Wohlfahrtsverbände wird hier vornehmlich unter dem Aspekt der „Mediatisierung der klassenspezifischen Betroffeneninteressen" gesehen — S. 46 ff., S. 72 ff., Zitat: S. 97.

Rote Kreuz, der Deutsche Paritätische Wohlfahrtsverband und die Zentrale Wohlfahrtsstelle der Juden in Deutschland[231]. Hinzu kommen die Jugendverbände, die teils konfessionell (z. B. christliche Pfadfinderschaft Deutschlands, Evangelische Jugend Deutschlands, Kolpingsjugend, Christliche Arbeiterjugend, Bund der Deutschen Katholischen Jugend, teils gewerkschaftlich/politisch (Gewerkschaftsjugend, Sozialistische Jugend Deutschlands — Die Falken) orientiert sind oder sonstige Ziele verfolgen (z. B. Deutsche Wanderjugend, Deutsche Jugend des Ostens).

Viele dieser Jugendverbände sind im Deutschen Bundesjugendring zusammengeschlossen. Sie sehen ihre Aufgabe vor allem darin, Eigenverantwortung der Jugendlichen und die Entwicklung sozialer und politischer Mitverantwortung durch allgemeine Erziehungs- und Bildungsarbeit zu fördern.[232]

Daneben sind noch eine Reihe von Fachorganisationen und Institutionen als freie Träger der Jugendhilfe tätig: so etwa die „Arbeitsgemeinschaft für Jugendhilfe" — in ihr arbeiten mit wenigen Ausnahmen alle freien und behördlichen Träger der Jugendhilfe zusammen — sowie der „Deutsche Verein für öffentliche und private Fürsorge e. V.", der sich damit befaßt, Reformbestrebungen anzubahnen und zu beeinflussen, die Wissenschaft des Fürsorgewesens zu fördern sowie Gutachten zu erstatten.[233] Daneben werden auch die Kirchen als Träger der freien Jugendhilfe genannt (§ 5 Abs. 4 Nr. 4 JWG) und damit ihr Anspruch auf Teilhabe an der Erziehung zur Sicherung ihrer kirchlichen Funktion anerkannt.[234]

2.2.4.5. Das „Pluralismusgebot" im JWG

Dem Pluralismus der Handlungsansätze im Bereich der Jugendhilfe trägt das JWG in § 5 Abs. 3 Satz 1 JWG Rechnung, indem es dem Jugendamt die Verpflichtung zur „Berücksichtigung der verschiedenen Grundrichtungen der Erziehung" aufgibt.

Die Regelung steht in engem textlichen und gedanklichen Zusammenhang mit der Normierung des Subsidiaritätsprinzips in § 5 Abs. 3 Satz 2 JWG. Das verbandliche Wirken hat wesentlichen Anteil an der Ausdifferenzierung und Pluralisierung von Erziehungskonzepten, wo-

---

[231] Sog. freie Vereinigungen der Wohlfahrtspflege — s. dazu *Nikles*, Jugendpolitik in der Bundesrepublik Deutschland, S. 117.

[232] s. dazu insgesamt: 1. Jugendbericht, BT-Drucksache IV/3515, S. 53 und S. 58 ff.

[233] Der 1. Jugendbericht spricht von mehr als 200 solcher Verbände und Fachorganisationen.

[234] *Ellwein* — Erziehung 1978, Jugendhilfe im Spannungsfeld von Freiheit und Bindung — aus soziologischer Sicht, S. 27.

bei freilich eingeräumt werden muß, daß der Pluralismus der im Bereich der Jugendhilfe entwickelten Handlungsansätze sicher nicht deckungsgleich ist mit dem Pluralismus der etablierten Wohlfahrts- und Jugendverbände und ihren Programmen[235], sondern auch die Initiativen kleinerer Organisationen und Selbsthilfegruppen mitumfaßt[236].

2.2.4.6. Jugendhilfe im Spannungsfeld des Ordnungsverhältnisses von Familie und Staat

Die verschiedenen Erziehungsziele und Methoden, die verschiedenen Welt- und Wirklichkeitsanschauungen, auf denen sie basieren, entfalten ihre Wirksamkeit nicht nur in der Gesellschaft, sondern vor allem im Binnenbereich der Familie, wo sie die Grundmuster der Erziehung bestimmen. Die Familie als primäre Sozialisationsgemeinschaft vermittelt Kindern und Jugendlichen Wertüberzeugungen und sittliche Normstrukturen der Erwachsenenwelt.[237] Art. 6 Abs. 2 GG sichert den Vorrang der Familie als primäre Sozialisationsinstanz, und ihre überragende Funktion im Sozialisationsprozeß wird auch durch umfangreiche Untersuchungen und Forschungen belegt[238].

Der vielfach behauptete Funktionsverlust der Familie läßt sich allenfalls auf der Grundlage eines fragwürdigen, monokausal argumentierenden politökonomischen Ansatzes behaupten, der die Bedeutung der Familie auf ihre Funktion als Produktions- und Alterssicherungsgemeinschaft in vorindustriellen Gesellschaften reduziert und mit dem Verlust dieser Funktion das Ende der Familie schlechthin gekommen sieht.[239]

Auf der anderen Seite muß freilich gesehen werden, daß die Familie gerade durch die Veränderung der sozioökonomischen Rahmenbedingungen[240] einen Funktionswandel[241] durchgemacht hat. Gerade durch die Entlastung von ökonomischen Funktionen dürfte sich eher ein Funktionsgewinn erge-

---

[235] s. dazu etwa *Münder u. a.*, Frankfurter Kommentar zum JWG, § 5 Anm. 4.6., der auf die Gefahr hinweist, daß durch die Bevorzugung der finanzstarken, etablierten Wohlfahrtsverbände weniger dem Pluralismus der Handlungsansätze Rechnung getragen werde als der Durchsetzung spezifisch machtpolitischer Interessen einiger Großverbände

[236] Freilich erscheinen solche Aktivitäten bislang wenig erforscht: s. dazu *Bauer / Berg / Kuhlen* — Forschung zu Problemen der Jugendhilfe, S. 90 ff., S. 96 ff., deren Bestandsaufnahme in diesem Bereich recht mager ausfällt.

[237] Eine besondere Bedeutung gewinnen hier auch schichtspezifische Erziehungsvorstellungen — s. dazu den 2. Familienbericht, BT-Drucksache VII/ 3502, S. 66 ff.

[238] Ausführlich dazu ebd., S. 19 ff.

[239] s. dazu vor allem die kritischen Ausführungen von *Pfürtner*, Moralwissenschaftliche Reflexionen zur gegenwärtigen Familienforschung, S. 452 ff. mit Nachweisen.

[240] 2. Familienbericht, BT-Drucksache VII/3502, S. 42 ff.

[241] s. dazu ausführlich *E. Kühn*, Kindeswohl im Spannungsfeld von Gesellschaft und Recht, S. 334 ff. mit umfangreichen Literaturnachweisen.

ben im Hinblick auf die Intensivierung des Aufbaus der sozial-kulturellen Persönlichkeit[242], durch Erweiterung der Möglichkeiten zur individuellen Selbstverwirklichung und Erhöhung des Erlebnispotentials[243].

Freilich gilt das nur für die intakte Familie. Dort wo eine Familie jene für die Entwicklung eines Kindes elementaren Sozialisationsleistungen nicht mehr erbringen kann, wird sie nachgerade zur Bedrohung für den Heranwachsenden und seine Persönlichkeitsentwicklung. Die katastrophalen Folgen defizitärer Familiensozialisation für den weiteren Lebensweg eines Kindes sind hinlänglich belegt.[244]

Durch die Beteiligung von Jugendämtern und Landesjugendämtern an Maßnahmen der Erziehungsbeistandschaft, Freiwilliger Erziehungshilfe und der Fürsorgeerziehung (§§ 55 ff. JWG) sind diese Behörden maßgeblich an der Ausübung dieses staatlichen Wächteramtes beteiligt.

Der Bereich der Jugendhilfe ist damit eingebettet in die seit jeher hochbrisante Problematik des Ordnungsverhältnisses von Familie und Staat.[245] Maßnahmen der Jugendhilfe müssen dieser Spannungslage Rechnung tragen durch eine differenzierte Handhabung der Handlungsmöglichkeiten, die staatliches Aufsichtsrecht und elterliches Sorgerecht gleichermaßen berücksichtigt und sie einander im Sinne praktischer Konkordanz zuordnet.[246] Dementsprechend normiert § 3 Abs. 1 JWG die Verpflichtung der Jugendhilfebehörde, die von den Personensorgeberechtigten bestimmte Grundrichtung der Erziehung, namentlich der religiösen Erziehung, zu unterstützen, bei der Ausgestaltung von Einzelmaßnahmen auf ihre Wünsche Rücksicht zu nehmen und eine Zusammenarbeit anzustreben und konkretisiert damit das Gebot praktischer Konkordanz für den Bereich der Jugendhilfe.

---

[242] *E. Kühn*, Kindeswohl im Spannungsfeld von Gesellschaft und Recht, S. 334 ff., mit umfangreichen Nachweisen.

[243] *Pfürtner*, Moralwissenschaftliche Reflexionen zur gegenwärtigen Familienforschung, S. 457; *Luhmann*, Grundrechte als Institution, S. 104 f.

[244] Zum Forschungsstand s. *Bauer / Berg / Kuhlen*, Forschung zu Problemen der Jugendhilfe, S. 35 ff.; zum Zusammenhang zwischen Familie und Jugendkriminalität s. etwa *G. Kaiser*, Gesellschaft, Jugend und Recht, S. 86 ff. m. w. N.; zu Sozialisationsdefiziten in Unterschichtfamilien s. *E. Kühn*, Kindeswohl im Spannungsfeld von Gesellschaft und Recht, S. 343 ff.; s. auch die umfangreichen Literaturnachweise bei *Pfürtner*, Moralwissenschaftliche Reflexionen zur gegenwärtigen Familienforschung, S. 462 ff. Mit Sozialisationsdefiziten beschäftigte sich auch der Jugendhilfekongreß der Arbeitsgemeinschaft für Jugendhilfe (1975). s. dazu die Zusammenfassung der Arbeitsergebnisse in „Jugend im Spannungsfeld zwischen Gesellschaft und Recht", S. 70 ff.

[245] *Mrozynski*, Jugendhilfe und Jugendstrafrecht, S. 7 ff. Allgemein zum Problem: *Pfürtner*, Moralwissenschaftliche Reflexionen zum gegenwärtigen Stand der Familienforschung, S. 431 „wertendes Ordnungsverhältnis zwischen Familie und Staat". *Pfürtner* geht auch den Wertprämissen, die dieser Diskussion zugrundeliegen, nach, S. 445 ff.

[246] *Maunz* in Maunz / Dürig / Herzog / Scholz, GG, Art. 6 Rdnr. 26.

2.2.4.7. Jugendhilfe und das Recht des Kindes auf freie Entfaltung seiner Persönlichkeit

Maßnahmen der staatlichen Jugendhilfe müssen sich schließlich auch am Recht des Kindes auf freie Entfaltung seiner Persönlichkeit und Achtung seiner Menschenwürde (Art. 1 Abs. 1 GG, Art. 2 Abs. 1 GG) ausrichten.[247] Eng damit zusammen hängt das in § 1 Abs. 1 JWG normierte „Recht“[248] des Kindes auf Erziehung zur „leiblichen, seelischen und gesellschaftlichen Tüchtigkeit“.

Erzieherische Maßnahmen wirken stets auf die Persönlichkeit des Kindes ein. Die Frage, wann solche Maßnahmen eine Beeinträchtigung der freien Entfaltung der Persönlichkeit des Kindes und seiner Menschenwürde darstellen oder vielmehr dem Wohl des Kindes dienen, ist zumindest teilweise identisch mit der Frage nach den anzustrebenden Erziehungszielen und den anzuwendenden Erziehungsmethoden überhaupt und umfaßt die darin eingeschlossenen Wertungsfragen.

§ 1 Abs. 1 JWG und das darin normierte Erziehungsleitbild von „leiblicher, seelischer und gesellschaftlicher Tüchtigkeit“ läßt diese Frage offenbar bewußt offen.[249]

Die allgemeinen gesellschaftlichen Vorstellungen über die Ausrichtung der Erziehung werden bei Betrachtung des individuellen Falles oder einer Gruppe von Fällen (etwa Jugendliche in Stadtrandgebieten) von weiteren Komponenten überlagert: konkrete Erziehungsmaßnahmen — wollen sie sich am Wohl des Kindes ausrichten — müssen dessen konkrete Entwicklungsbedingungen wie Anlage, Intelligenz, Schichtzugehörigkeit und sonstige Umweltbedingungen in die wertende Betrachtung miteinbeziehen. Die Entscheidungsbedingungen bei Jugendhilfemaßnahmen werden damit noch komplizierter und unüberschaubarer.

2.3. Verfahren als Kriterium „sachgerechter“ Aufgabenerfüllung und Entscheidung

Anhand der Darstellung der einzelnen Entscheidungskomplexe dürfte deutlich geworden sein, daß der Gesetzgeber hier nur Rahmenentschei-

---

[247] BVerfGE 24, 119 (144).

[248] Es ist umstritten, ob es sich hier um einen Rechtsanspruch oder nur um einen Programmsatz handelt: s. dazu *Mrozynski*, Jugendhilfe und Jugendstrafrecht, S. 4 ff. m. w. N.; ablehnend: *Würtenberger*, Recht auf Erziehung, S. 135. Keiner Erörterung bedarf hier die Frage, ob dieses Grundrecht auch im Verhältnis zu den Eltern wirkt: verneinend etwa *Schmitt Glaeser*, DöV 1978, S. 633; a. A. *Münder*, Der sozio-ökonomische Rahmen rechtlicher Regelungen der öffentlichen Erziehung, S. 115, der das Elternrecht durch ein solches „Selbstbestimmungsrecht“ des Jugendlichen nicht tangiert sieht.

[249] *Mrozynski*, Jugendhilfe und Jugendstrafrecht, S. 6 f.; *Münder u. a.*, Frankfurter Kommentar zum JWG, § 1 Anm. 2.

dungen erlassen hat und die maßgeblichen inhaltlichen Ordnungs- und Wertungsgesichtspunkte offengelassen wurden. Dies gilt nicht nur für die Jugendwohlfahrtsausschüsse, deren Entscheidungen nicht im einzelnen vorprogrammiert sind, sondern auch für die Bundesprüfstelle und die Filmförderungsanstalt, wenngleich deren Aufgaben formal als Konditionalprogramme formuliert sind.

2.3.1. Offenheit des Normprogramms — Parallele zu zweckprogrammierten Planungsentscheidungen

Das kann aber bei näherer Betrachtung nicht darüber hinwegtäuschen, daß das Gesetz selbst keine Auslegungsrichtlinien gibt. Mit den üblichen juristischen Methoden kann nicht ermittelt werden, wie die Entscheidungen zu treffen sind. Es handelt sich um Entscheidungen, die nicht nur rechtlichen, sondern vor allem „metajuristischen" Richtigkeitsansprüchen genügen müssen[250].

Zudem fehlt es an Auslegungsdirektiven — sieht man einmal von den Grundrechten ab — für die Ausschüsse, etwa in Form verwaltungsinterner Richtlinien. Die Gesetze schließen solche Richtlinien durch die Anordnung der Weisungsfreiheit der Gremiumsmitglieder auch aus[251].

Weniger als in anderen, stärker durchnormierten Bereichen kann hier die betreffende Verwaltungsentscheidung als Nachvollzug vorgegebener materialer Wertentscheidungen des Gesetzgebers angesehen werden. Die Entscheidungsfindung der hier untersuchten Gremien erscheint ebensowenig durch den Gesetzgeber gesteuert wie etwa die Planung, deren finale Programmierung es weitgehend dem Planungsträger überläßt, die für die Entscheidung relevanten Zusammenhänge, Interessen, Rechte, Belange und Bedürfnisse zu gewichten und gegeneinander abzuwägen[252]. Hier wie dort ist eine wertende Abstimmung[253] unter den — im weitesten Sinn — „beteiligten" ideellen, materiellen und (grund-)rechtlichen Belangen vorzunehmen, die dem klassischen Subsumtionsmodell nicht mehr entspricht, auch wenn die Entscheidungsgrundlagen zum Teil noch dem „Wenn-Dann"-Schema folgen.[254]

---

[250] Zur „metajuristischen" Zweckverwirklichung durch Verwaltungsentscheidungen vor allem *Scholz*, VVDStRL 34 (1976), S. 145 ff., 155 f. und passim.

[251] *E. Klein*, Verfassungsmäßigkeit des ministerialfreien Raums, S. 80.

[252] s. dazu allgemein *Schmitt Glaeser*, Systemgerechtigkeit in der Raumplanung, S. 297 und passim; aus der Rechtsprechung namentlich BVerwGE 45, 309 (314 f.).

[253] *Schmitt Glaeser*, Systemgerechtigkeit in der Raumplanung, S. 298 zur Raumplanung.

[254] s. auch *Feuchte*, Die Verwaltung 1977, S. 291 ff., der in seinen Überlegungen zu „Prognose, Vorsorge und Planung bei der Genehmigung indu-

In Anbetracht der an den Entscheidungsträger herangetragenen Alternativen des Sachbereichs versagt die Steuerungswirkung des Normprogramms. Die Entscheidungsschwierigkeiten lassen sich auch nicht durch schlichte Dezision unter Rückgriff auf allgemein akzeptierte Wertvorstellungen lösen, da in diesen Bereichen schon rein empirisch ein gesicherter Bestand an festen Wertvorstellungen nicht mehr auszumachen ist. Gerade in den hier angesprochenen sozialen und kulturellen Regelungsbereichen wird deutlich, wie sehr „Allgemeinwohl“ seine materiale Qualität als das „wahre Interesse aller Mitglieder des Staates“ verloren hat[255]. Auslegungshilfen im Sinne von vorgegebenen Wertentscheidungen geben hier nur die Grundrechte. Auch diese können aber eine Entscheidung nicht im einzelnen vorprogrammieren, da stets eine Abwägung stattzufinden hat.

2.3.2. Organisation und Verfahren als Steuerungsfaktoren des Entscheidungsprozesses

Die „Richtigkeit“ der diesen Gremien übertragenen Entscheidungen läßt sich somit weder im Durchgriff auf eine vorgegebene Sachlogik, noch durch Rückgriff auf vorgegebene (gesetzgeberische) Wertentscheidungen ermitteln. Mangels verfügbarer materieller Richtigkeitskriterien und Entscheidungsdirektiven werden daher Organisation und Verfahren zu wesentlichen Steuerungsfaktoren des Entscheidungsprozesses.[256] Darauf weist auch das BVerfG im numerus-clausus-Urteil hin: „Wenn und solange es sich aber ... als unvermeidbar erweist, die materiellrechtlichen Voraussetzungen durch ausfüllungsbedürftige Normbegriffe zu umschreiben, dann ist umso wichtiger die Frage, wer über die Ausfüllung und Anwendung dieser Begriffe entscheidet und wie dieses Entscheidungsverfahren gestaltet ist“.[257]

2.3.2.1. Die steuernde Wirkung von Verwaltungsorganisation und Verfahren wird erst seit jüngster Zeit[258] in der Verwaltungs(rechts)wis-

strieller Anlagen“ ebenfalls Parallelen zieht zu den Entscheidungen pluralistisch zusammengesetzter Gremien (S. 298 ff.). Feuchte verstellt sich freilich von vornherein die Möglichkeit zu einer Parallelwertung, weil er Ausgleichsfunktion (Vermittlung, Kompromiß) und Entscheidungsfunktion trennt (S. 299), anstatt unter Abkehr von diesem dezisionistischen Entscheidungsverständnis beide Funktionen zusammenzusehen.

[255] *D. Lorenz,* Der Rechtsschutz des Bürgers und die Rechtsweggarantie, S. 175.

[256] s. dazu *Luhmann,* Legitimation durch Verfahren, S. 203: „Sobald es aber ... mehrere brauchbare oder mehrere „vertretbare“ Lösungen gibt, gewinnt der Selektionsprozeß selbst sachliches Gewicht; s. auch *Hoffmann-Riem,* Interessenzuordnung im Handwerk, S. 17 f.; ähnlich *Zacher,* Der Staat 9 (1970), S. 161: „Wo Konsensus fehlt, kann organisierte Entscheidung notwendig werden.“

[257] BVerfGE 33, 303 (341); ebenso BVerfGE 41, 251 (265).

senschaft intensiver reflektiert. Namentlich in den Gebieten der Planung, Sozialgestaltung und bei komplexen Genehmigungsvorgängen wird die Bedeutung des Verwaltungsverfahrens zunehmend stärker in den Vordergrund gerückt. In erster Linie geschieht dies hier freilich unter dem Gesichtspunkt der Entscheidungsteilhabe von individuell und unmittelbar Planungs- bzw. Entscheidungsbetroffenen.[259] Der Gesichtspunkt eines möglichst effektiven, in das Verwaltungsverfahren vorgelagerten Individualrechtsschutzes spielt dabei eine entscheidende Rolle.[260]

2.3.2.2. Größere Skepsis herrscht jedoch offenbar hinsichtlich der organisatorischen Einbindung von Gruppen- und Verbands„vertretern" in Verwaltungsverfahren, obwohl gerade die hier untersuchten Gremien in ihrer Organisations- und Verfahrensstruktur darauf hindeuten, daß die Wirklichkeit die Theorie partiell bereits eingeholt hat. Der allzu einseitige, wohl durch die traditionell vorrangige Beschäftigung mit der gerichtlichen Verfahrenspraxis bedingte Blick auf den Individualrechtsschutz des konkret betroffenen Einzelnen hat eine andere, wesentliche, zumindest mittelbar auch freiheitssichernde Funktion des Verwaltungsverfahrens aus dem Blickfeld geraten lassen: die durch Verfahren eröffnete Möglichkeit der Öffnung verwaltungsinterner Entscheidungsabläufe für die pluralistische Öffentlichkeit[261].

2.3.3. Entscheidung als Kommunikationsprozeß

Diese Funktion institutionalisierter Verfahren tritt bei den hier untersuchten Verwaltungsentscheidungen deutlich in den Vordergrund. Der Pluralität der im Einzugsbereich der betreffenden Sachprobleme anzutreffenden Standpunkte, Wertungen, Interessen wird Rechnung getragen durch die Einbeziehung der aktiven, interessierten, vornehm-

---

[258] Kritisch zur Vernachlässigung des Verfahrensrechts in der deutschen Verwaltungsrechtslehre vor allem *Scharpf*, Die politischen Kosten des Rechtsstaats, S. 38 ff.

[259] s. dazu aus jüngster Zeit den Mühlheim-Kärlich-Beschluß des Bundesverfassungsgerichts vom 20. 12. 1979, NJW 1980, S. 759 (761 ff.); in der Literatur vor allem *Ossenbühl*, DöV 1981, S. 5 ff.; *Redeker*, NJW 1980, S. 1593 ff., insbesondere S. 1595; grundlegend zum „Verfahren" bereits *Häberle*, VVDStRL 30 (1972), S. 80 ff., der allerdings die konkreten Modalitäten des „status activus processualis" nicht auf die Formen individueller, unmittelbarer Teilhabe der Betroffenen beschränkt sehen will, sondern unterschiedliche, auf die jeweiligen Sachbereiche zugeschnittene Teilhabeformen einbezieht, ebd., S. 82 f.; s. auch *ders.*, Auf dem Weg zum Allgemeinen Verwaltungsrecht mit Nachtrag: Die Aktualität des status activus processualis, S. 677 ff., insbesondere S. 679.

[260] So etwa *Blümel*, „Demokratisierung der Planung", S. 23; differenzierend hingegen *Schmitt Glaeser*, VVDStRL 31 (1973), S. 240 mit Fußnote 270.

[261] *Häberle*, Auf dem Weg zum Allgemeinen Verwaltungsrecht, S. 665.

lich durch Verbände „repräsentierten" (Bereichs-)Öffentlichkeit. Die Schwierigkeiten der verbindlichen Konkretisierung von Verwaltungsentscheidungen in Bereichen, die besonders stark von individuellen und kollektiven Selbstverständnissen, Interessen und Werthaltungen durchsetzt sind, werden aufgefangen in einem Prozeß der Kommunikation, der trotz aller pragmatischen Einschränkungen zumindest tendenziell eher den Bedingungen „klassischer" Vorstellungen von Konsensbildung genügt als die autokratische Festsetzung des Nichtobjektivierbaren durch einen Einzelnen[262].

2.3.3.1. Entscheidungsfindung in der juristischen Hermeneutik

Ein solches Verfahren kooperativer Wahrheitssuche[263] wird nicht zuletzt gerechtfertigt durch die in der neueren juristischen Interpretationslehre entwickelten Vorstellungen vom Vorgang der Rechtskonkretisierung.[264] Denn aus der Sicht juristischer Hermeneutik wird die Objektivierung persönlicher, individueller Werturteile des Entscheidenden erreicht durch die Abstimmung mit der Bewußtseinslage anderer „vernünftiger" Leute[265], durch Berücksichtigung der Erwartungen nicht nur der konkret-individuell Betroffenen, „sondern potentiell seitens aller von dieser Rechtsauslegung Betroffenen und an dieser Rechtsentwicklung Interessierten"[266]. Durch die Einbeziehung interessierter Kreise in den Diskussions- und Entscheidungsprozeß wird jener Erwartungshorizont der interessierten Öffentlichkeit zumindest partiell in das Verfahren der Gesetzeskonkretisierung hereingenommen. Entscheidungsrelevant sind dabei zunächst grundsätzlich alle Vor- und Selbstverständnisse, Wertvorstellungen und Interessen, die — aus welchen Motiven auch immer — sich mit einem Interesse an der Entscheidung verbinden, das heißt, nur die, aber auch jede Meinung, die aufgrund praktischen (als Betroffener oder für die Betroffenen) und/oder wissenschaftlichen Engagements ernsthaft den Anspruch erhebt, „zum Thema etwas beisteuern zu können". Denn mangels objektiver Selektionskriterien in-

---

262 So — allerdings unter Berufung auf demokratische Verfahrensvorstellungen — *H. Ryffel*, Öffentliche Interessen und Gemeinwohl, S. 29.

263 Begriff von *Habermas*, Theorie der Gesellschaft oder Sozialtechnologie, S. 201.

264 Auf den Zusammenhang zwischen Interpretationstheorie und der konkreten Strukturierung von Entscheidungsprozessen, namentlich unter dem Gesichtspunkt der Verfahrensbeteiligung weist vor allem *Häberle*, Die offene Gesellschaft der Verfassungsinterpreten, S. 165 hin.

265 s. hierzu auch *Habermas*, Theorie der Gesellschaft oder Sozialtechnologie, S. 123 ff., der die Bedingung für Wahrheit in der potentiellen Zustimmung anderer kompetenter, „vernünftiger" Beurteiler sieht.

266 *Esser*, Vorverständnis und Methodenwahl, S. 24; zum Rückgriff auf einen „präsumtiven Konsens" der Gesellschaft bei Wertungsfragen s. *ders.*, S. 164.

folge der pluralistischen Ausdifferenzierung unseres Gesellschaftssystems muß prinzipiell jede Wertvorstellung etc. als gleich gültig angesehen werden[267].

Daß freilich aufgrund praktischer Erwägungen eine Selektion für die Zwecke staatlicher Verfahren vorgenommen werden muß, liegt ebenso auf der Hand. Auch hier wird es vor allem auf ein offenes Auswahl*verfahren* ankommen.[268]

2.3.3.2. Der Verfahrensgesichtspunkt in der Rechtsprechung des Bundesverfassungsgerichts

Die Wichtigkeit eines solchen Kommunikationsprozesses für Entscheidungen mit stark wertendem Einschlag betont auch das — mehr als Klarstellung denn als dissenting opinion gedachte[269] — Sondervotum zum Mühlheim-Kärlich Beschluß des Bundesverfassungsgerichts. Die fehlenden empirischen Grundlagen zur Abschätzung des Sicherheitsrisikos im Bereich der wirtschaftlichen Nutzung von Kernenergie lassen jede Aussage hierzu nur als Annäherungswissen erscheinen. Man befindet sich insofern jeweils nur auf dem neuesten Stand unwiderlegten möglichen Irrtums.[270] Die dadurch bedingte Wertungsabhängigkeit der Einschätzung der Sicherheitsrisiken erfordere eine „Sicherheitsphilosophie", die es wesentlich erscheinen lasse, „die Standpunkte, Interessen und Befürchtungen aller Beteiligten rechtzeitig in das Genehmigungsverfahren einzubeziehen und durch einen *Prozeß der Kommunikation* zwischen Kraftwerksbetreibern, gefährdeten Bürgern und zuständigen Behörden eine sachgemäße Berücksichtigung aller maßgeblichen Gesichtspunkte sicherzustellen"[271].

---

[267] So zu Recht *Schmitt Glaeser*, WissR 1974, S. 115; s. auch *Isensee*, Demokratischer Rechtsstaat und staatsfreie Ethik, S. 94: In der Verfassung findet die offene, pluralistische Gesellschaft eine Basis ihrer Homogenität. Allerdings kann die freiheitliche Verfassung nur einen Mindeststandard des gemeinsamen Ethos gewährleisten. Im übrigen bietet sie die Legitimation zu ethischer Differenzierung und zum Wettbewerb der Wertkonzepte. Unsicherheit und Verunsicherung in der Wertorientierung haben freilich gerade in jüngster Zeit zu einer intensiven Diskussion der „Grundwerte in Staat und Gesellschaft" — so der Titel eines Sammelbandes von Diskussionsbeiträgen und Stellungnahmen zu diesem Thema, hrsg. von *G. Gorschenek* (1977) — geführt. s. dazu auch *A. Schwan*, Grundwerte der Demokratie, S. 9 ff.; *G. Leder*, Grundwertsicherung im pluralistischen Staat, S. 45; *Kimminich*, Die Entwicklung des öffentlichen Wertbewußtseins und die Verantwortung des Staates, S. 5 ff., unter besonderer Berücksichtigung der Rechtsprechung des Bundesverfassungsgerichts; aus katholischer Sicht: *Streithofen*, Macht und Moral, insbes. S. 71 ff. sowie *J. Stimpfle*, Die Grundwerte in der Sicht der katholischen Kirche.

[268] s. dazu unten Teil 5.4.4.3.

[269] Darauf wird im Sondervotum ausdrücklich hingewiesen, NJW 1980, S. 764.

[270] Ebd., S. 765; ebenso bereits BVerfGE 49, 89 (142 f.).

Man mag darüber streiten, ob und wie die hier entworfene Konzeption einer Beteiligung der aktiven Öffentlichkeit, die ganz sicher auch die Mitwirkung von verbandlichen Interessenträgern beinhaltet[272], im Bereich des Atomenergierechts praktikabel oder gar geboten ist.[273]

Ganz sicher wird sie aber den in den hier behandelten Sachbereichen gegebenen Entscheidungsbedingungen und Abwägungsschwierigkeiten gerecht, da die Wertungsabhängigkeit der zu treffenden Entscheidungen auf der Hand liegt und folglich ein gruppenpluralistisch strukturiertes Entscheidungsverfahren nicht erst gegen die behaupteten Vorzüge eines auf dem Sachverstand von Wissenschaftlern und Technikern basierenden „technokratischen" Entscheidungsmodells[274] verteidigt werden muß.

2.3.3.3. Rückgriff auf traditionelle Verfahrensvorstellungen

Die Vorstellung, daß durch Diskussion und wechselseitigen Meinungsaustausch eine bestimmte Entscheidungsqualität im Sinne von inhaltlicher Richtigkeit gewährleistet wird[275], ist zudem nicht neu. Sie liegt letztlich auch allen traditionellen Entwürfen repräsentativ-demokratischer Entscheidungsprozeduren zugrunde[276], die ohne diese Vorstellung ihre legitimierende Kraft verloren hätten.[277] Die Vorstellung der im Diskurs zu bewerkstelligenden kooperativen Wahrheitssuche erscheint dabei als notwendige Folge des Verlustes von verfügbarer „objektiver" Wahrheit.

---

271 Sondervotum zum Mühlheim-Kärlich-Beschluß des BVerfGs NJW 1980, S. 765.

272 Ganz zu Recht sieht *Ossenbühl*, DöV 1981, S. 3 in dieser Aussage die Tendenz, Gruppenvertreter und Repräsentanten von Interessenorganisationen (neben Vertretern von Wissenschaft und Technik) in die Entscheidungsfindung miteinzubeziehen.

273 Kritisch dazu insbesondere *Ossenbühl*, DöV 1981, S. 3.

274 Dazu tendiert wohl *Ossenbühl*, DöV 1981, S. 3; allgemein zur Kritik des „technokratischen Modells": *Habermas*, Verwissenschaftlichte Politik und öffentliche Meinung, S. 120 ff.

275 Kritisch dazu vor allem *Luhmann*, Legitimation durch Verfahren, S. 12 ff., S. 18 ff.; s. aber dazu auch die Gegenkritik bei *Esser*, Vorverständnis und Methodenwahl, S. 205 ff.; *Habermas*, Theorie der Gesellschaft oder Sozialtechnologie, S. 239 ff. Gegen ein nur technisch-formales Verständnis der Legitimationswirkung von Verfahren auch *Häberle*, Die offene Gesellschaft der Verfassungsinterpreten, S. 166, Fußnote 46; zur Funktion von Verfahren s. auch *Hättich*, Demokratie als Herrschaftsordnung, S. 128 ff.

276 s. dazu *Leibholz*, Das Wesen der Repräsentation, S. 175 mit Nachweisen; *C. Schmitt*, Die geistesgeschichtliche Lage des heutigen Parlamentarismus, S. 9 ff., S. 43 ff. m. w. N., der Diskussion und Meinungsaustausch zwar für ein wesentliches Element des Parlamentarismus, nicht jedoch der Demokratie (ebd., S. 13) hält. s. auch die Nachweise bei *Hättich*, Demokratie als Herrschaftsordnung, S. 129 (im Text).

277 *Habermas*, Theorie der Gesellschaft oder Sozialtechnologie, S. 267.

Der Sinn solcher Verfahren liegt gerade in dem „Nicht-absolut-sicher Sein[278], der bereits vom Bundesverfassungsgericht[279] hervorgehobenen Vorläufigkeit aller Erkenntnis. Es geht dann nicht mehr so sehr um „objektive" Erkenntnis als um Anerkennung[280], um das „Ins-Spiel-Bringen" der Subjektivität der Bürger, Bürgergruppen und ihrer Interessen, sowie die Anerkennung der Unwägbarkeiten[281].

2.4. Die Repräsentationsfunktion gruppenspezifisch rekrutierter Beisitzer im Entscheidungsverfahren

Auf dem Hintergrund ihrer spezifischen Konkretisierungsaufgabe stellt sich auch die Entscheidungsfindung der untersuchten Gremien als Diskussions- und Abstimmungsprozeß zwischen unterschiedlichen Vor- und Selbstverständnissen, sowie Interessen im weitesten Sinn dar. Dieser Kommunikationsprozeß läßt sich nicht in eine erkenntnismäßige und eine politische Komponente aufspalten, noch gar ausschließlich einem dieser Bereiche zuordnen. Insbesondere geht es dabei auch nicht um Interessenvertretung in ihrem tradierten Verständnis als „privater" (Sonder-)Interessenvertretung[282]. Denn auf dieser Basis läßt sich kaum erklären, wie aus einem Abstimmungsprozeß, in dem solche „Interessenvertreter" gegenüber den präsumtiv gemeinwohlnäheren Staats- und Parteivertretern schon rein zahlenmäßig überwiegen[283], gemeinwohlkonkretisierende staatliche Entscheidungen hervorgehen können.

Letztlich erscheint daher nur der seit jeher dem Bereich des Öffentlichen verhaftete Begriff der *Repräsentation* geeignet, die Funktion gruppenspezifisch rekrutierter Beisitzer in diesem Kommunikationsprozeß, in dem sich aus „latent öffentlichen Interessen"[284] Allgemeinwohl herausbildet, adäquat zu erfassen.

2.4.1. Abkehr vom „liberalen" Repräsentationsverständnis

Freilich gehört der Begriff der Repräsentation zu den mit historisch-dogmatischem Ballast am meisten überfrachteten Begriffen der Staatsrechtslehre.[285] Die liberale Idee von der vorgegebenen Einheit des Vol-

[278] *Hättich,* Demokratie als Herrschaftsordnung, S. 130.

[279] BVerfGE 49, 89 (143).

[280] *Hättich,* Demokratie als Herrschaftsordnung, S. 131.

[281] Ebd.

[282] s. dazu bereits oben, Teil 2.1.5.1.

[283] s. oben, Teil 2.1.3.1.

[284] So die treffende Formulierung von *W. Schmidt,* VVDStRL 33 (1975), S. 198.

kes und seiner Interessen hat die Vorstellungen von „Repräsentation“ seit Beginn des 19. Jahrhunderts wesentlich mitgeprägt. In der Behauptung, daß Interessen nicht repräsentiert werden können, fand und findet diese retrospektive[286] Sicht von Repräsentation ihren Niederschlag.[287]

Indes: es gibt keinen „objektiv“ feststehenden Allgemeinbegriff von Repräsentation.[288] Insbesondere sind die mit der Kategorie der Repräsentation verbundenen Vorstellungen nicht identisch mit dem im Kampf um das Repräsentativsystem entwickelten und in den vielfach rezipierten Repräsentationslehren von C. Schmitt und G. Leibholz zur Hochblüte gelangten liberalen Repräsentationsverständnis, das im Wesentlichen identisch war mit der nach ihm benannten Repräsentativverfassung.[289]

Martin Drath hat seinerzeit zu Recht darauf hingewiesen, daß Repräsentation ein Erkenntnisbegriff ist, darauf angelegt, gewisse Wirklichkeitsphänomene einzuordnen und gegebenenfalls für die Rechtsordnung verfügbar zu machen.[290] Die einzelnen Modalitäten von „Repräsentation“ können daher sehr unterschiedliche sein, und sie entsprechen jeweils nur annäherungsweise dem „Idealtypus“. Insbesondere wandeln sie sich, wenn neuartige gesellschaftliche Kräfte in den Prozeß der Repräsentation eingreifen.[291]

---

[285] *v. Arnim*, Gemeinwohl und Gruppeninteressen, S. 192; s. dazu auch oben Teil 2.1.5.2.

[286] *J. H. Kaiser*, Die Repräsentation organisierter Interessen, S. 363.

[287] Literaturnachweise oben Teil 2.1.5.2., Fußnote 85 und 86.

[288] *H. Reuss*, Zur Geschichte der Repräsentativverfassung in Deutschland, S. 24.

[289] So etwa *H. Rausch*, Zur Theorie und Geschichte der Repräsentation und Repräsentativverfassung, Vorwort, S. VIII; ähnlich *Scheuner*, Das repräsentative Prinzip in der modernen Demokratie, S. 249, der sich dagegen wendet, daß eine grundlegende staatsrechtliche Idee an die Begriffswelt eines bestimmten Zeitabschnitts gebunden wird; s. auch *H. J. Wolff*, Die Repräsentation, S. 123; im übrigen sei hier auf die umfangreiche Literatur zum Repräsentationsbegriff verwiesen. Statt aller: *V. Hartmann*, Repräsentation in der politischen Theorie und Staatslehre in Deutschland; *H. Kurz*, Volkssouveränität und Volksrepräsentation; die wohl umfassendste Studie zur Wort- und Begriffsgeschichte stammt von *Hasso Hofmann*, Repräsentation.

[290] *Drath*, Die Entwicklung der Volksrepräsentation, S. 280, 284.

[291] Ebd., S. 284; s. auch *Scheuner*, Das repräsentative Prinzip in der modernen Demokratie, S. 265 f.

2.4.2. Die „représentation de fait" bei J. H. Kaiser

Dem hat in neuerer Zeit vor allem *J. H. Kaiser* Rechnung getragen, indem er das Wirken und den Einfluß der sogenannten intermediären Gewalten als „représentation de fait"[292] deutete und damit mit dem liberalen Dogma der Nichtrepräsentierbarkeit von Interessen brach. Freilich sind selbst Kaisers Ausführungen noch von den Vorstellungen C. Schmitts beeinflußt, wenn er sagt, daß nur das soziale Ganze in seiner unendlichen Vielfalt repräsentiert werden könne[293] nicht jedoch einzelne partikulare Interessen. Auch in der von *Kaiser* postulierten strikten Trennung von staatlicher und gesellschaftlicher Repräsentation als nicht nur analytisch zu unterscheidende sondern auch praktisch zu trennende Integrationsweisen[294] und seiner weitgehenden Ablehnung einer Institutionalisierung von Interessenrepräsentationen im staatlichen Bereich[295] wirkt noch die im liberalen Repräsentationsbegriff angelegte Perhorreszierung einer Auslieferung des Staates an ständische Interessen nach.

2.4.3. Erforderlichkeit eines offenen, nicht-normativen Repräsentationsbegriffs

Über den Begriff der Repräsentation läßt sich jedoch weder die Frage lösen, ob nur ein soziales Ganzes — sei es als nationale Einheit im Staat oder als interessenpluralistisch aufgefächerte Vielheit — Interessen „darstellen" kann oder auch einzelne Interessengruppen, noch das Problem der konkreten Zuordnung staatlicher und gesellschaftlicher Integrationsformen.

Es hieße, die Leistungsfähigkeit eines solchen Erkenntnisbegriffs für die Rechtsordnung zu überschätzen, wollte man ihm eine normierende Kraft für das Verhältnis von staatlicher Integration und Gesellschaft

---

[292] *J. H. Kaiser,* Die Repräsentation organisierter Interessen, S. 355 — Kaiser hat damit einen wichtigen Beitrag zur Befreiung des Repräsentationsbegriffs aus der „Prokrustesbett des liberalen Repräsentativsystems" (*H. Rausch,* Zur Theorie und Geschichte der Repräsentation und Repräsentativverfassung, Vorwort, S. VIII) geleistet. Eine Auseinandersetzung mit den überkommenen Repräsentationsvorstellungen hält *Kaiser* für entbehrlich — S. 310.

[293] *J. H. Kaiser,* S. 357, unter ausdrücklicher Berufung auf *C. Schmitt* und *G. Leibholz* in Fußnote 40.

[294] *J. H. Kaiser,* S. 354 f., S. 361.

[295] Ebd., S. 349 ff. — Kaiser bezieht sich dabei vor allem auf den Vorläufigen Reichswirtschaftsrat der Weimarer Republik und den bayerischen Senat (Art. 36 Abs. 1 Bay.Verf.). An anderer Stelle wird jedoch eingeräumt (ebd., S. 361, 362 mit Fußnote 52), daß zumindest in Teilbereichen staatlicher Aufgabenwahrnehmung Interessenrepräsentationen eine sinnvolle Funktion erfüllen können, um die „Gelenkbänder" *(R. v. Gneist)* zwischen Staat und Gesellschaft zu verstärken und zu ergänzen (ebd., Fußnote 52).

sowie der Art und Weise ihrer Vermittlung zubilligen.[296] Die damit angeschnittenen Fragen lassen sich vielmehr nur über die Verfassung selbst beantworten, in der konkreten Gestalt, die sie durch die jeweilige gelebte Verfassungswirklichkeit erhalten hat.

Solche normativen Elemente sollten daher soweit wie möglich aus dem Repräsentationsbegriff ausgeschieden werden, um ihn — unter Berücksichtigung seiner auf heutige Verhältnisse übertragbaren Bedeutungselemente — für eine adäquate Erfassung und Beschreibung vorfindlicher Gegebenheiten und damit für die heutige Rechtswissenschaft zurückzugewinnen.[297] Insbesondere wegen der bereits aufgezeigten Unzulänglichkeit des „privaten" Vertretungsbegriffs scheint ein Bedürfnis für den Rückgriff auf Repräsentationsvorstellungen, insbesondere zur Kennzeichnung der Funktion gruppenspezifisch rekrutierter Beisitzer in staatlichen Gremien zu bestehen.

Hinter dem Begriff der Repräsentation steht ja im Kern nichts anderes als die Vorstellung, daß der „Repräsentant" einer Gruppe „im Geist" — oder modern ausgedrückt — auf dem Hintergrund des Vor- und Selbstverständnisses aber auch Interesses seiner Gruppe handelt, das heißt, bei der Mitwirkung in Entscheidungsgremien sein Votum im Abstimmungsprozeß abgibt.[298]

[296] Kritisch zur „normativen" Rolle des Repräsentationsbegriffs: *Drath,* Die Entwicklung der Volksrepräsentation, S. 281 ff.; s. auch *Scheuner,* Das repräsentative Prinzip in der modernen Demokratie, S. 249.

[297] In diesem Sinne auch *Rausch,* Zur Theorie und Geschichte der Repräsentation und Repräsentativverfassung, Vorwort, S. XIV; s. etwa auch *v. Arnim,* Gemeinwohl und Gruppeninteressen, S. 192, der — wenngleich unter anderen Gesichtspunkten — ebenfalls auf den Begriff der Repräsentation zurückgreift.

[298] s. etwa *H. J. Wolff,* Die Repräsentation, S. 204: Repräsentation ist eine Form der Zurechnung, der „Vergegenwärtigung", s. dazu auch *ders.,* S. 164 ff.; ähnlich *Scheuner,* Das repräsentative Prinzip in der modernen Demokratie, S. 250. Ihre Verbindlichkeit beruht auf sozialer Anerkennung, die freilich auch als Anknüpfungspunkt für rechtliche Regelungen dienen kann, *Wolff,* Die Repräsentation, S. 204 ff. Die Vorstellungen, die eine solche Zurechnung begründen, sind rational nur schwer faßbar. Sie sind weniger ein rechtliches denn ein soziales oder, besser gesagt, sozialpsychologisches Phänomen. Es ist vor allem das Verdienst von H. J. Wolff, diesen Aspekt der Repräsentation umfassend gewürdigt zu haben und damit einen deutlichen Akzent gegen die in den 20er Jahren üblichen „Wesensschauen" zum Repräsentationsbegriff gesetzt zu haben. s. *H. J. Wolff,* Organschaft und Juristische Person, Bd. 2, S. 16—91, hier zitiert nach dem Neuabdruck in „Zur Theorie und Geschichte der Repräsentation und Repräsentativverfassung" (hrsg. v. H. Rausch), S. 116 ff.; zum sozialpsychologischen Aspekt des Repräsentationsbegriffs vgl. auch *Suhr,* Der Staat 20 (1981), S. 517 ff.

2.4.4. Die Mitwirkung gruppenspezifisch rekrutierter Gremiumsbeisitzer als Repräsentation

Repräsentiert werden in diesem Sinn kann dabei auch eine nichtorganisierte Gruppe.[299] Die durch den Vertretungsbegriff bedingte Ausklammerung von Artikulationsmöglichkeiten für nicht organisierte und nicht organisierbare Interessen, wie sie etwa von den Wohlfahrtsverbänden wahrgenommen werden, ist damit nicht mehr nötig.

Der „öffentlichen" — im Sinne von nicht mehr privater aber noch nicht staatlicher — Funktion der in pluralistisch strukturierten Verwaltungsgremien anzutreffenden Form der Interessenvermittlung- und -artikulation dürfte der Begriff der Repräsentation mit seiner Affinität zur Sphäre der Öffentlichkeit[300] zudem angemessener sein als der mit privatrechtlichen Vorstellungen assoziierte Begriff der Vertretung, der das Wirken von Verbänden und Gruppen in den Bereich des Privaten abdrängt, obwohl sie gerade in den hier untersuchten Aufgabenbereichen diesen Bereich eindeutig transzendieren.[301]

Darüber hinaus wird im Begriff der Interessenrepräsentation die überkommene, und für die hier untersuchten Verfahren der Entscheidungsfindung ganz sicher unzutreffende Gegensatzbildung von partikularer Interessenwahrnehmung und staatlicher Integration neutralisiert. Denn Repräsentationsfunktion und Integrationsfunktion stehen auch traditionell in enger gedanklicher Verbindung.[302] Es kommt daher auch nicht von ungefähr, daß der Begriff der Interessenrepräsentation bislang vor allem von Autoren aufgegriffen wurde, die das Wirken der Verbände ohne antipluralistischen Affekt zur Kenntnis nehmen.[303]

---

[299] *H. J. Wolff,* Die Repräsentation, S. 117.

[300] Zu Recht weist *Habermas,* Strukturwandel der Öffentlichkeit, S. 20 darauf hin, daß der Öffentlichkeitsbezug von Repräsentation sich bis in die jüngste Verfassungslehre hinein erhalten hat; statt aller: *C. Schmitt,* Verfassungslehre, S. 208 f.; *Leibholz,* Das Wesen der Repräsentation, S. 176; *J. H. Kaiser,* Die Repräsentation organisierter Interessen, S. 355 f.

[301] Allgemein zur Unzulänglichkeit privatrechtlicher Ordnungskategorien in Bezug auf das Wirken der Verbände: *R. Altmann,* ZfP n. F. Bd. II, 1955, S. 212.

[302] s. dazu *Reuss,* Zur Geschichte der Repräsentativverfassung in Deutschland, S. 18 f.; *Krüger,* Allgemeine Staatslehre, S. 233: „Repräsentation soll setzen Einigkeit an die Stelle von Uneinigkeit". Nach überkommenem Verständnis wurden Repräsentations- und Integrationsfunktion ausschließlich beim Parlament und den staatlichen Organen angesiedelt.

[303] Darauf weist zu Recht *Rinken,* Das Öffentliche als verfassungstheoretisches Problem, S. 100 hin; außer bei *J. H. Kaiser,* Die Repräsentation organisierter Interessen, S. 354 ff. „représentation de fait" — findet sich der Begriff etwa bei *K. v. Beyme,* Interessengruppen in der Demokratie, S. 165 ff.; *R. Altmann,* ZfP n. F. Band II, 1955, S. 211 ff. insbesondere S. 214 ff.; *Steinberg,* PVS 1973, S. 40 spricht in Bezug auf die Beteiligung von Verbänden in Ausschüssen und Gremien der Verwaltung von „informeller Repräsentation"; *Häberle,* AöR 90 (1965/66), S. 387 fordert die Überwindung der überkomme-

Und schließlich erscheint im Begriff der Interessenrepräsentation der Gegensatz zur Wahrheitsfindung nicht so manifest wie bei der Interessenvertretung. Diskussion und wechselseitige Aussprache als Verfahren, um zum jeweils „richtigen“ Ergebnis zu kommen, waren gerade auch in der liberalen Theorie eng mit dem Gedanken der Repräsentation verknüpft[304], wenngleich die dort praktizierte Eskamotierung des Interesses aus dem Prozeß der Wahrheits- und Gemeinwohlfindung wohl niemals ganz der Wirklichkeit gerecht wurde[305].

Man wird letztlich nicht ohne den Begriff der Interessenrepräsentation auskommen können, um die Mitwirkung von Verbänden und Gruppen im Bereich staatlicher Willensbildung adäquat zu erfassen.[306] Dabei ist es unerläßlich, ihn von seiner überkommenen etatistischen und interessenfeindlichen Deutung zu lösen und ihn in Anknüpfung an seine „klassischen“ Bedeutungselemente wie „Öffentlichkeit“, „Wahrheitsfindung“, „Integration“ auf eine gruppen- und interessenpluralistisch aufgespaltene (Rechts-)Wirklichkeit, in der Staat und Parlament das Volk nicht mehr absorptiv repräsentieren[307], hin neu zu formulieren.[308]

Wie die Rechts- und Verfassungsordnung sich zu solchen Formen der Interessenrepräsentation stellt, insbesondere, ob damit eine besondere Legitimation, vielleicht sogar bestimmte Handlungsbefugnisse oder gar ein „jus repräsentationis“[309] verliehen werden, ist freilich eine andere, nicht mehr über den Begriff der Repräsentation zu beantwortende Frage.[310] Der Begriff der Interessenrepräsentation, wie er hier gebraucht wird, hält diese Fragen bewußt offen — für den einfachen Gesetzgeber ebenso wie für den Verfassungsinterpreten.

---

nen Konfrontierung von Interessenvertretung und Repräsentation; auch *Kisker*, DöV 1972, S. 520, Fußnote 3 hält eine radikale Trennung zwischen Vertretung von Gruppeninteressen und Repräsentation des Gesamtverbandes in der Praxis weder für wünschenswert noch möglich.

304 *Leibholz*, Das Wesen der Repräsentation, S. 213; s. auch *H. Krüger*, Allgemeine Staatslehre, S. 238, der von der „Repräsentation als Weg zur Richtigkeit von Sein und Handeln des Staates“ spricht; ferner auch *v. Arnim*, Gemeinwohl und Gruppeninteressen, S. 190 ff., der „repräsentative“ Verfahren als wert- und erkenntnisorientierte Entscheidungsprozesse machtorientierten Verfahren gegenüberstellt.

305 Gemeinwohlvorstellungen sind immer an Prioritäten und Wertungen gebunden, die untrennbar mit Einzel- und Gruppeninteressen vermischt sind — *J. Weber*, Interessengruppen im politischen System, S. 35.

306 So auch *R. Altmann*, ZfP n. F. Band II, 1955, S. 226.

307 *J. H. Kaiser*, Die Repräsentation organisierter Interessen, S. 353.

308 So auch *R. Altmann*, ZfP n. F., Band II, 1955, S. 226.

309 *R. Altmann*, ZfP n. F. Band II, 1955, S. 226.

310 s. auch *H. Rausch*, Zur Theorie und Geschichte der Repräsentation und Repräsentativverfassung, Vorwort, S. IX, der auf die Unterscheidung zwischen Repräsentation und verliehener Handlungsbefugnis, die allein normierbar und damit juristisch faßbar ist, hinweist.

3. Das Verfahren „kooperativer Wahrheitssuche“ und Rekrutierungsmodus

3.1. Zur Bedeutung der Verbände für die Repräsentation von Interessen und Wertvorstellungen

Durch die — in ihrer Bindungswirkung freilich abgestuften[1] — Vorschlagsrechte von Verbänden und Vereinigungen für die Besetzung der hier untersuchten Gremien wird jenen eine maßgebliche Funktion bei der Repräsentation von Interessen, Wertvorstellungen und Selbstverständnissen eingeräumt. Dies entspricht dem sozialwissenschaftlichen Befund, daß Interessen, Selbstverständnisse und Wertorientierungen nicht vom einzelnen, isolierten Individuum, das den Angelpunkt des liberalen, individualistischen Gesellschaftsmodells des 19. Jahrhunderts bildete[2], sondern wesentlich über Gruppen, Verbände und Vereinigungen unterschiedlicher Art gebildet und vermittelt werden.

3.1.1. Private Meinung und soziale Gruppenbildung — zur Verschränkung von öffentlicher und privater Meinung

Als „animal social“[3] orientiert der Einzelne seine Handlungs- und Verhaltensmuster vielfach nach seinen Gruppenbeziehungen.[4] „Die Verbände sind es, mittels derer die durch die ‚Befreiungen‘ des 19. Jahrhunderts standlos gewordenen Menschen sich einen neuen gesellschaftlichen Status zu schaffen und zu verbürgen suchen.“[5] Mehr denn je erscheint der Mensch damit existentiell auf soziale Gemeinschaften unterschiedlicher Art angewiesen, deren Bedeutung damit — nicht zuletzt in Reaktion auf allgemeine Nivellierung — ständig zu wachsen scheint.[6]

---

[1] s. oben, Teil 2.1.3.

[2] *J. Weber*, Interessengruppen im politischen System, S. 58.

[3] *H. Krüger*, Diskussionsbeitrag in: Der Staat und die Verbände, S. 36 f.

[4] Ganz deutlich wird das vor allem bei den Kirchen, die sich nunmehr ihre Funktion als Orientierungshilfe mit säkularen Verbänden teilen müssen. Sub specie einer sozialwissenschaftlichen Betrachtung gehören auch die Kirchen zu den Interessenverbänden, mögen sie sich gegen diese Einordnung auch wehren. s. dazu etwa *v. Beyme*, Interessengruppen in der Demokratie, S. 33; zweifelnd: *Krüger*, Allgemeine Staatslehre, S. 387.

[5] *Krüger*, Allgemeine Staatslehre, S. 394.

[6] *Brohm*, Strukturen der Wirtschaftsverwaltung, S. 260.

Erst in der Verbindung mit anderen ist es dem Einzelnen überhaupt möglich, sich zu artikulieren, erst durch Organisation wird das einzelne Individualinteresse zu einer wahrnehmbaren Größe und erhält Gewicht als Teil der öffentlichen Meinung.[7] Gruppenbildungen sind damit wichtiges Vehikel für die Artikulation von Interessen und Wertvorstellungen[8] und in dieser Funktion bilden sie eine „sachlich notwendige Ergänzung zur schematischen Gleichheit im staatlichen Gesamtverband"[9]. Von ihrem Wirken in der Öffentlichkeit hängt wesentlich das Bestehen und der Fortbestand pluralistischer Orientierungs- und Handlungsalternativen auch für den Einzelnen ab. Die Vielzahl relativ autonomer Gruppen liefert dem in „einem Flechtwerk sozialer Beziehungen stehenden Einzelnen Informationen und Wertmaßstäbe, die ihn zu einer freien Entscheidung für einen Glauben, eine Gewissenshaltung oder eine Meinung überhaupt erst instand setzen"[10].

Vor allem anhand ihrer Wirksamkeit in der Öffentlichkeit läßt sich die Pluralität der gesellschaftlichen Wert- und Wirklichkeitsanschauungen ablesen.[11] „Der sozialwissenschaftlich nachweisbare Pluralismus organisierter sowie nicht organisierbarer Interessen korreliert, ja er *ist* der „geisteswissenschaftlich" feststellbare Pluralismus von Religions- und Weltanschauungen, politischen Ideen, wissenschaftlichen Lehrmeinungen und privater Ansichten im Rahmen des Grundgesetzes".[12]

3.1.2. Zu den Gefahren bei der Transformation von Meinungen und Interessen durch Gruppen und Verbände

Freilich beeinflussen die Verbände auch ihrerseits in starkem Maße die öffentliche Meinung[13] und die Befürchtung, daß die aus dem frei-

---

[7] s. dazu etwa *v. Arnim*, Gemeinwohl und Gruppeninteressen, S. 130; daß das Prinzip der Interessenartikulation durch Organisation auch jenseits der etablierten Verbandsmächte noch funktioniert und die Entwicklung von Alternativen nicht blockiert, bezeugen nicht zuletzt die zahlreichen Bürgerinitiativen als Formen projektgebundener Interessenwahrnehmung — s. dazu etwa *J. Weber*, Interessengruppen im politischen System, S. 365.

[8] s. dazu etwa *v. Arnim*, Gemeinwohl und Gruppeninteressen, S. 130 m. w. N.; *J. H. Kaiser*, Die Repräsentation organisierter Interessen, S. 213 ff. und passim; *Scheuner*, Der Staat und die Verbände, S. 12 ff.

[9] *Brohm*, Strukturen der Wirtschaftsverwaltung, S. 260.

[10] *Steinberg*, PVS 1973 (14), S. 44.

[11] Daneben stellen allerdings Wissenschaft und Massenmedien weitere Faktoren der pluralistischen Ausdifferenzierung dar.

[12] *Häberle*, Verfassungsinterpretation als öffentlicher Prozeß, S. 142.

[13] *Krüger*, Allgemeine Staatslehre, S. 385; ausführlich zum Einfluß von Interessengruppen auf die öffentliche Meinung: *v. Beyme*, Interessengruppen in der Demokratie, S. 155 ff.; s. auch die Kritik von *Habermas*, Strukturwandel der Öffentlichkeit, S. 233 f. zum „umfunktionierten Prinzip der Öffentlichkeit".

willigen Zusammenschluß von Bürgern zur Wahrung bestimmter Interessen entstandenen Organisationen ein Eigenleben entfalten und die Interessen der Basis vernachlässigen wenn nicht sogar deformieren[14], erscheint in der Tat nicht unbegründet. Die Gefahr einer erheblichen Interessendivergenz zwischen Verbandsführung und Mitgliederinteressen[15] ist daher auch ein wesentlicher Ansatzpunkt aller Pluralismuskritik.[16]

Diese Befürchtung schlug sich vor allem in den Diskussionen um die Reform des Verbandsrechts („Verbändegesetz“) nieder, die u. a. darauf abzielte, die Verbandsoligarchien durch eine Stärkung der Mitgliederversammlung einer stärkeren demokratischen Kontrolle zu unterwerfen.[17] Die Kontroversen um diese Fragen sind noch nicht beigelegt[18] und man wird daher nicht umhinkommen, ein Defizit an demokratischer Vermittlung der Mitgliederinteressen in Kauf zu nehmen, will man aus dem politischen System nicht ein wesentliches freiheitssicherndes Element gegen staatliche Allmacht eliminieren.[19]

3.1.3. Gleichwohl: Unverzichtbarkeit der Gruppen für die Darstellung des Sachbereichspluralismus

Zudem widerstrebt ein einheitliches demokratisches Strukturprinzip dem Selbstverständnis mancher Gruppen, namentlich der Kirchen[20] aber auch der mit ihnen verbundenen Wohlfahrtsverbände[21], was jedoch

[14] s. dazu *J. Weber*, Interessengruppen im politischen System, S. 365 f.

[15] *Teubner*, Organisationsdemokratie und Verbandsverfassung, S. 75.

[16] s. dazu vor allem *Scharpf*, Demokratietheorie zwischen Utopie und Anpassung, S. 33 ff. m. w. N.; ferner *Teubner*, Organisationsdemokratie und Verbandsverfassung, S. 84 ff.; vgl. auch *Gusy*, Vom Verbändestaat zum Neokorporatismus?, S. 37 ff.

[17] Dazu umfassend *Teubner*, Organisationsdemokratie und Verbandsverfassung, S. 78 ff. — ferner *Gusy*, Vom Verbändestaat zum Neokorporatismus, S. 65 f.

[18] s. dazu noch unten, Teil 3.2.5.3.

[19] In diesem Sinne etwa *Scheuner*, Der Staat und die Verbände, S. 12; s. auch *J. H. Kaiser*, S. 231 f.

[20] Auch die Kirchen nehmen im pluralistischen Kontext ein Interesse wahr — *s. Schlaich*, Neutralität als verfassungsrechtliches Prinzip, S. 181.

[21] s. etwa § 2 der Satzung des Deutschen Caritasverbandes i. d. F. v. 18. 9. 75 (abgedruckt bei *R. Bauer*, Wohlfahrtsverbände in der Bundesrepublik, S. 203 ff.):

§ 2

(1) Der Deutsche Caritasverband steht unter der Aufsicht der deutschen Bischöfe. Sie wird durch den Vorsitzenden der Bischöflichen Kommission „Caritas und Fürsorge“ ausgeübt. Dieser führt den Titel „Protektor des Deutschen Caritasverbandes“.

(2) Der Protektor wacht über Geist und Wirken des Deutschen Caritasverbandes und bildet die Verbindung zwischen dem Deutschen Caritasver-

nichts an ihrer öffentlichen Bedeutung für den Sachbereich Jugend- und Wohlfahrtspflege und seine pluralistische Struktur ändert. Die Wirklichkeit der gesellschaftlichen Gestalt des Sozialbereichs wäre um ein wesentliches Element verkürzt, wollte man die Wirksamkeit der konfessionell gebundenen Wohlfahrtsverbände übergehen.[22] Trotz der Ausrichtung an einem bestimmten konfessionell geprägten Selbstverständnis, die die durch die mitgliedschaftliche Struktur vorhandenen demokratischen Ansätze überlagert, sind sie — gerade durch die Betonung ihrer privaten Besonderheit — wesentlicher Bestandteil der pluralistischen Verfaßtheit des Sozialbereichs und damit Elemente organisierter „öffentlicher Freiheit".[23]

Die Verbände erweisen sich somit — neben den politischen Parteien — als notwendige Bestandteile des politischen Entscheidungssystems. Ihre Bedeutung im politischen System nimmt zu, je mehr die politischen Parteien über die Grundlagen und Ziele der Staatstätigkeit übereinstimmen.[24] Sie repräsentieren die Vielfalt der in der Gesellschaft wirksamen Interessen, Meinungen und Wertvorstellung als sog. „représentation de fait" im Sinne *J. H. Kaisers*[25] und erscheinen daher auch in erster Linie prädestiniert, an der Interessenrepräsentation im staatlichen Bereich mitzuwirken, indem sie die Mitglieder von Gremien vorschlagen, deren Aufgabe kooperativer Wahrheitssuche ein gewisses Spektrum von Wert- und Wirklichkeitsvorstellungen im Diskussions- und Abstimmungsprozeß erfordert.

Dem entspricht es, daß die faktisch stattfindende Repräsentation durch Gruppen in den mannigfaltigen Bereichen des gesellschaftlichen Lebens durch staatliche Normierung und Institutionalisierung in staatlichen Verfahren — und damit in rechtlich relevanter Weise — zum Einsatz gebracht wird.[26] Zudem erscheint die immer wieder beschworene Befürchtung einer Kolonisierung staatlicher Handlungsbereiche durch die jeweils mächtigsten Gruppen und Verbände[27] auf

---

band und den zuständigen Stellen des Episkopates. Er hat das Recht, an den Sitzungen der Verbandsorgane teilzunehmen.

s. dazu im übrigen auch *Rinken*, Das Öffentliche als verfassungstheoretisches Problem, S. 301 f.

[22] s. dazu vor allem *Rinken*, Das Öffentliche als verfassungstheoretisches Problem, S. 303 f.

[23] Ebd.; sehr eingehend mit der Problematik undifferenzierter Demokratieforderungen gegenüber Verbänden beschäftigt sich *Teubner*, Organisationsdemokratie und Verbandsverfassung, S. 79 ff. und passim.

[24] *J. Weber*, Interessengruppen im politischen System, S. 194.

[25] *J. H. Kaiser*, Die Repräsentation organisierter Interessen, S. 355.

[26] *H. P. Ipsen*, Mitbestimmung im Rundfunk, S. 66.

[27] s. dazu: *Steinberg*, PVS 1973 (14), S. 51; zu den Bedingungsfaktoren verbandlicher Macht s. etwa *v. Beyme*, Interessengruppen in der Demokratie, S. 39 ff.; *J. Weber*, Interessengruppen im politischen System, S. 188 ff.

Kosten kleinerer Gruppen und nichtorganisierbarer (allgemeiner) Interessen im Rahmen rechtlich geregelter Verfahren der Entscheidungsteilhabe weniger begründet als bei der sonst üblichen, informellen Einflußnahme der Gruppen auf Parlament, Regierung und Verwaltung.[28] Der Faktor „Gruppenmacht“ kann hier durch die formale Stimmrechtsgleichheit neutralisiert werden.[29] Ob dies tatsächlich gelingt, hängt von der konkreten organisatorischen Ausgestaltung des Rekrutierungsmodus, der Stimmenverteilung, aber auch davon ab, inwieweit man in solchen Gremien Verbände berücksichtigt, die sich schwer- oder nichtorganisierbarer Interessen im politischen System annehmen.

3.2. Zum Problem der für die Entscheidungsfindung relevanten Gruppen

Als weiteres Problem stellt sich die Frage nach den für die Mitwirkung an der Entscheidungsfindung relevanten Gruppen und Verbände.

3.2.1. Unmaßgeblichkeit des Gesichtspunktes gesamtgesellschaftlicher Relevanz

Wegen des sachlich begrenzten Aufgabengebietes der hier untersuchten Gremien kann maßgebliches Mitsprachkriterium nicht der Gesichtspunkt gesamtgesellschaftlicher Relevanz sein, wie das etwa bei den Rundfunkräten der Fall ist.[30] Da der Rundfunk als Medium und Faktor öffentlicher Meinungsbildung im gesamtgesellschaftlichen Bereich[31] prinzipiell alle Gruppen „angeht“, die daran interessiert sind, an der öffentlichen Diskussion und Artikulation von Wertvorstellungen, Interessen und Selbstverständnissen teilzunehmen, entspricht ihm ein Rekrutierungsmodus, der — trotz aller praktischer Schwierigkeit und Unzulänglichkeiten — eine möglichst weitgehende Repräsentanz aller vorhandenen gesellschaftlichen Gruppen gewährleistet.[32]

---

[28] s. dazu vor allem *v. Beyme*, Interessengruppen in der Demokratie, S. 87 ff.

[29] Um so unverständlicher erscheint es freilich, daß gerade diejenigen Autoren, die von dem verbandlichen Wirken im Staat nur das Schlimmste befürchten, sich auch gegen jedwede Art des Einbaus der Verbandsgruppen in den Staat wehren — so etwa *W. Weber*, Der Staat und die Verbände, S. 24. Liegt doch gerade darin auch ein wichtiges Mittel der Disziplinierung von „wildwüchsigen“ Verbandseinflüssen.

[30] s. dazu insbesondere das Fernsehurteil, BVerfGE 12, 205 (261 f.): „ihre kollegialen Organe sind faktisch in angemessenem Verhältnis aus Repräsentanten aller bedeutsamen politischen, weltanschaulichen und gesellschaftlichen Gruppen zusammengesetzt“; ebenso BVerfGE 31, 311 (324 ff., 327 f.); s. auch *H. P. Ipsen*, Mitbestimmung im Rundfunk, S. 39 ff.

[31] BVerfGE 12, 205 (262).

3.2.2. Sachinteresse als Betroffenheitskriterium

Da die Aufgabenstellung der hier untersuchten Gremien jeweils nur begrenzte Teilbereiche des gesamtgesellschaftlichen Systems berührt, kann es hier nur darum gehen, die für diesen Bereich relevanten Gruppen zur Herstellung einer Teilöffentlichkeit in das Verwaltungsverfahren einzubeziehen. Öffentlichkeit ist, worauf *J. H. Kaiser* zu Recht hinweist[33], nicht immer identisch mit der Totalität der Staatsbürger, sondern variiert mit der Bedeutung des Gegenstandes. Die sachlich relevante öffentliche Meinung entsteht durch Interessenahme[34], namentlich von Seiten der verschiedenen gesellschaftlichen Gruppen. Das Faktum der Interessenahme an der speziellen Aufgabenstellung muß daher auch maßgeblich sein für die organisatorische Ausgestaltung eines Verwaltungsverfahrens, das auf Diskussion und Abstimmung der relevanten Wertungsgesichtspunkte durch Herstellung partieller Öffentlichkeit angelegt ist.

Relevant für das Entscheidungsverfahren sind dabei grundsätzlich nur, aber auch alle Gruppen und Verbände, die ein Interesse an der wahrgenommenen Aufgabe haben. Ob ein solches Interesse besteht, richtet sich nach der satzungsmäßigen Aufgabenstellung der Verbände, programmatischen Äußerungen oder sonstigen Bekundungen.

Worauf sich dieses Interesse gründet, ist dabei zunächst gleichgültig. Entscheidend ist, daß die betreffende Gruppe bereit und in der Lage ist, einen Beitrag zur Diskussion des betreffenden Entscheidungskomplexes zu leisten, sei es, weil die von der Entscheidung potentiell Betroffenen in dem betreffenden Verband organisiert sind (Jugendverbände im Jugendwohlfahrtsausschuß, Verbände der Filmwirtschaft in der Filmförderungsanstalt), oder sei es, weil der betreffende Verband nach selbstgesetzter Aufgabenstellung (Jugendwohlfahrtsverbände) oder Selbstverständnis (Kirchen) ein ernstzunehmendes Mitspracherecht geltend macht. Entscheidungsrelevant sind grundsätzlich alle Meinungen, Wertvorstellungen und Wirklichkeitsanschauungen, die sich mit der zur Entscheidung stehenden Frage ernsthaft beschäftigen. Sie alle sind

---

32 Die Kontroversen um die „pluralistische" Zusammensetzung der Rundfunkräte halten freilich an. Namentlich bezüglich derjenigen (neueren) Rundfunk- bzw. Verwaltungsräte, die einem starken staatlichen und parteipolitischen Einfluß unterliegen, mag man mit Recht die vom BVerfG unterstellte pluralistische Zusammensetzung bei gleichzeitiger Neutralisierung des staatlichen Einflusses (s. etwa BVerfGE 31, 311, 325 f.) bezweifeln. Kritisch dazu *Schmitt Glaeser*, Kabelkommunikation und Verfassung, S. 102 ff., insbes. S. 106 ff.; s. auch *Starck*, ZRP 1970, S. 217 ff.; ferner *Pestalozza*, ZRP 1979, S. 27.

33 *J. H. Kaiser*, Die Repräsentation organisierter Interessen, S. 357 und S. 222 f.

34 Ebd., S. 221.

von der Entscheidung „betroffen". Der damit angesprochene Kreis der „Betroffenen" ist weiter als der des individuell oder gar in subjektiven Rechten Betroffenen (vgl. § 42 Abs. 2 VwGO) aber er ist zugleich enger als der Kreis der allgemein Herrschaftsbetroffenen, da ein spezifisches Interesse für den konkreten Sachbereich gefordert wird.[35] Auch das Bundesverfassungsgericht legt in seiner Rechtsprechung zu den öffentlich-rechtlichen Berufsverbänden keinen engeren Begriff der mitwirkungsbefugten Betroffenen zugrunde, wenn es ausführt, daß der Grundgedanke ihrer Einbeziehung in die Setzung staatlichen Rechts darin zu sehen sei, „die in den gesellschaftlichen Gruppen lebendigen Kräfte in eigener Verantwortung zur Ordnung der sie *besonders berührenden* Angelegenheiten heranzuziehen und ihren Sachverstand für die Findung „richtigen" Rechts zu nutzen"[36].

Der ursprünglich auf den Bürger gemünzte Satz *R. v. Gneists:* „Daß er einen Beruf zur Theilnahme am Staat hat, folgt ja schon daraus, daß er ein Interesse dafür hat"[37], gewinnt unter den Bedingungen eines gruppenpluralistisch ausdifferenzierten Gemeinwesens eine neue Bedeutung im Hinblick auf die Einbeziehung von Verbänden in staatliche Verfahren.

3.2.3. Das Problem der Auswahl unter den Betroffenen

Auf der Grundlage dieses sehr weitgefaßten Begriffs der Betroffenheit lassen sich freilich nur im Sinne einer groben Vorabschichtung Aussagen zur konkreten Strukturierung von gruppenspezifisch rekrutierten Verwaltungsgremien treffen.

Vor allem um überhaupt handlungs- und diskussionsfähige Gremien zu erhalten, können sie nur aus einer beschränkten Anzahl von Beisitzern bestehen.[38]

---

[35] Ähnlich *Hartisch,* Verfassungsrechtliches Leistungsprinzip und Partizipationsverbot im Verwaltungsverfahren, S. 115 f.

[36] BVerfGE 33, 125 (159); anders als im Urteil zur Industrie- und Handelskammer (BVerfGE 15, 235) unterstellt das Bundesverfassungsgericht im Facharzt-Beschluß auch nicht mehr die „Objektivität" der Berufsverbände und ihre Verpflichtung auf ein interessenneutrales Gemeinwohl (s. etwa BVerfGE 15, 235, 241). Die Anführungszeichen bei dem Wort „richtig" bzgl. des Satzungsrechts autonomer Berufsverbände läßt eher eine Distanzierung gegenüber allen Vorstellungen objektiv-richtiger, interessenneutraler Entscheidungsfindung in diesem Bereich erkennen.

[37] *R. v. Gneist,* Die nationale Rechtsidee von den Ständen und das preußische Dreiklassenwahlrecht, S. 2.

[38] Im Interesse einer besseren Arbeitsfähigkeit des Gremiums wurde auch die im FFG 74 festgelegte Zahl von 33 Mitgliedern auf 23 reduziert. s. dazu die Begründung des Regierungsentwurfs zu § 6 FFG, BT-Drucksache, VIII/2108, S. 25.

Es muß daher eine Selektion unter den betroffenen Gruppen und Verbänden stattfinden. Auch pluralistische Organisationsstrukturen stehen unter dem „Vorbehalt des Möglichen".

Die Frage, nach welchen Kriterien sich eine solche Selektion vollziehen soll, ist weitgehend ungeklärt. Es ist in diesem Zusammenhang bezeichnend, daß das Bundesverfassungsgericht in seiner Judikatur zur gesellschaftlichen Rundfunkkontrolle pauschal ausführt, daß die landesgesetzlichen Bestimmungen hinsichtlich der Organe der Anstalten „eine weitgehende Beteiligung und Mitwirkung aller gesellschaftlich relevanten Kräfte gewährleisten sollen"[39], obwohl die damit angesprochenen Rundfunkgremien rechtlich und faktisch sehr unterschiedlich strukturiert sind.[40] Wohl nicht zu Unrecht macht *Ipsen*[41] für diese undifferenzierte Sicht weniger Mängel in der Verfassungsinterpretation als den allgemeinen Rückstand in der Bewältigung von organisations- und repräsentationstheoretischen Problemen verantwortlich.

In der Tat fehlt es weitgehend an Versuchen, Kriterien für die Strukturierung gruppenspezifisch rekrutierter Verwaltungsgremien zu entwickeln. Die zuweilen herausgegriffenen Gesichtspunkte wie „unmittelbare Betroffenheit"[42], „Gewichtigkeit im politischen Prozeß"[43] oder „demokratische Binnenstruktur"[44] eines Verbandes, wirken eher willkürlich und lassen sich zumindest nicht für alle Arten von Gremien gleichermaßen verwenden. Insbesondere kann man auch nicht davon ausgehen, daß es dem Gesetzgeber völlig freistehe, gruppenspezifisch rekrutierte Gremien beliebig zur „Systemsteuerung durch Dosierung von Gruppeneinfluß" einzusetzen, und damit den Einfluß der Gruppen beliebig zu gewichten.[45] Solche allgemeinen Aussagen verkennen, daß gleiche Teilnahmetechniken in verschiedenen Situationen sich verschieden auswirken[46] und lassen den funktionalen Zusammenhang zwischen Partizipation und wahrgenommener Aufgabe außer acht[47].

---

[39] BVerfGE 31, 314 (327 f.).

[40] s. dazu *H. P. Ipsen*, Mitbestimmung im Rundfunk, S. 41 ff.; *Jank*, Die Rundfunkanstalten, S. 24 ff.; *Schmitt Glaeser*, Kabelkommunikation und Verfassung, S. 107 f.; *Starck*, ZRP 1970, 218 f.; s. auch *Gönsch*, ZRP 1979, S. 91.

[41] *H. P. Ipsen*, Mitbestimmung im Rundfunk, S. 67, Fn. 108 und S. 68 m.w.N.

[42] *Kisker*, DöV 1972, S. 528; ähnlich *Menzel*, Legitimation staatlicher Herrschaft durch Partizipation Privater?, S. 93.

[43] *Menzel*, S. 93.

[44] *Lenz*, JZ 63, S. 349; *Menzel*, S. 93.

[45] So aber offenbar *Kisker*, DöV 1972, S. 528.

[46] *Schmitt Glaeser*, VVDStRL 31 (1973), S. 237.

[47] Ebd., S. 229: „Dagegen fordert die spezifische Sachbezogenheit eines Subsystems eine spezifische, darauf eingestellte Sachstruktur ..."; ebenso *Hartisch*, Verfassungsrechtliches Leistungsprinzip und Partizipationsverbot im Verwaltungsverfahren, S. 116.

3.2.4. Das Fehlen grundgesetzlich garantierter Mitspracheansprüche

Die Lösung des Auswahlproblems wird dadurch erschwert, daß das Grundgesetz selbst keine direkten Aussagen zu Mitwirkungspositionen und Entscheidungsansprüchen der intermediären Gewalten enthält.[48]

Ein begrenzter grundrechtlicher Schutz von Beteiligungsrechten wird allenfalls für die Gewerkschaften (Art. 9 Abs. 3 GG) diskutiert und auch hier nur für den Bereich spezieller Arbeitnehmerinteressen.[49] Soweit Gewerkschaften sich Interessen annehmen, die sich nicht auf die Stellung des Einzelnen im Arbeitsbereich beziehen, so etwa im Bereich der Kulturpolitik, unterfallen sie jedoch eindeutig nicht dem Funktionsschutz des Art. 9 Abs. 3 GG.[50]

Auch den Kirchen steht — trotz ihrer korporativen Statusrechte (Art. 140 GG i. V. m. Art. 137 WRV), kein besonderes Repräsentationsanrecht zu. Vor allem Art. 3 Abs. 3 GG verbietet es hier der staatlichen Gewalt, den Kirchen besondere Repräsentationsberechtigungen gegenüber den anderen Verbandsmächten einzuräumen.[51]

3.2.5. Das Gleichbehandlungsgebot des Art. 3 Abs. 1 GG als Selektionskriterium

Mangels anderweitiger rechtlicher Differenzierungskriterien für den Auswahlmodus wird häufig auf den allgemeinen Gleichheitssatz (Art. 3 Abs. 1 GG) zurückgegriffen.[52]

Der Grundsatz unparteiischer, sachlicher Verwaltungsführung, der sonst über Art. 3 Abs. 1 GG das materielle Verwaltungsrecht, namentlich im Bereich der Ermessensausübung regiert,[53] wird hier zum organisatorischen Gebot einer sachgerechten Zusammensetzung, die keine Gruppe sachwidrig bevorzugt oder benachteiligt und eine umfassende Berücksichtigung der relevanten Wertungsgesichtspunkte gewährleistet.

Freilich impliziert das Abstellen auf den Gleichheitssatz und das Verbot sachwidriger Differenzierung einen sehr weiten Entscheidungsspielraum bei der Auswahl der mitspracheberechtigten Gruppen. Wie

[48] So zu Recht *Lenz*, JZ 1963, S. 347.

[49] s. dazu: *Däubler / Hege*, Koalitionsfreiheit, S. 123 f. m. w. N.; ablehnend: *Gießen*, Die Gewerkschaften im Prozeß der Volks- und Staatswillensbildung, S. 166.

[50] So etwa *Däubler / Hege*, Koalitionsfreiheit, S. 124.

[51] s. dazu *Lenz*, JZ 1963, S. 348 m. w. N.

[52] *Bethge*, Die verfassungsrechtliche Problematik der Zulassung von Rundfunkveranstaltern des Privatrechts, S. 76; *Kisker*, DöV 1972, S. 528; *Menzel*, Legitimation staatlicher Herrschaft durch Partizipation Privater?, S. 92.

[53] Dazu *Wolff-Bachof*, Verwaltungsrecht I, § 30 I b 2 m. w. N. — zum Ermessensbereich, ebd., § 31 II d 2.

das Bundesverfassungsgericht in ständiger Rechtsprechung ausführt[54], fordert der Gleichheitssatz nicht, „daß der Gesetzgeber die Einzelnen und ihre relevanten gesellschaftlichen Gruppen unbedingt gleichmäßig behandelt; er läßt Differenzierungen zu, die durch sachliche Erwägungen gerechtfertigt sind. Ob und in welchem Ausmaß der Gleichheitssatz bei der Ordnung bestimmter Materien dem Gesetzgeber Differenzierungen erlaubt, richtet sich nach der Natur des jeweils in Frage stehenden Sachbereichs“[55].

Umso sorgfältiger muß daher bei der Frage nach der „sachgerechten“ Differenzierung unter den betroffenen Gruppen und Verbänden die oben dargestellte Funktion der Gremien, nämlich kooperative Wahrheitssuche auf breiter Diskussions- und Abstimmungsbasis, im Auge behalten werden.

3.2.5.1. Mit dieser Funktion unvereinbar ist es etwa, auf die Größe eines Verbandes, sein politisches Gewicht oder gar auf die Zahl der in ihm organisierten Gruppenmitglieder abzustellen. Auch ein in diesem Sinne nicht „repräsentativer“ Verband kann im Diskussions- und Abstimmungsprozeß Interessen und Wertvorstellungen repräsentieren.

Anders als die Rundfunkorganisationen, die gewissermaßen als „Spiegelbild“ der faktisch vorhandenen Gewichtungen im öffentlichen Meinungsbildungsprozeß fungieren sollen, um die vorhandene „Wettbewerbslage“ bei der öffentlichen Meinungsbildung nicht zu verzerren und daher auch faktische Bedeutung und gesellschaftlichen Einfluß der Verbände bei Vergabe der Stimmrechte berücksichtigen dürfen, widerspräche eine vorrangige Berücksichtigung der „mächtigen“ Verbände den Bedingungen rationaler Diskussion. Freilich müssen diese *auch* berücksichtigt werden, da sie ebenfalls einen Aspekt des zu betreuenden Gesamtinteresses repräsentieren.

3.2.5.2. Unzulässig wäre es auch, darauf abzustellen, ob der Verband „echte Betroffeneninteressen“ im Sinne von (egoistischen) Mitgliederinteressen geltend macht, oder ob er sich „nur“ zum Sachwalter fremder, allgemeiner bzw. altruistischer Interessen macht. Soweit Verbände sich faktisch solcher Interessen annehmen — so etwa die Wohlfahrtsverbände — müssen sie grundsätzlich als kompetent angesehen werden, sie in pluralistischen Wertermittlung- und Wertverwirklichungsverfahren[56] zu repräsentieren[57].

---

[54] BVerfGE 6, 84 (91); E 32, 157 (167); E 40, 296 (317).

[55] BVerfGE 6, 84 (91).

[56] Begriffe von *H. P. Ipsen*, Mitbestimmung im Rundfunk, S. 68.

[57] Zu Recht weist *Faber*, Die Verbandsklage im Verwaltungsprozeß, S. 40 ff. darauf hin, daß selbst im Rahmen der Verbandsklagediskussion die Disqualifizierung von Verbänden, die sich eines Dritt- oder Allgemeininteresses

3.2.5.3. Problematisch ist auch das scheinbar unverfängliche Differenzierungskriterium der „innerverbandlichen Demokratie“ für die Zuerkennung von Mitwirkungsbefugnissen.[58] Zum einen bleibt unklar, was damit überhaupt gemeint ist. Sollte damit auf basisdemokratische Strukturen abgezielt werden, in denen jede Angelegenheit ad hoc und durch die Mitgliederversammlung entschieden wird, dann dürften zumindest Schwierigkeiten bestehen, dieses Modell auf die zunehmend bürokratischen Strukturen verbandlicher Großorganisationen zu übertragen.[59]

Sollte es sich aber dabei um differenziertere, auf die unterschiedlichen Verbandsstrukturen und Funktionen abstellende Demokratisierungsstrategien handeln[60], dann wird man daraus schwerlich ein handhabbares Differenzierungskriterium ableiten können. Die politischen Diskussionen und wissenschaftlichen Erörterungen, die vor allem im Rahmen der Überlegungen zu einem Verbändegesetz geführt wurden, illustrieren anschaulich die hier angelegten Probleme.[61]

Zudem werden gerade in den hier untersuchten Bereichen Werthaltungen, Interessen und Selbstverständnisse von Organisationen geprägt und vermittelt, die — wie etwa Kirchen und konfessionell gebundene Wohlfahrtsverbände — nicht demokratisch strukturiert sind.[62] Gleichwohl tragen sie mit zur Pluralität und Komplexität des sozialen Bereichs bei und setzen damit wesentliche Akzente in der öffentlichen

---

annehmen, keineswegs so selbstverständlich ist, wie gemeinhin angenommen wird. Solange aber insbesondere die Rechtsprechung die Existenz von Gruppeninteressen im Rahmen der Verbandsklage ignoriert, ja selbst die Interessen von Mitgliedern, um derentwillen ein Verband gegründet wurde, nicht als „eigene“ Interessen des Verbandes akzeptiert (s. dazu etwa die bei *Krüger*, Allgemeine Staatslehre, S. 398, Fn. 69 zitierte Rechtsprechung), wird man aus der Verbandsklagediskussion kaum Impulse für die Bewältigung von Strukturierungsproblemen gruppenpluralistischer Entscheidungsprozesse erwarten können.

[58] So etwa *Gießen*, Die Gewerkschaften im Prozeß der Volks- und Staatswillensbildung, S. 159; *Föhr*, NJW 1975, S. 620 f.; *Menzel*, Legitimation staatlicher Herrschaft durch Partizipation Privater?, S. 93; *Lenz*, JZ 1963, S. 349 für die Rundfunkräte.

[59] Dazu *Teubner*, Organisationsdemokratie und Verbandsverfassung, S. 30 ff., insbes. S. 41 ff.; s. auch *Gusy*, Vom Verbändestaat zum Neokorporatismus?, S. 65 f.

[60] Darum bemüht sich vor allem *Teubner*, Organisationsdemokratie und Verbandsverfassung, durch eine Verknüpfung organisationssoziologischer, demokratietheoretischer Ansätze mit Verbandsrechtsdogmatik.

[61] s. dazu etwa *v. Alemann*, Liberaler Korporatismus?, S. 118 ff.; *Offe*, Die Institutionalisierung des Verbandseinflusses — eine ordnungspolitische Zwickmühle, S. 72 ff.; s. im übrigen auch die übrigen Beiträge in dem Sammelband, Verbände und Staat, hrsg. v. *v. Alemann* und *Heinze;* ferner *Kübler*, JZ 1978, S. 773 ff. (gleichzeitig Rezension zu *Teubner*, Organisationsdemokratie und Verbandsverfassung).

[62] s. oben, Teil 3.1.3.

Diskussion sozialer und ethischer Fragen. Sie können daher nicht mit Hinweis auf ihre mangelnde demokratische Organisationsstruktur aus dem Kreis der Mitspracheberechtigten ausgeschieden werden.

3.2.6. „Sachnähe" als notwendiges, aber nicht hinreichendes Auswahlkriterium

Über das Kriterium der Sachnähe der jeweils wahrgenommenen verbandlichen Funktionen zum Bereich der jeweiligen staatlichen Aufgabe hinaus werden sich kaum „sachgemäße" Differenzierungskriterien im Sinne des Art. 3 Abs. 1 GG finden lassen.[63] Freilich läßt sich aber die Frage der Strukturierung pluralistischer Verwaltungsgremien, namentlich des Selektionsmodus unter gleichberechtigten Mitsprache„ansprüchen" nicht erschöpfend über Art. 3 Abs. 1 GG behandeln. Dies folgt schon daraus, daß auf dieser Grundlage u. U. zu vielen Gruppen mit annähernd gleichgroßer Affinität zum Sachbereich Mitwirkungsrechte eingeräumt werden müßten. Ferner kann die Problematik der Gewichtung von Interessen und (weltanschaulichen etc.) Richtungen in einem Gremium nicht über das Kriterium der Sachgerechtigkeit gelöst werden. Und schließlich ist zu berücksichtigen, daß spezifische Grundrechtsbelange eine besondere „ungleiche" Gewichtung der Entscheidungsteilhabe erfordern können, sie können aber auch Ungleichgewichtung verbieten.[64]

Die damit angesprochenen Fragen müssen jedoch dem verfassungsrechtlichen Teil der Arbeit vorbehalten bleiben, da es hierzu eines intensiveren Eingehens auf das Wesen der Grundrechte, insbesondere aber ihrer Funktion im Bereich sozial-kultureller Aufgabenwahrnehmung durch den Staat bedarf.

---

[63] Darauf stellt zu Recht auch *Gießen*, Die Gewerkschaften im Prozeß der Volks- und Staatswillensbildung, S. 159 f. ab; s. auch *Schmitt Glaeser*, VVDStRL 31 (1973), S. 238, der den personellen Einzugsbereich von Partizipationsverfahren neben der Betroffenheit vor allem an dem vorhandenen Interesse für das Problem, dem intellektuellen Niveau, Erfahrung und Sachverstand ausrichtet; s. auch *Menzel*, Legitimation staatlicher Herrschaft durch Partizipation Privater?, S. 93.

[64] *Schmitt Glaeser*, VVDStRL 31 (1973), S. 230 f.

4. Pluralistische Entscheidungsgremien im Verwaltungssystem

4.1. Pluralistische Entscheidungsgremien und der Begriff der politischen Selbstverwaltung

Die — freilich oft nur wenig präzisierte — Vorstellung von der „Repräsentation“ der Gesellschaft im Staat, auch im Bereich der Wahrnehmung einzelner Staatsaufgaben, ist Bestandteil des Begriffs der „politischen“ oder auch „organschaftlichen“ Selbstverwaltung durch unbesoldete, ehrenamtlich tätige Personen aus der Bevölkerung.[1] Der Gedanke liegt nahe, auch in den hier behandelten Gremien eine Form politischer Selbstverwaltung zu sehen.

Ursprünglich als Gegengewicht gegen das den Obrigkeitsstaat repräsentierende Berufsbeamtentum gedacht *(v. Gneist, Frhr. vom Stein)*[2] und von der Einsicht getragen, daß „ein gesundes Staatswesen der geistigen und sittlichen Kräfte des Individuums ebenso bedarf wie seiner Steuern“[3], können diese mit der politischen Selbstverwaltung verbundenen Vorstellungen aber nicht mehr ohne weiteres auf heutige Verhältnisse übertragen werden. *Wolff / Bachof* konstatieren daher zu Recht einen „Gestaltwandel“ der bürgerschaftlichen Selbstverwaltung[4], der sich rein äußerlich bereits darin ausdrückt, daß der Begriff der „Partizipation“ den der gesellschaftlichen Selbstverwaltung weitgehend verdrängt hat.[5]

4.1.1. Diesem Gestaltwandel liegen gesellschaftliche und staatliche Umwandlungsprozesse zugrunde. Zum einen rechtfertigt die sich seit Jahrzehnten abzeichnende „Osmose“ von Staat und Gesellschaft *(Forsthoff)* nicht mehr ohne weiteres die Vorstellung einer gegenüber dem Staat zu repräsentierenden Gesellschaft und eines damit unterstellten

---

1 Zum Begriff: *Wolff / Bachof*, Verwaltungsrecht, Bd. II, § 84 IV a.

2 Zu den Gemeinsamkeiten und Unterschieden in der Selbstverwaltungskonzeption *v. Gneists* und *vom Steins* s. *Schmidt-Eichstaedt*, Die Verwaltung, 1975 (8), S. 358 f.; s. dazu auch *Salzwedel*, VVDStRL 22 (1965), S. 228 ff.

3 *R. v. Gneist*, Die heutige englische Communalverfassung und Communalverwaltung, S. 872.

4 *Wolff / Bachof*, Verwaltungsrecht, Bd. II, § 84 IV a.

5 Zu Recht weist *Schmitt Glaeser*, VVDStRL 31 (1973), S. 280 darauf hin, daß die Partizipation eine Art Aufwärmung der Idee von der bürgerschaftlichen „politischen“ Selbstverwaltung darstellt.

prinzipiellen Gegensatzes der beiden Interessensphären. Insbesondere wurde die historische, der Idee der bürgerschaftlichen Selbstverwaltung zugrundeliegende Spannung zwischen Bürgertum und Beamtenstaat mit Ende des 1. Weltkrieges überwunden.[6] Überbrückt werden jene Gegensätze heute vor allem durch die Integrationsfunktion des demokratisch zustandegekommenen Gesetzes und die in ihm verkörperten Gemeinwohlvorstellungen[7], denen auch die parlamentarisch verantwortliche Verwaltung verpflichtet ist.

Eine umfassende (Interessen-)Identität von Staat und Gesellschaft wird man gleichwohl nicht annehmen können, so sehr es auch die „freiheitsschaffende und freiheitsgewährende Bedeutung des Rechts und des Gesetzgebers“[8] zu unterstreichen gilt. Zu Recht wird darauf hingewiesen[9], daß sich im modernen Staat die Subjekte und Formen von Fremdbestimmung und -verwaltung zwar gewandelt haben, dieses Phänomen selbst gleichwohl fortbesteht. Die Existenz zweier voneinander zu unterscheidender Wirkeinheiten und Interessensphären wird zudem ja kaum deutlicher als gerade in den verschiedenen Formen der Beteiligung von Bürgergruppen und Verbänden an staatlichen Entscheidungsprozessen. In dem sich darin dokumentierenden Bedürfnis nach einer institutionalisierten Vermittlung beider Systeme[10] wird die Heterogenität und partielle Interessendivergenz gerade vorausgesetzt und durch pluralistische Korrekturen dem staatlichen Integrationsmonopol entgegengewirkt. Wo Staat und Gesellschaft als identisch begriffen werden, bedarf es solcher vermittelnder Strukturen nicht, ja es entfällt jedwede Beschränkung staatlicher Funktionen, ohne die Freiheit nicht wirklich werden kann.[11]

4.1.2. Deutlicher manifestiert sich der Gestaltwandel bürgerschaftlicher Selbstverwaltung freilich darin, daß der einzelne, „angesehene

---

[6] *U. K. Preuß,* Zum staatsrechtlichen Begriff des Öffentlichen, S. 202.

[7] s. dazu vor allem *Häberle,* Wesensgehaltgarantie, S. 180 ff. und passim.

[8] Ebd., S. 152.

[9] *U. K. Preuß,* Zum staatsrechtlichen Begriff des Öffentlichen, S. 202.

[10] *Schmitt Glaeser,* VVDStRL 31 (1973), S. 237.

[11] s. zu diesem Fragenkomplex vor allem *Hesse,* DöV 1975, S. 437 ff., insbesondere S. 439 ff. *Hesse* weist richtig darauf hin, daß freilich aus der Feststellung der Nichtidentität von Staat und Gesellschaft keineswegs all diejenigen Implikationen folgen, die herkömmlich damit verknüpft werden (ebd., S. 440). Insbesondere trägt diese Vorstellung nur zum Teil die damit verbundenen Hoffnungen auf die Sicherung realer Freiheit (ebd., S. 440 ff.) und sie bedarf im Hinblick darauf allemal der Ergänzung. — s. zum Problem auch *Luhmann,* Grundrechte als Institution, S. 99, der zutreffend darauf hinweist, daß die zunehmende wechselseitige Interdependenz von Staat und Gesellschaft nicht die Überlebtheit ihrer Unterscheidung beweist, sondern gerade ihre Verfestigung in Form von miteinander kommunizierenden Systemen.

Bürger" in einer pluralistisch aufgefächerten Gesellschaft nicht mehr als „repräsentativ" angesehen werden kann.

In einer Zeit, als das Hauptinteresse des Bürgertums auf die Übernahme der politischen Macht im Staate gerichtet war, mag die darin implizierte Vorstellung einer Interessenhomogenität ihre Berechtigung gehabt haben, da dieses Hauptinteresse alle anderen Anliegen zurücktreten ließ. Und auf dem Hintergrund dieses gemeinsamen Hauptinteresses repräsentierte der angesehene, erfahrene Bürger in der monarchisch-obrigkeitlichen Verwaltung durchaus das Interesse der Bürgerschaft, wenn auch nicht unbedingt das Volk.[12]

Die mit der Industrialisierung einhergehende Zerschlagung der ständischen Herrschafts- und Wirtschaftsverfassung im frühen 19. Jahrhundert, und die dadurch bedingten Interessengegensätze zwischen den verschiedenen Produktionszweigen, sowie zwischen aufstrebendem Bürgertum auf der einen und dem Industrie- und Landarbeiterproletariat auf der anderen Seite, brachten die ersten Vereinigungen zur Verteidigung bestimmter Produzenteninteressen, vor allem aber auch die ersten Organisationen der Arbeiterbewegung hervor.[13]

Die entstehenden Interessengruppen und Verbände wurden damit zu einem wesentlichen Ausdruck der politisch-ökonomischen Strukturverhältnisse moderner Industriegesellschaften.[14]

Mit der Zunahme staatlicher Eingriffe in den Produktions- und Distributionsbereich sind ihre Funktionen als wichtigste Instanzen der Interessenaggregation und -selektion[15] und damit ihr Einfluß ständig gewachsen. Sie sind damit — auch über diese unmittelbaren Funktionen hinaus — wichtige Vermittlungsinstanzen zwischen politischem System und gesellschaftlichen Bedürfnissen geworden[16] und in dieser Funktion wesentliche Bedingung staatsbürgerlicher Freiheit.[17]

Mit dem Bedeutungsgewinn der Verbände und Interessenorganisationen schwand aber auch die Interessenhomogenität der bürgerlichen

[12] Die breite Masse der Bevölkerung war im liberalen Modell ja weitgehend von der Artikulation ihrer Interessen ausgeschlossen. Ob sie sich gleichwohl vom Bürgertum mitrepräsentiert fühlte, erscheint zweifelhaft. Die Duldung dieses universalen Repräsentationsanspruches des Bürgertums dürfte eher darauf beruht haben, daß man sich der eigenen Interessenlage noch nicht bewußt war und es an Organen und Organisationen der Interessenartikulation fehlte. s. dazu etwa *M. Drath*, Die Entwicklung der Volksrepräsentation, S. 307 ff.

[13] s. dazu *J. Weber*, Interessengruppen im politischen System, S. 59 f.

[14] Dazu ausführlich *Schulz*, PVS 1961 (2), S. 124 ff.; *Nipperdey*, PVS 1961 (2), S. 262 ff.

[15] *Steinberg*, PVS 1973 (14), S. 30.

[16] *Teubner*, Organisationsdemokratie und Verbandsverfassung, S. 58.

[17] Dazu vor allem *Steinberg*, PVS 1973 (14), S. 43 ff.; s. auch *Fraenkel*, Der Pluralismus als Strukturelement, S. 7 ff.

Gesellschaft, sofern diese überhaupt jemals real existierte.[18] Die vermeintliche — oder wirkliche — öffentliche Meinung zerfiel in Teilmeinungen[19], die von einer Vielzahl konkurrierender Gruppen getragen werden. Diese bilden — neben anderen sozialen Kreisen wie Familie und Berufswelt — das Koordinatensystem, in dem der Einzelne sich orientiert.[20] Der einzelne Bürger kann daher nicht mehr als Repräsentant der sich in vielfältigen und unterschiedlichen Interessengruppen organisierenden oder sich mit ihnen auch nur identifizierenden Bürger in der Verwaltung fungieren. Er bedarf hierzu regelmäßig der Vermittlung über seine Gruppen-, Verbands- oder Parteizugehörigkeit.

4.2. Pluralistische Entscheidungsgremien als Selbstverwaltung im Rechtssinn

Gremien der hier behandelten Art stellen eine Form der Selbstverwaltung im Rechtssinne — für die Jugendwohlfahrtsausschüsse gilt das freilich nur mit Einschränkung — dar, sofern man darunter die „selbständige, fachweisungsfreie Wahrnehmung enumerativ oder global überlassener oder zugewiesener öffentlicher Angelegenheiten durch unterstaatliche Träger oder Subjekte öffentlicher Verwaltung in eigenem Namen“ versteht[21].

Auch nichtrechtsfähige Einheiten wie die Bundesprüfstelle können diesem Begriff der Selbstverwaltung unterfallen, sofern sie eine gewisse eigenverantwortliche Stellung gegenüber ihrem Träger innehaben und zu eigenständiger Willensbildung fähig sind.[22]

4.2.1. Zur Zuordnung des Jugendwohlfahrtsausschusses zum Selbstverwaltungsbegriff

Der Jugendwohlfahrtsausschuß wird herkömmlich nicht als Selbstverwaltung im Rechtssinne betrachtet, obwohl er ein selbständiges, für das Jugendamt verbindliches Entscheidungsrecht in Angelegenheiten der Jugendhilfe besitzt[23] und allgemein im Hinblick auf Zusammensetzung und Beschlußfassungsrechte auch nicht als parlamentarischer, der

---

[18] s. oben, Teil 4.1.2., Fußnote 12.

[19] *M. Drath*, Die Entwicklung der Volksrepräsentation, S. 306.

[20] *Steinberg*, PVS 1973 (14), S. 14 m. w. N.

[21] *Wolff / Bachof*, § 84 IV b; *H. H. Klein*, Demokratie und Selbstverwaltung, S. 174.

[22] *Wolff / Bachof*, § 84 IV b 3; kritisch zur bisweilen anzutreffenden Begrenzung des Bereichs mittelbarer Staatsverwaltung auf die Tätigkeit der „rechtsfähigen“ Verwaltungseinheiten vor allem *Bachof*, AöR 83 (1958), S. 232; ebenso *Fichtmüller*, AöR 91 (1966), S. 337.

[23] *Haarmann*, DVBl. 1955, S. 346.

Gemeindeordnung unterfallender Ausschuß des Kommunalparlaments betrachtet wird[24]. Durch die Befugnis der Vertretungskörperschaft, Beschlüsse des Jugendwohlfahrtsausschusses aufzuheben und durch eigene zu ersetzen[25], ist seine Eigenständigkeit freilich formal stark beeinträchtigt. Ihr Umfang beschränkt sich praktisch auf das, was aus dem Gesetz des Eigengewichts einer jeden Funktionseinheit folgt.

Gleichwohl enthält der Jugendwohlfahrtsausschuß organisatorische Elemente, die dafür sprechen, in ihm ein — wenngleich atypisches — selbstverwaltungsrechtliches Organisationsmodell zu sehen.[26] Dies gilt hinsichtlich der mit der Schaffung des Jugendwohlfahrtsausschusses intendierten Ausgliederung von Angelegenheiten der Jugendhilfe aus der allgemeinen (Gemeinde)-Verwaltung ebenso wie hinsichtlich der durch die besondere Zusammensetzung bewirkte und auch intendierte „heteronome Lenkung" der Jugendhilfe.

Ungeklärt ist freilich das Verhältnis des Jugendwohlfahrtsausschusses als spezielle, sachbezogene Organisationsform von Selbstverwaltung zur kommunalen Selbstverwaltung (Art. 28 Abs. 2 GG).

Eine adäquate Lösung des Problems solcher konkurrierender Selbstverwaltungseinheiten im Kommunalbereich dürfte sicherlich nicht darin liegen, den Schutzbereich der kommunalen Selbstverwaltung auch auf den Schutz vor Entkommunalisierung durch nichtstaatliche Funktionsträger auszudehnen.[27] Denn die Übertragung von Aufgaben auf nichtstaatliche Funktionsträger dient ja ebenso wie die kommunale Selbstverwaltung der „Aktivierung der Beteiligten für ihre eigenen Angelegenheiten"[28] und als Gegengewicht gegen staatlichen Zentralismus.

Ein absoluter Vorrang der gebietsbezogenen, kommunalen Selbstverwaltung gegenüber sach- und aufgabenbezogenen dezentralen Funktionseinheiten dürfte — gerade auch um der genannten Zielwerte der kommunalen Selbstverwaltung willen — umso weniger gerechtfertigt sein, als die Gemeinden, vor allem über die am Staatsganzen orientierten Parteien[29], aber auch durch die faktisch zu konstatierende Substanzminderung der kommunalen Selbstverwaltungsgarantie durch gesamtstaatliche Zentralisierungstendenzen[30], immer stärker der Vorstel-

[24] Ebd., S. 346; „Kommunalausschuß mit bundesrechtlich bestimmten Besonderheiten", 3. Jugendbericht, BT-Drucksache VI/3170, S. 56.

[25] Ebd., S. 57.

[26] *Lerche*, Verfassungsfragen um Sozialhilfe und Jugendwohlfahrt, S. 123, der sogar von einem typisch selbstverwaltungsrechtlichen Organisationsmodell spricht.

[27] In diesem Sinne etwa *Lerche*, S. 112 bezüglich des Vorrangs der freien Träger im Bereich der Jugendhilfe.

[28] BVerfGE 11, 266 (275); *Burmeister*, Verfassungstheoretische Neukonzeption der kommunalen Selbstverwaltungsgarantie, S. 1 ff.

[29] BVerfGE 11, 266 (276).

lung staatsfreier, eigenverantwortlicher, autonomer Funktionsbereiche entraten[31].

Es kann daher auch hier nur darum gehen, die einzelnen „selbstverwalteten Freiheitsbereiche" einander im Sinne praktischer Konkordanz zuzuordnen[32], um auf diese Weise eine optimale Verwirklichung der Organisation „öffentlicher Freiheit"[33] zu schaffen.[34]

4.2.2. Zum Problem der materiellen Bestimmung des Selbstverwaltungsbegriffs

Der hier zugrundegelegte Begriff der Selbstverwaltung hat lediglich organisationsrechtliche Relevanz und bedeutet damit nur die zumindest fachweisungsfreie Wahrnehmung eigener Angelegenheiten, wobei „eigene" Angelegenheiten nur diejenigen Angelegenheiten bezeichnet, um deren Wahrnehmung willen der Verwaltungsträger gebildet worden ist.[35] Dieser reduzierte Begriff der Selbstverwaltung im Rechtssinn ist gewissermaßen der kleinste gemeinsame Nenner für alle differenzierteren Vorstellungen und Erscheinungsformen von Selbstverwaltung.

Isensee[36] stellt dabei zu Recht fest, daß der Begriff der Selbstverwaltung im Verwaltungs- und Verfassungsrecht noch keine eindeutigen Konturen gewonnen hat. Der Begriff wird in einer sehr weiten, auch hier verwandten Bedeutung, gebraucht zur Kennzeichnung des Bereichs mittelbarer Staatsverwaltung. In einem engeren Sinn spricht man von gesellschaftlicher[37], körperschaftlicher und organschaftlicher Selbstverwaltung.

Es soll hier nicht zu den einzelnen, z. T. voneinander abweichenden Begriffsbildungen Stellung genommen werden, insbesondere soll auch nicht der Versuch gemacht werden, einen engeren, durch eine mate-

[30] *Burmeister*, Verfassungstheoretische Neukonzeption der kommunalen Selbstverwaltungsgarantie, S. 6.

[31] Ebd., S. 6 ff.; S. 19 ff.

[32] In diesem Sinne *Rinken*, Das Öffentliche als verfassungstheoretisches Problem, S. 295 f.

[33] Ebd., S. 298.

[34] Die Garantie der gemeindlichen Selbstverwaltung wird dabei um so weniger der Institutionalisierung sachbezogener Selbstverwaltungseinheiten entgegenstehen, je mehr man von der Vorstellung eines außerhalb der Staatsverwaltung stehenden oder innerhalb der Staatsverwaltung abschichtbaren Bereichs ureigenster kommunaler Selbstverwaltungsaufgaben abrückt — so etwa *Burmeister*, Verfassungstheoretische Neukonzeption der kommunalen Selbstverwaltungsgarantie, S. 99 ff.; speziell zum kulturellen Pluralismus „in der Stadt", *Häberle*, Kulturpolitik in der Stadt, S. 5 f. und passim.

[35] *Wolff / Bachof*, Verwaltungsrecht II, § 84 IV b.

[36] Subsidiaritätsprinzip, S. 101 m. w. N.

[37] *Salzwedel*, VVDStRL 22 (1965), S. 223.

rielle Bestimmung der „eigenen Aufgaben" präzisierten Begriff der rechtlichen Selbstverwaltung zu bilden. Dies erscheint weder möglich noch erforderlich.

Insbesondere läßt sich der Begriff der „eigenen" Aufgabe nicht auf der Grundlage einer Gegenüberstellung eines genuin-staatlichen auf der einen und genuin-nichtstaatlichen, möglicherweise sogar vorstaatlichen Bestandes von Aufgaben auf der anderen Seite bestimmen.[38] Art und Umfang staatlicher Aufgaben liegen nicht unveränderlich fest.[39] Staatliche Aufgaben sind solche, die der Staat unter Berücksichtigung der geltenden Verfassungsordnung für sich reklamiert.[40] Prinzipiell kann der Staat — und er macht von dieser Kompetenzkompetenz in immer größerem Umfang Gebrauch — jede Aufgabe in eigene Regie übernehmen, sofern und soweit ihn die Verfassung, namentlich die Grundrechte, nicht daran hindern.

Eine materielle Umschreibung der „eigenen Aufgabe" würde den rechtlichen Aussagegehalt des Selbstverwaltungsbegriffs auch nicht über seine Deutung als bloßes Organisationsprinzip hinaus erweitern. Denn weder ergibt sich aus dem Gesichtspunkt der Affinität zu einem bestimmten Sachbereich allein ein Anspruch auf Selbstverwaltung[41] noch begründet der Gesichtspunkt der Wahrnehmung materiell eigener Angelegenheiten für sich gesehen eine besondere, möglicherweise sogar „demokratische" Entscheidungslegitimation.[42] Das Grundgesetz kennt außer der in Art. 28 Abs. 2 GG normierten Gewährleistung eines autonomen kommunalen Wirkungsbereichs[43] kein Strukturprinzip „Selbstverwaltung" oder „Autonomie"[44], das die Rechtsmacht zur Verwaltung „eigener" Angelegenheiten einräumte. Eine inhaltlich-gegenständliche Fixierung der Selbstverwaltungsangelegenheiten wäre folglich auch gar nicht geeignet, eine eigene Legitimation für die Regelung bestimmter Materien zu bilden.[45]

---

[38] Ablehnend etwa für den Bereich der Wirtschaftsverwaltung *Brohm*, Strukturen der Wirtschaftsverwaltung, S. 250.

[39] *Martens*, Öffentlich als Rechtsbegriff, S. 131.

[40] *Ossenbühl*, VVDStRL 29 (1971), S. 137 ff., S. 153 m. w. N.; *Krüger*, Allgemeine Staatslehre, S. 760 ff., „General- und Blankovollmacht".

[41] So zu Recht *H. H. Klein*, Demokratie und Selbstverwaltung, S. 173; dies gilt grundsätzlich auch im Falle echter Grundrechtsbetroffenheit: s. dazu Sondervotum in BVerfGE 35, 148 (153).

[42] *Schmitt Glaeser*, VVDStRL 31 (1973), S. 216 ff.; zu undifferenziert insoweit *U. K. Preuß*, Zum staatsrechtlichen Begriff des Öffentlichen, S. 201 ff.

[43] Selbst im Bereich der kommunalen Selbstverwaltung wird die Vorstellung eines von der staatlichen Verwaltung separierbaren, eigenständigen Aufgabenkreises mit Selbstregelungskompetenzen kritisch betrachtet: s. dazu etwa *Burmeister*, Verfassungstheoretische Neukonzeption der kommunalen Selbstverwaltungsgarantie, S. 6 ff. und passim.

[44] Unklar insoweit die Ausführungen in BVerfGE 33, 125 (157 ff.); kritisch dazu *Häberle*, DVBl. 1972, S. 909.

[45] Wie hier auch *Brohm*, Strukturen der Wirtschaftsverwaltung, S. 252.

Auch die Aufgabenwahrnehmung durch „Betroffene" im Rahmen dezentralisierter Verwaltungseinheiten muß vom Staat verantwortet werden.[46] Die Verleihung von Autonomie in den hier untersuchten Bereichen kann ihre innere Rechtfertigung daher nur unter Rückgriff auf die im Grundgesetz explizit genannten Prinzipien staatlicher Ordnung gewinnen[47], und diese sind konkret das Demokratie- und Rechtsstaatsprinzip, das Sozialstaatsprinzip, sowie die Grundrechte als negative Kompetenzbestimmungen[48] und positive Richtlinien staatlichen Handelns.

---

[46] *H. H. Klein,* Demokratie und Selbstverwaltung, S. 177 — damit ist freilich nicht ausgeschlossen, daß öffentlichrechtliche Körperschaften auch nichtstaatliche Aufgaben wahrnehmen. Dies gilt vor allem für die Interessenwahrnehmung durch öffentlichrechtliche Berufsverbände. s. dazu *Bull,* Die Staatsaufgaben nach dem Grundgesetz, S. 52. Soweit Einheiten mittelbarer Staatsverwaltung Hoheitskompetenzen wahrnehmen, sind sie jedoch der staatlichen Gewalt gleichgestellt.

[47] So auch *Bull,* Die Staatsaufgaben nach dem Grundgesetz, S. 116; *Martens,* Öffentlich als Rechtsbegriff, S. 98; *Scheuner,* Staatszielbestimmungen, S. 326.

[48] *Ehmke,* Wirtschaft und Verfassung, S. 30.

5. Pluralistische Verwaltungsgremien im Verfassungssystem

5.1. Entscheidungslegitimation und Verwaltung

5.1.1. Pluralistische Verwaltungsgremien und das Problem der ministerialfreien Verwaltung

Pluralistische Verwaltungsgremien mit Entscheidungsbefugnissen werden herkömmlich als Teilausschnitt des Problembereichs der ministerialfreien Verwaltung behandelt.[1] Problematisiert wird dabei vor allem die Frage, inwieweit eine Freistellung von der allgemeinen Weisungsgebundenheit staatlicher Stellen, insbesondere aber eine Freistellung von der Rechtsaufsicht, wie sie bei der Bundesprüfstelle und nach obigen Darlegungen auch bei den Gremien der Filmförderungsanstalt[2] vorgesehen ist, zulässig ist.

Verfassungsrechtliche Zweifel gegen die Weisungsfreiheit der Bundesprüfstelle und ähnlicher Gremien werden vor allem im älteren Schrifttum vorgetragen, wo man auf einer ausnahmslosen Einhaltung des Prinzips der über die Ministerialbürokratie vermittelten parlamentarischen Verwaltungskontrolle insistiert.[3] Dabei ist die Vorstellung leitend, daß nur eine streng hierarchisch gegliederte Verwaltungsorganisation mit einer parlamentarisch verantwortlichen Verwaltungsspitze der demokratischen Staatsform gerecht werde, da nur auf diese Weise der Wille des demokratischen Gesetzgebers überall zur Geltung komme.[4] Die Legitimität des Verwaltungshandelns wird nach dieser Vorstellung ausschließlich über dessen Legalität vermittelt. Die Frage,

---

[1] s. etwa *Fichtmüller*, AöR 91 (1966), S. 334 ff.; *E. Klein*, Die verfassungsrechtliche Problematik des ministerialfreien Raumes, S. 214 f.

[2] Teil 1.3.3.

[3] *Loening*, DVBl. 1954, S. 179 f.; *E. Klein*, S. 214 f.; Bedenken im Hinblick auf das Demokratieprinzip äußert auch *Papier*, DVBl. 1975, S. 463.

[4] In der Prärogative der Parlamente wird der Kern demokratischer Legitimation aller staatlichen Handlungsbefugnisse gesehen. Durch sie wird über Gesetzesbindung einerseits und Aufsichtsrechte andererseits die demokratische Legitimation aller anderen Staatsorgane vermittelt, s. dazu etwa *Kriele*, VVDStRL 29 (1971), S. 63; s. dazu auch *Oberndorfer*, DöV 1972, S. 530 ff., der die Wurzeln dieser Auffassung im Rechtspositivismus Kelsens und Merkls sieht.

inwieweit Rechtsnormen und Aufsichtsrechte des Parlaments das Verwaltungshandeln überhaupt de facto vorstrukturieren können, wird nicht gestellt.[5] In einem solchen geschlossenen Entscheidungs- und Kontrollsystem muß notwendig jede Freistellung der Verwaltung von ministerieller Kontrolle und damit parlamentarischer Verantwortlichkeit als systemwidrig und damit zumindest als verfassungsrechtlich bedenklich erscheinen.

5.1.2. Zum Problem der Entscheidungslegitimation „der Verwaltung"

In dieser strengen Form wird diese Ansicht jedoch heute kaum mehr vertreten.

Mit der Begründung, daß es dem Parlament nicht in jedem Falle verwehrt sein könne, Aufgaben auf Stellen zu übertragen, die von Regierung und Parlament weitgehend unabhängig sind, wird die Weisungsunabhängigkeit von Gremien wie Bundesprüfstelle und Filmförderungsanstalt weitgehend für zulässig gehalten.[6] Die Grenzen einer Exemtion liegen dort, wo Entscheidungen von politischer Tragweite[7] getroffen werden, oder in starkem Maße Grundrechte berührt sind[8].

Damit ist jedoch ein Grundproblem des demokratischen, gewaltenteilenden Rechtsstaats angesprochen, nämlich das Verhältnis von Parlament und Exekutive.

Das Problem des Verhältnisses von Parlament und Verwaltung stellt sich regelmäßig — so auch hier — unter zwei Aspekten: nämlich zum einen unter dem Gesichtspunkt der parlamentarischen Verantwortlichkeit der Verwaltungsspitze und der daraus folgenden Einbindung der Verwaltung in abgestufte Formen der Aufsicht und zum anderen als Frage nach der Reichweite des Gesetzesvorbehalts. Im Bereich autonomer Verwaltungseinheiten überschneiden sich diese Problemkreise: Autonomie entsteht nur bei reduzierten oder fehlenden Aufsichtsbefugnissen und setzt gleichzeitig voraus, daß der Gesetzgeber entscheidungsbedürftige Fragen offengelassen hat. Dies gilt nicht nur hinsichtlich der Satzungsautonomie öffentlich-rechtlicher Körperschaften son-

---

[5] Zu Recht weist *Oberndorfer*, DöV 1972, S. 531 f., darauf hin, daß die Frage des Umfangs der Determinierbarkeit von Verwaltungsentscheidungen der Punkt ist, an dem dieses Modell scheinbar lückenlos vermittelter Legitimationsprozesse aus den Angeln fällt. Kritisch auch *Böckenförde*, VVDStRL 33 (1975), Aussprache, S. 300.

[6] Im Anschluß an die Entscheidung des BVerfGs zum Bremer Personalvertretungsgesetz, BVerfGE 9, 268 (281 f.).

[7] Ebd., S. 282.

[8] BVerfGE 33, 125 (160); 303 (342, 346); sehr ausführlich zum Problem die Entscheidung des Bremer Staatsgerichtshofs zum Bremer JAG v. 23. 9. 1974, NJW 1974, S. 2229 f.; ferner Vorlagebeschluß des OVG Münster v. 18. 8. 1977, NJW 1978, S. 440; s. auch *Fichtmüller*, AöR 91 (1966), S. 344.

dern auch für die Entscheidungsbefugnisse von Bundesprüfstelle und Filmförderungsanstalt. Fehlende Aufsichtsrechte korrespondieren mit offenen, ausfüllungsbedürftigen Normprogrammen, deren Zulässigkeit eine Frage der Reichweite des Gesetzesvorbehalts ist.[9]

Die damit zusammenhängenden, sich vornehmlich unter dem Gesichtspunkt der Gewalten- und Funktionenteilung stellenden Fragen sind noch weitgehend ungeklärt, und die Forderung Ehmkes[10], eine neue Lehre zu entwickeln, für das „was eigentlich im demokratischen Rechtsstaat dem Gesetzgeber zusteht" hat nach wie vor ihre Berechtigung.

Zwar hat sich namentlich die Rechtsprechung des Bundesverfassungsgerichts in den letzten Jahren darum bemüht, den Funktionsbereich der Legislative vorsichtig abzustecken. Die dabei entwickelte „Wesentlichkeitstheorie"[11] vermochte jedoch allenfalls kasuistisch das Feld abzustecken. Der Relevanz demokratisch-legitimatorischer Gesichtspunkte im Verhältnis Parlament Exekutive wurde dabei zuwenig Beachtung geschenkt.

Zwar bemüht sich das Bundesverfassungsgericht noch im Facharzt-Beschluß darum, die Satzungsautonomie der Ärztekammer durch Hinweis auf die Verwurzelung von Selbstverwaltung und Autonomie im demokratischen Prinzip sowie dem freiheitlichen Charakter unserer sozialen Ordnung zu rechtfertigen.[12] Im Kalkar-Beschluß wird jedoch bereits der Vorrang des unmittelbar demokratisch legitimierten Gesetzgebers gegenüber den anderen, nur mittelbar demokratisch legitimierten Gewalten mit dem Hinweis auf „die gewaltenteilende Kompetenzordnung" in Frage gestellt[13], während man die Entscheidungskompetenz der Verwaltung mit der „institutionellen und funktionellen demokratischen Legitimation aus der in Art. 20 Abs. 2 GG getroffenen Entscheidung des Verfassungsgebers" sowie ihrer mittelbaren personellen demokratischen Legitimation[14] rechtfertigte.

---

[9] So zu Recht *Ossenbühl*, DöV 1981, S. 2.

[10] VVDStRL 24 (1966), S. 231; dazu auch die kritischen Erörterungen von *Zimmer*, Funktion — Kompetenz — Legitimation, S. 22 ff., der feststellt, daß die zeitgenössische Funktionenlehre durch Unsicherheit und Verwirrung gekennzeichnet ist; kritisch auch *Ossenbühl*, DöV 1980, S. 548, der feststellt, daß die Abgrenzungsprobleme ungelöster sind denn je.

[11] s. etwa BVerfGE 34, 165 (192 f.); 40, 237 (249); 41, 251 (260); 45, 400 (417 f.); 47, 46 (78 ff.); 48, 210 (221).

[12] BVerfGE 33, 125 (159).

[13] BVerfGE 49, 89 (124).

[14] BVerfGE 49, 89 (125); gegen die Berufung auf die mittelbare demokratische Legitimation der Verwaltung gegenüber dem Gesetzgeber vor allem *Roellecke*, NJW 1978, S. 1781. Die in diesen Ausführungen des BVerfGs zum Ausdruck kommende Vorstellung eines Vorbehaltsbereichs der Verwaltung gegenüber dem Gesetzgeber ist neu. s. dagegen etwa noch *K. Vogel*, VVDStRL

Ob damit tatsächlich dem komplizierten und differenzierten Verhältnis von Funktion, Kompetenz, Legitimation[15] ausreichend Rechnung getragen wird, mag man bezweifeln. Die Befürchtung, daß hier unter Rückgriff auf eine nicht näher konkretisierte „gewaltenteilende Kompetenzordnung" faktische Legitimationsdefizite[16] verfassungsrechtlich sanktioniert werden, liegt zumindest nahe.

Zwar ist es richtig, daß Gewaltenteilung als Prinzip heutiger Verfassung nicht mehr begriffen werden kann als ein Mittel der Mäßigung einer „ursprünglich vorhandenen, einheitlichen Staatsgewalt"[17] sondern sich vor allem realisiert in einer sachgemäßen, und das heißt unter der Geltung des Grundgesetzes auch verfassungsgemäßen, sich an den verfassungsrechtlichen Kontroll- und Legitimationserfordernissen orientierenden Bestimmung und Zuordnung der staatlichen Funktionen und der Organe, denen diese Funktionen anvertraut sind[18].

Einer in diesem Sinne verfassungsgemäßen Funktionenlehre stellt sich die Aufgabe, die einzelnen Strukturelemente der jeweiligen Funktionenträger herauszuarbeiten und sie den generell festgelegten unterschiedlichen Legitimations-, Verantwortungs-, Sanktions- und Kontrollerfordernissen zuzuordnen.[19]

Auch ein modernes Verständnis des Gewaltenteilungsgrundsatzes im Sinne einer Funktionenteilung kann nicht darüber hinwegsehen, daß diesem Grundsatz eine sehr komplexe verfassungsrechtliche Aufgabe zukommt, nämlich die Konstituierung, Verteilung, Begrenzung und Kontrolle politischer Macht[20]. Auch im funktionenteilenden Rechtsstaat

---

24 (1966) zum Thema „Gesetzgeber und Verwaltung", wo es heißt: „Eindeutig und unmißverständlich fixiert ist durch das Grundgesetz lediglich das Rangverhältnis der beiden Gewalten: die Bindung der Verwaltung an das Gesetz (Art. 20 Abs. 3 GG) also der ‚Vorrang des Gesetzes'." (S. 145) und auch *Herzog* im Koreferat ist der Ansicht, daß sich verhältnismäßig leicht erkennen läßt, „daß es einen Vorbehalt der Verwaltung im Grundgesetz selbst bei progressiver Interpretation schwerlich gibt." — VVDStRL 24 (1966), S. 188.

[15] s. dazu die gleichnamige Schrift von *G. Zimmer*.

[16] Zum Führungsdefizit von Parlament und Regierung und dem daraus folgenden Legitimationsdefizit der Verwaltung allgemein s. *Schmitt Glaeser*, VVDStRL 31 (1973), S. 200 ff.; 218 f.

[17] *Hesse*, Grundzüge, S. 196.

[18] Ebd., S. 196 f., der allerdings nur von „sachgemäßer" Bestimmung und Zuordnung von Funktionen spricht.

[19] s. dazu im einzelnen *Zimmer*, Funktion — Kompetenz — Legitimation, S. 240 ff.; zu Recht weist *Zimmer*, Fn. 11 darauf hin, daß eine isolierende Hervorhebung einzelner Strukturelemente, wie etwa des Sachverstandes einer Behörde, hier nicht weiterführt. Erforderlich sei eine Zusammenschau der Organisations- und Verfahrensstrukturen, der sachlich-instrumentellen Anforderungen etc., mit den Legitimations- und Sanktionsstrukturen. Erst auf dieser Grundlage lassen sich Aussagen zu konkreten Kompetenzzuweisungen treffen.

[20] Ebd., S. 197 f.

kommt diesem Prinzip die Aufgabe zu, Kontroll- und Legitimationsdefizite als Einfallstore potentiellen Machtmißbrauchs zu erkennen und zu beseitigen.[21]

5.1.3. Erforderlichkeit einer „besonderen" Entscheidungslegitimation der Verwaltung

Durch den undifferenzierten Rückgriff auf die gewaltenteilende Kompetenzordnung zur Rechtfertigung eines Entscheidungsvorbehalts der Exekutive wird insbesondere auch verdeckt, daß gerade die Exekutive unter sehr verschiedenen sachlichen und personellen Entscheidungsbedingungen arbeitet, denen unterschiedliche Legitimations-, Verantwortungs-, Sanktions- und Kontrollbedingungen entsprechen.[22] Dies verkennt auch die Wesentlichkeitstheorie[23], indem sie lediglich die Grenzen autonomer Entscheidungsbefugnisse von Verwaltungseinheiten aufzeigt, nicht jedoch die Frage stellt und beantwortet, inwieweit eine Selbständigkeit der Verwaltung legitim ist.[24]

Ein Bedürfnis, auch die Entscheidungsbefugnisse der Verwaltung im Bereich „nicht wesentlicher" Entscheidungskompetenzen zu legitimieren, besteht umso mehr, als die Zahl der dem Parlament rechtlich und faktisch entzogenen Entscheidungsbefugnisse ständig wächst, und es daher bedenklich erscheint, sie in einen verfassungsrechtlichen Leerraum fallen zu lassen.[25]

Nur durch einen solchen „Begründungszwang" für autonome Entscheidungsbefugnisse der Verwaltung kann schließlich verhindert wer-

---

[21] Ebd., S. 198; s. auch *Ossenbühl*, DöV 1980, S. 546.

[22] s. dazu *Roellecke*, NJW 1978, S. 1781, der zu Recht auch darauf hinweist, daß es unrichtig ist, dem rechtsstaatlich-demokratisch legitimierten Gesetzgeber schlicht nur die durch Gesetz legitimierte Verwaltung entgegenzusetzen. Eine unmittelbare Verfassungsermächtigung zu rechtserheblichen Handlungen oder gar zu rechtlichen Anordnungen dürfte der Bestimmung des Art. 20 Abs. 2 GG schon deshalb nicht zu entnehmen sein, weil der Begriff „Verwaltung" viel zu unbestimmt ist, *Brohm*, Strukturen der Wirtschaftsverwaltung, S. 246 f.

[23] Kritisch *Ossenbühl*, DöV 1980, S. 549 f. „einleuchtend aber wenig hilfreich", er hält das Kriterium der „Wesentlichkeit" für zu vage, um als juristische Grenzziehung brauchbar zu sein; ähnlich *Roellecke*, NJW 1978, S. 1781, der die Wesentlichkeitstheorie durch eine Legitimationstheorie ersetzt sehen will.

[24] *Schmitt Glaeser*, VVDStRL 31 (1973), S. 218; s. bereits *Ehmke*, VVDStRL 24 (1966), Aussprache, S. 231; auch *Bachof*, JZ 1972, S. 209 moniert zu Recht, daß die Relevanz der unterschiedlichen organisatorischen Ausgestaltung von Verwaltungseinheiten im Hinblick etwa auf Fachaufsicht, Rechtsaufsicht und Kontrolle bislang zu wenig berücksichtigt wurde.

[25] Auch ein „Verzicht" des Gesetzgebers auf sein Kontrollrecht reicht zur Rechtfertigung nicht aus; so aber: *H. P. Ipsen*, Verhandlungen des 40. Deutschen Juristentages, C 5 ff.; *Schuhmacher*, DRiZ 1953, S. 18; an dieser Verzichtstheorie ist nur soviel richtig, daß ohne gesetzgeberischen Akt eine Freistellung von der allgemeinen Weisungsgebundenheit nicht möglich ist.

den, daß die Prärogative[26] des demokratisch legitimierten Gesetzgebers zur Entscheidung über die von der Verfassung offengelassenen Fragen des Zusammenlebens[27] zugunsten eines verfassungsrechtlich nicht weiter ausgewiesenen Vorbehaltsbereichs der Exekutive weiter ausgehöhlt wird.[28]

Die Entscheidungstätigkeit nicht weisungsgebundener autonomer Entscheidungsgremien bedarf daher einer Rechtfertigung, die sich sinnvoll in das Verfassungsgefüge einordnen läßt und als besondere Form der Entscheidungslegitimation eine weitgehende Exemtion aus den parlamentarisch-demokratischen Legitimationssträngen zuläßt.[29]

Bezüglich der Jugendwohlfahrtsausschüsse ergibt sich die Rechtfertigungsbedürftigkeit aus dem den Gemeinden bundesgesetzlich auferlegten Zwang zur Konstituierung solcher Verwaltungseinheiten und der dadurch berührten Organisations- und Personalhoheit der Gemeinden.[30]

Ein rechtswidriger Eingriff in den Kernbestand gemeindlicher Aufgaben[31] wird darin jedoch um so weniger zu sehen sein, als die Entscheidungsbefugnisse der Jugendwohlfahrtsausschüsse und die damit gegebene partielle Exemtion der Verwaltung aus der kommunal-parlamentarischen Kontrolle auf eine besondere verfassungsrechtliche Legitimation gestützt werden kann.[32]

5.2. Pluralistische Entscheidungsgremien und Demokratieprinzip

5.2.1. Problem einer Inhaltsbestimmung des Demokratieprinzips

Der Gebrauch des Begriffs „Demokratie" und seiner Derivate — wie etwa „Demokratisierung" ist mittlerweile, wie oft bemängelt wird, so facettenreich geworden, daß er fast alle Konturen verloren hat.

[26] *Kriele*, VVDStRL 29 (1971), S. 63.

[27] BVerfGE 33, 125 (159); *Hesse*, Grundzüge, S. 205.

[28] Zur Gefahr des „Verwaltungsstaats" s. *Schmitt Glaeser*, VVDStRL 31 (1973), S. 213.

[29] s. dazu auch *Brohm*, S. 247, der in Fällen eines Steuerungsdefizits der einschlägigen Normprogramme und fehlender Weisungsbefugnisse eine spezielle — wie er meint „demokratische" — Legitimation der Verwaltung fordert. Zur Rechtfertigungsbedürftigkeit von „Autonomie" und „Selbstverwaltung" auch *Häberle*, DVBl. 1972, S. 909 f.

[30] *Lerche*, Verfassungsfragen um Sozialhilfe und Jugendwohlfahrt, S. 122.

[31] Die Jugendhilfe gehört dazu: s. BVerfGE 22, 180 (205).

[32] Sehr knapp fiel seinerzeit die Begründung des Bundesverfassungsgerichts zur Verfassungsmäßigkeit der organisatorischen Regelungen des JWG aus: „Die Regelungen sind sachbezogen und für die Gewährleistung eines wirksamen Gesetzesvollzuges notwendig", BVerfGE 22, 180 (211).

Der geradezu inflationäre Gebrauch dieses Begriffs läßt sich auch bei der Behandlung der hier untersuchten Gremien in der Literatur aufzeigen.

So sieht etwa *Lerche* in den Jugendwohlfahrtsausschüssen einen Aspekt der unmittelbaren Demokratie.[33]

Wie aus der Begründung der Novelle des Jugendwohlfahrtsgesetzes von 1953 zu entnehmen ist, hatte man mit der Institution der Jugendwohlfahrtsausschüsse eine „Demokratisierung“ der Verwaltung beabsichtigt.[34] In den Jugendämtern sollte — so die amtliche Begründung — auf diese Weise „echte Demokratie“ verwirklicht werden durch Übertragung von Mitverantwortung auf die Bürger. Kritisch stellt hingegen *Münder* dazu fest, daß „im Gegensatz“ zu dieser ursprünglichen Zielsetzung repräsentativ-demokratische Ausschüsse geschaffen wurden, in denen die behördliche Jugendhilfe mit den freien Trägern abgestimmt wird[35]. Auch in der Bundesprüfstelle wird eine Ausdrucksform „demokratischer Verwaltung“ gesehen, die die Einflußnahme der Betroffenen auf ihre eigenen Angelegenheiten ermögliche.[36] Mit ähnlicher Begründung läßt sich das gleiche aus Zusammensetzung und Verfahren der Gremien der Filmförderungsanstalt folgern.

Im Rahmen der verfassungsrechtlichen Erörterungen zur Partizipationsdiskussion wird die Berufung auf das Demokratieprinzip im Zusammenhang mit Gruppenpartizipation weitaus skeptischer beurteilt.[37] Das Problem, das sich bei einer Erörterung der konträren Auffassungen zur demokratischen Dimension der Gruppenpartizipation stellt, besteht vor allem darin, daß der Begriff des „Demokratischen“ oder der „Demokratie“ in den unterschiedlichsten Bedeutungen gebraucht wird. So weist etwa *Stern*[38] mehr als dreißig verschiedene, durch attributive Verknüpfungen gebildete Varianten des Demokratiebegriffs nach. Diese Deutungsvielfalt besteht auch dort, wo man um die verfassungsrechtlich maßgebliche Bedeutung des Begriffs bemüht ist. Das liegt nicht nur an mangelnder Präzision der Autoren sondern auch daran, daß das Demokratieprinzip nicht isoliert als staatsorganisatorischer Grundsatz erfaßt

---

[33] *Lerche*, Verfassungsfragen um Sozialhilfe und Jugendwohlfahrt, S. 79 f.

[34] BT-Drucksache I/3641, S. 5.

[35] *Münder u. a.*, Frankfurter Kommentar zum JWG, § 13 Anm. 2.

[36] *Fichtmüller*, AöR 91 (1966), S. 337.

[37] *Schmitt Glaeser*, VVDStRL 31 (1973), S. 209 ff.; *Dürig* in Maunz / Dürig / Herzog / Scholz, Grundgesetz, Art. 3 Rdnr. 155; ähnlich, aber teilweise sehr polemisch *Blümel*, „Demokratisierung der Planung“, S. 9 ff.

[38] *Stern*, Staatsrecht I, S. 441 ff.; s. auch *Kriele* zum Stichwort „parlamentarische Demokratie“, VVDStRL 29 (1971), S. 47 f.; zu den verschiedenen Demokratietheorien s. *Schmitt Glaeser*, Handwörterbuch der Wirtschaftswissenschaft, Stichwort „Demokratie, Demokratisierung“, S. 143 ff.; ferner *Steffani*, Pluralistische Demokratie, S. 100 ff.

werden kann, sondern auf einer Vielzahl von Elementen beruht, die Demokratie wesentlich mitkonstituieren und ohne die Demokratie nicht denkbar ist.[39]

5.2.2. Demokratie im engeren verfassungsrechtlichen Sinn als Verfahren der Selbstlegitimation von Entscheidungsprozessen

In einem engeren Sinn wird mit dem Demokratieprinzip ein bestimmtes Verfahren der Selbstlegitimation politischer Entscheidungsprozesse im Staat, nämlich die Entscheidungsfindung durch gewählte Repräsentanten der Herrschaftsbetroffenen im Wege der Abstimmung nach dem Mehrheitsprinzip verstanden.[40] Die damit verknüpften Organisations- und Verfahrensregeln sind Kernbestandteil des verfassungsrechtlichen Demokratiebegriffs. Auf ihrer Einhaltung beruht die Legitimation parlamentarischer Herrschaft im Sinne des Grundgesetzes.

5.2.3. Keine demokratische Legitimation pluralistischer Entscheidungsgremien

Als Ordnung politischer Herrschaft auf einem bestimmten Territorium normiert das Grundgesetz ausdrücklich nur die Legitimationsbedingungen für potentiell-universale Gebietsentscheidungen.[41] Dies gilt für Art. 20 Abs. 2 GG ebenso wie für Art. 28 Abs. 1 GG. Die Frage, ob darüber hinaus auch im Rahmen sach- und nicht territorialbezogener Verwaltungseinheiten demokratische Legitimation vermittelt werden kann — etwa über ein Verbandsvolk — ist im Grundgesetz nicht ausdrücklich geregelt und wird daher kontrovers diskutiert.[42]

Den hier behandelten Gremien und den von ihnen getroffenen Entscheidungen wird man jedoch auch bei großzügiger Interpretation der Verfassung keine demokratische Legitimation zuerkennen können. Denn demokratische Legitimation ist notwendig mit dem Gedanken der Wahl verbunden. Sie ist gegründet auf die „legitimierende Kraft der Zahl"[43] und die im Wahlakt sich herstellende Gleichheit der Herr-

[39] Vgl. insbesondere BVerfGE 2, 1 (12 f.) und die dort vorgenommene Aufzählung der Elemente der freiheitlich demokratischen Grundordnung; kritisch zu dieser Verschmelzung teilweiser heterogener Elemente im Demokratiebegriff: *Hesse*, Grundzüge, S. 53.

[40] s. dazu *Grimmer*, Demokratie und Grundrechte, S. 299 m. N.; ferner etwa *Schmitt Glaeser*, Handwörterbuch der Wirtschaftswissenschaft, Stichwort „Demokratie, Demokratisierung", S. 147 f.

[41] *Heller*, Politische Demokratie und soziale Homogenität, S. 7.

[42] s. dazu einerseits *Schmitt Glaeser*, VVDStRL 31 (1973), S. 214 ff.; *F. Neumann*, Demokratischer und autoritärer Staat, S. 107; andererseits etwa *Brohm*, Strukturen der Wirtschaftsverwaltung, S. 248 ff.

[43] *Reuss*, Zur Geschichte der Repräsentativverfassung, S. 23.

schaftsbetroffenen[44]. Dem wird der durch Vorschlagsrechte der Verbände bestimmte Rekrutierungsmodus der untersuchten Gremien selbst dort nicht gerecht, wo, wie bei den Jugendwohlfahrtsausschüssen, das Kommunalparlament die Repräsentanten der freien Vereinigung wählt. Denn durch die Festsetzung der Stimmanteile der Freien Vereinigungen der Wohlfahrtspflege und der Jugendverbände erhalten diese eine Prärogative bei der Besetzung der Jugendwohlfahrtsausschüsse, die die Möglichkeiten der Kommunalkörperschaft zu einer echten (Aus-) Wahl erheblich einschränkt.[45]

Auch unter Berufung auf die Repräsentationsfunktion der entsandten Gremiumsmitglieder kann eine demokratische Legitimation der Entscheidungstätigkeit dieser Gremien nicht begründet werden. Der Begriff der „repräsentativen Demokratie" mag es zwar nahelegen, zwischen demokratischen Legitimationsprozessen und Repräsentationsstrukturen einen Bedingungszusammenhang zu sehen. Ein notwendiger Zusammenhang besteht hier freilich nicht[46] und die Identifizierung der Repräsentanten (z. B. im Parlament) mit der demokratischen Legitimationsbasis (das Volk) läuft auch im Rahmen der politischen Gesamtordnung stets Gefahr, in der Fiktion identitärer Demokratie zu münden. Demokratie und Repräsentation werden daher zu Recht als zwei zu unterscheidende Strukturelemente moderner repräsentativ-demokratischer Verfassungen angesehen.[47]

---

[44] s. dazu *F. Neumann*, Demokratischer und autoritärer Staat, S. 107; *Zacher*, Der Staat 9 (1970), S. 175 „Waffengleichheit des Stimmzettels" — *Brohm*, Strukturen der Wirtschaftsverwaltung, S. 262, verlangt zusätzlich eine gewisse soziale Homogenität der Betroffenen im Hinblick auf die spezifische Sachaufgabe; zum Gesichtspunkt „Homogenität" s. auch *Heller*, Politische Demokratie und soziale Homogenität, S. 7 ff.

[45] „Die Wahl muß eine echte Auswahl unter mehreren (und daher i. d. R. verschiedenartigen) politischen Gruppierungen ermöglichen", *Schmitt Glaeser*, Handwörterbuch der Wirtschaftswissenschaft, Stichwort „Demokratie, Demokratisierung", S. 147.

[46] Das folgt schon daraus, daß es Repräsentativkörperschaften auch schon in vordemokratischen Zeiten gab. s. dazu *Sternberger*, Kritik der dogmatischen Theorie der Repräsentation, S. 191 ff.

[47] Ebd., S. 194 ff. Repräsentation und Demokratie werden von Sternberger zu Recht als zwei voneinander zu unterscheidende Strukturelemente moderner, repräsentativ-demokratischer Verfassungen angesehen, ebd., S. 218 unter Berufung auf *Ernst Fraenkel* und seine Konzeption der „gemischten Verfassung". — Auch *C. Schmitt*, Verfassungslehre, S. 204 ff. sieht Demokratie und Repräsentation als zwei unterschiedliche politische Formprinzipien an. Auf dem Hintergrund seiner Vorstellung von einer ungemischten, reinen Verfassungsform mußte er es freilich als Mangel des politischen Systems empfinden, daß keines der beiden Formprinzipien konsequent durchgehalten wurde, ebd., S. 305. Über eine Diffamierung des Parlamentarismus scheint *C. Schmitts* Entwurf einer ungemischten reinen Verfassungsform freilich nicht hinausgekommen zu sein.

Die Entscheidungsfindung der hier untersuchten Gremien beruht daher nicht auf demokratischen Legitimationsprozessen im Sinne des Grundgesetzes.[48]

Damit ist freilich nicht gesagt, daß den hier vorliegenden gruppenpluralistischen Beteiligungsformen keinerlei „demokratische Dimension" zukomme.[49]

Die Vorstellung, daß eine dialektisch geführte Auseinandersetzung zwischen den verschiedenen Meinungen und Interessen eine „richtigere" und „gerechtere" Entscheidung verbürge und die Abstimmung kontrovers gebliebener Fragen im Wege des Mehrheitsprinzips ist ja letztlich die Wurzel aller demokratischen Verfahrensvorkehrungen im Rahmen unserer Verfassung.[50]

Zudem entfaltet sich Demokratie nicht eindimensional in den verfassungsrechtlich vorgesehenen Bahnen von Wahlen und Gesetzgebungsverfahren, sondern auch in den „‚feineren' mediatisierten Formen des pluralistischen öffentlichen Prozesses täglicher Politik und Praxis, insbesondere der Grundrechtsverwirklichung".[51]

Die ideengeschichtliche Verwurzelung bestimmter Verfahrensvorkehrungen in demokratietheoretischen Überlegungen enthebt jedoch ebensowenig wie die unbestreitbare Wechselbezogenheit von Demokratie und Freiheit nicht der Aufgabe einer differenzierten Interpretation der Verfassung in ihrem durchaus begrenzten normativen Regelungsgehalt und ihren einzelnen Strukturprinzipien, die zwar allesamt den Rahmen der freiheitlich demokratischen Grundordnung (Art. 21 Abs. 2 Satz 1, Art. 18 GG) mitkonstituieren, aber im Rahmen dieser Gesamtaufgabe unterschiedliche Funktionen wahrnehmen.[52]

5.3. Pluralistische Entscheidungsgremien und Grundrechte

5.3.1. Die Grundrechte als subjektive Rechte

Aus der Perspektive der subjektivrechtlichen Seite der Grundrechte und der ihnen zur Seite gestellten Rechtsschutzgarantie des Art. 19

[48] Auch *Brohm*, Strukturen der Wirtschaftsverwaltung, S. 264, lehnt für Formen verbandlicher Mitwirkung — namentlich mit Rücksicht auf die hier fehlende soziale Homogenität — eine demokratische Legitimation ab.

[49] Zur demokratischen Dimension von Partizipation s. *Schmitt Glaeser*, VVDStRL 31 (1973), S. 220 ff.

[50] Dazu etwa *Leibholz*, Das Wesen der Repräsentation, S. 175; *Brohm*, Strukturen der Wirtschaftsverwaltung, S. 244; *Häberle*, Verfassung als öffentlicher Prozeß, S. 169.

[51] *Häberle*, Die offene Gesellschaft der Verfassungsinterpreten, S. 169.

[52] Zur Problematik der verfassungsrechtlichen Deutung des Demokratieprinzips s. *Hesse*, Grundzüge, S. 52 f.

Abs. 4 GG läßt sich ein unmittelbarer Bezug zur Gruppenpartizipation nicht herstellen. Das Grundrecht ist in seiner individualrechtlichen Komponente gegenüber der Gruppenpartizipation ein aliud.[53] Insbesondere ist Gruppenpartizipation kein funktionales Äquivalent für den Individualrechtsschutz durch Gerichte.

Eine ganz andere, unter dem Gesichtspunkt optimaler Aufgabenerfüllung und damit dem Grundsatz der Gewaltenteilung zu würdigende Frage ist die, inwieweit die Konkretisierung einfachgesetzlicher Normen durch besonders strukturierte Verwaltungsgremien vom Gericht in vollem Umfang überprüft werden kann. Sachlich geht es dabei um die Frage nach dem adäquaten Rechtsschutz, die nur teilweise identisch ist mit der Frage nach einem effektiven Individualrechtsschutz durch Gerichte.[54]

5.3.2. Die Grundrechte als Elemente objektiver Ordnung

Die Grundrechtsvorschriften der Verfassung enthalten nicht nur subjektive Abwehrrechte, sondern in ihnen verkörpert sich auch eine objektive Wertordnung[55] „in der eine prinzipielle Verstärkung der Geltungskraft der Grundrechte zum Ausdruck kommt" und die als verfassungsrechtliche Grundentscheidung für alle Bereiche des Rechts gilt[56].

Diese vom Bundesverfassungsgericht in ständiger Rechtsprechung vertretene Sicht der Grundrechte erschöpft sich freilich nicht in der eher banalen Erkenntnis, daß die Grundrechtsnormen Bestandteil der objektiven Rechtsordnung sind.[57] Vielmehr erhalten die Grundrechte in ihrer objektiven Bedeutung ein Eigengewicht[58], das sich in den unterschiedlichen rechtlichen Regelungszusammenhängen auf unterschiedliche Art und Weise auswirkt. Verfassungsrechtslehre und Verfas-

---

[53] *Schmitt Glaeser*, VVDStRL 31 (1973), S. 243.

[54] s. dazu *Lerche*, VVDStRL 34 (1975), Aussprache, S. 282 f.

[55] Kritisch zur Argumentationsfigur der Wertordnung: *Ossenbühl*, NJW 1976, S. 2107, „schillernd, blaß und konturlos", „hermeneutisch unergiebig".

[56] So die ständige Rechtsprechung des Bundesverfassungsgerichts seit BVerfGE 7, 198 (205). Vgl. auch BVerfGE 10, 59 (81); 12, 205 (259); 20, 162 (175); 21, 362 (371 f.); 30, 173 (188 ff.); 33, 303 (330 f.); 35, 79 (114). Der Begriff der objektiven Wertentscheidung wurde zunächst entwickelt, um den Grundrechten auch in solchen Regelungsbereichen Geltung zu verschaffen, die nicht unmittelbar das Staat/Bürger-Verhältnis, sondern das Verhältnis der Bürger untereinander betreffen — s. BVerfGE 7, 198 (204); 25, 256 (263).

[57] *Schmitt Glaeser*, AöR 97 (1972), S. 98 f.

[58] Ebd., S. 99. — *Ossenbühl*, NJW 1976, S. 2107, sieht im Begriff der objektiven Wertordnung die Umschaltstation, durch welche die Grundrechte in die gesamte Rechtsordnung ausstrahlen; a. A. wohl *Böckenförde*, Grundrechtstheorie, S. 232 ff., der in der Werttheorie eine besondere, eigenständige Grundrechtstheorie sieht.

sungsrechtsprechung haben sich in den letzten Jahrzehnten darum bemüht, die Felder abzustecken, in denen Grundrechte auf Organisation und Ausübung staatlicher Herrschaft Einfluß gewinnen.

Im numerus-clausus-Urteil wird der Abwehrfunktion der Grundrechte „komplementär“ die grundrechtliche Verbürgung der Teilhabe an staatlichen Leistungen[59] zur Seite gestellt. Dabei geht es wesentlich um die Effektivierung[60] der Grundrechte durch eine „leistungsstaatliche“ und „-rechtliche“ Komponente[61]. Im Urteil zur Fristenregelung[62] wird aus den Grundrechten eine staatliche Verpflichtung zum strafrechtlichen Rechtsgüterschutz abgeleitet. Schließlich werden Grundrechte im Urteil über die Verfassungsmäßigkeit des niedersächsischen Vorschaltgesetzes[63] zur Grundlage und Legitimation von Organisationsmodellen im Rahmen autonomer Entscheidungsbereiche[64]. Daneben lassen sich, namentlich bei den Kommunikationsgrundrechten verschiedene Varianten der objektivrechtlichen Deutung im Sinne institutioneller Garantien[65] oder eines dezidiert funktional-demokratischen Grundrechtsverständnisses ausmachen[66].

Wegen der Verschiedenheit der jeweils herangezogenen objektiven Grundrechtsaspekte scheint es jedoch verfehlt, überhaupt von „der“ objektiven Grundrechtstheorie zu sprechen, da sich hinter diesem Begriff durchaus unterschiedliche grundrechtstheoretische Konzepte verbergen[67], aus denen vor allem aber auch sehr unterschiedliche Folgerungen abgeleitet werden.[68]

[59] BVerfGE 33, 303 (330 f.).

[60] *Häberle*, VVDStRL 30 (1972), S. 65, 67.

[61] Ebd., S. 112; kritisch *Böckenförde*, Grundrechtstheorie, S. 238 ff.; *Ossenbühl*, NJW 1976, S. 2104 f.

[62] BVerfGE 39, 1 ff.

[63] BVerfGE 35, 79 ff.

[64] s. dazu namentlich die Kritik im Sondervotum, BVerfGE 35, S. 148 ff.

[65] s. dazu etwa *Schmitt Glaeser*, AöR 97 (1972), S. 97 ff., der zu Recht die „babylonische Sprachverwirrung“ um das Phänomen des „Institutionellen“ rügt; s. auch *Kröger*, Grundrechtstheorie als Verfassungsproblem, S. 24 ff. Eine umfassende und geschlossene institutionelle Grundrechtstheorie, die in Abkehr vom liberalen, vorstaatlichen Verständnis grundrechtlicher Freiheit die Grundrechtsverbürgungen als durch den Gesetzgeber ausgestaltete und geordnete Freiheit begreift, stellt die Untersuchung von *Häberle*, Die Wesensgehaltgarantie des Art. 19 Abs. 2 Grundgesetz dar; s. etwa S. 98 f., 180 ff.

[66] s. dazu ausführlich und kritisch *Schmitt Glaeser*, AöR 97 (1972), S. 82 ff.; ferner *Böckenförde*, Grundrechtstheorie, S. 235.

[67] *Böckenförde*, Grundrechtstheorie, S. 224 ff. unterscheidet neben der bürgerlich-rechtsstaatlichen Grundrechtstheorie vier weitere Grundrechtstheorien, nämlich die institutionelle Grundrechtstheorie, die Werttheorie der Grundrechte, die demokratisch-funktionale und die sozialstaatliche Grundrechtstheorie.

[68] s. auch *Böckenförde*, Grundrechtstheorie, S. 223: „Die Gerichte ebenso wie die wissenschaftliche Grundrechtsdiskussion gehen, fallbezogen und nach den einzelnen Grundrechtsbestimmungen wechselnd, von verschiedenen Grundrechtstheorien aus. Das gilt auch für die Rechtsprechung des BVerfG.“ — Es sei in diesem Zusammenhang vor allem an das Urteil zum Niedersächsischen Vorschaltgesetz erinnert, BVerfGE 35, 79 ff.: während die Senats-

Im Rahmen des beschränkten Untersuchungsgegenstandes dieser Arbeit kann es jedoch nur darum gehen, die Bedeutung der in den Grundrechten verankerten „objektiven Wertordnung“ für die hier untersuchten Bereiche staatlicher Verfahrens- und Organisationsregelungen zu konkretisieren. Nur bei einer spezifisch auf bestimmte Ordnungsbereiche zugeschnittenen, differenzierten Betrachtung scheint es zudem überhaupt möglich, den konkreten „Gewinn“ einer das klassisch-liberale Grundrechtsverständnis ergänzenden Erweiterung des normativen Geltungsgehaltes der Grundrechte zu verteidigen.[69]

Nur so kann schließlich auch verhindert werden, daß bestimmte Varianten der objektiven Grundrechtsdeutung — meist die funktional-demokratische Grundrechtstheorie, wie sie namentlich von Ridder entwickelt wurde[70] — herausgegriffen und gegen eine komplementär objektive Grundrechtssicht schlechthin ins Feld geführt werden[71].

Im folgenden soll daher der durch den Untersuchungsgegenstand begrenzten Fragestellung nachgegangen werden, ob die Entscheidungsautonomie pluralistischer Verwaltungsgremien im sozial-kulturellen

---

mehrheit im Blick auf die wertentscheidende Grundsatznorm des Art. 5 Abs. 3 GG zum Ergebnis kommt, daß der Gruppe der Hochschullehrer ein ausschlaggebender Einfluß bei der Entscheidung über unmittelbar forschungsrelevante Fragen vorbehalten bleiben muß (ebd., S. 132), sieht das Minderheitsvotum in der Berufung auf die objektive Wertentscheidung keine tragfähige Begründung für dieses Ergebnis (ebd., S. 155). s. dazu *Ossenbühl*, NJW 1976, S. 2104, der darauf hinweist, daß das Hochschulurteil auf einer „institutionellen Deutung“ der „freien Wissenschaft“ beruht; auch *Rupp*, AöR 101 (1976), S. 164, der wohl zu Recht meint, daß das Hochschulurteil sich nicht mit einem Verständnis der Grundrechte als individuellen Abwehrrechten begründen läßt; a. A. wohl *Schmitt Glaeser*, WissR 7 (1974), S. 128 ff.; ähnlich *Starck*, Staatliche Organisation und staatliche Finanzierung als Hilfen zu Grundrechtsverwirklichungen, S. 500.

[69] In diesem Sinne auch *Starck*, Staatliche Organisation und staatliche Finanzierung als Hilfen zu Grundrechtsverwirklichungen, S. 486: „Es empfiehlt sich daher, organisatorische Maßnahmen in grundrechtlich geschützten Lebensbereichen nicht pauschal, sondern immer nur mit Argumenten zu rechtfertigen, die sich auf das betreffende organisatorisch zu umhegende Grundrecht beziehen.“

[70] *Ridder*, Meinungsfreiheit, S. 243 ff., insbes. S. 250 ff. und S. 256 ff.; kritisch *Schmitt Glaeser*, AöR 97 (1972), S. 85 ff.

[71] So tendenziell *Kröger*, Grundrechtstheorie als Verfassungsproblem, S. 35: sein — richtiger — Einwand, daß es nicht angehe, die Freiheitsrechte vorwiegend von ihrer Funktion für die (staatliche) Gesamtordnung her zu begreifen, sie dafür zu instrumentalisieren, trifft direkt nur die funktional-demokratische Grundrechtstheorie. Zu undifferenziert auch *Lecheler*, NJW 1979, S. 2276, der bereits in der Frage nach den realen Bedingungen der freiheitsichernden Funktion von Grundrechten als Voraussetzung einer grundrechtssichernden Geltungsfortbildung eine — sicher unzulässige — Funktionalisierung der Grundrechte für gesellschaftliche Zwecke sieht. s. demgegenüber zu Recht *Rupp*, AöR 101 (1976), S. 163, der darauf hinweist, daß es schlechthin unmöglich ist, eine Rechtsnorm sozusagen aus sich selbst und unabhängig von ihren realen raumzeitlichen Umweltbedingungen zu interpretieren.

Bereich unter spezifisch grundrechtlichen Gesichtspunkten gerechtfertigt werden kann.

5.3.3. Die interpretatorische Fortentwicklung der Grundrechte als Bedingung ihrer Geltung

Die allen Erörterungen zur interpretatorischen Fortbildung der Grundrechte zugrundeliegende Prämisse, daß Rechtsnormen grundsätzlich — und zwar nicht trotz, sondern gerade *wegen* ihrer Ordnungsfunktion — der interpretatorischen Fortentwicklung bedürfen, dürfte als solche kaum mehr bestritten sein. Sie hat in der auch vom Bundesverfassungsgericht in ständiger Rechtsprechung praktizierten teleologischen Interpretationsmethode[72] allgemeine Anerkennung gefunden.

Dem liegt die Erkenntnis zugrunde, daß der Effekt normativer Steuerungsimpulse von den realen Umweltbedingungen abhängt.[73] Rechtsnormen sind nicht in die geschichtliche Situation ihrer Entstehung „eingefroren"[74], sondern bedürfen der Fortentwicklung, sollen sie über den Zeitpunkt ihres Entstehens hinaus noch Ordnungsfunktionen erfüllen.

Dies gilt auch und gerade für die Verfassungsbestimmungen und ihrer eher fragmentarischen, bruchstückhaften normativ-inhaltlichen Durchbildung.[75] Die Offenheit der Verfassung ist damit Bedingung — nicht Einschränkung — ihrer Geltung.

5.3.4. Die Ergänzungsbedürftigkeit der liberalen Grundrechtstheorie

Indes: der Einwand *Forsthoffs*, daß kein konkreter Anlaß bestand, „die Freiheit im Sinne der klassischen Grundrechte über Bord zu werfen"[76] und die von ihm behauptete Gefahr einer „Verunsicherung der Verfassung" durch eine Globalermächtigung an die Verfassungsinterpreten[77], wird immer wieder neu beschworen und die Rückkehr zum „Verteilungsprinzip"[78] im Sinne einer prinzipiell unbegrenzten, indivi-

---

[72] Seit BVerfGE 1, 299 (312).

[73] *Rupp*, AöR 101 (1976), S. 163; s. auch *Schmitt Glaeser*, Mißbrauch und Verwirkung von Grundrechten, S. 95 ff.

[74] *Rupp*, AöR 101 (1976), S. 163.

[75] *Böckenförde*, NJW 1976, S. 2091 — sehr weitgehend *Häberle*, Zeit und Verfassung, S. 82 f. und passim, der den Begriff des „Verfassungswandels" zugunsten der „Freiheit des Interpreten" verabschiedet. Der offene Verfassungstext lebt von der Interpretation, daher kann er sich nicht eigentlich wandeln, ebd., S. 83; s. auch *Isensee*, NJW 1977, S. 549.

[76] Rechtsstaat im Wandel, S. 208.

[77] Ebd.

duellen Freiheitssphäre, die dem staatsorganisatorischen Bereich mehr[79] oder weniger[80] unverbunden gegenüber gestellt wird, gefordert.[81]

Zwar wird die Unzulänglichkeit einer ausschließlich liberalen Sicht der Grundrechte mittlerweile durchweg gesehen und an ihrer Ergänzungsbedürftigkeit dürften kaum mehr Zweifel bestehen.[82]

Gleichwohl knüpfen neuere Überlegungen zu einer „Grundrechtstheorie des Grundgesetzes"[83] explizit[84] oder implizit[85] am Verteilungsprinzip an, so wenn man die normative Intention des Grundrechtsteils mehr oder weniger ausschließlich in der Gewährleistung einklagbarer Individualrechte sieht[86], vor allem aber ihre Bedeutung für die Ausgestaltung der staatlichen Ordnung in Frage stellt[87].

Mag es dabei vielfach auch nur noch um die Frage der „richtigen" Akzentsetzung bei der Gewichtung der einzelnen Bedeutungsschichten der Grundrechte gehen: die Auseinandersetzungen um die Deutung der Grundrechte dauern an, insbesondere scheint die Konzeption des rechtsstaatlichen Verteilungsprinzips nach wie vor eine gewisse Faszination auf die deutsche Staats- und Verfassungslehre auszuüben, so daß es hierzu einiger grundrechtstheoretischer Erörterungen bedarf.

Der Versuch, die Autonomie pluralistischer Verwaltungsgremien von den Grundrechten her zu rechtfertigen, sieht sich zwei Einwänden von Seiten der am Verteilungsprinzip orientierten liberalen Grundrechtstheorie ausgesetzt: zum einen dem im Verteilungsprinzip wurzelnden Postulat der Trennung der staatsorganisatorischen Sphäre vom Bereich der Grundrechte und zum anderen der Deutung grundrechtlicher Freiheit als individueller Freiheitssphäre des Einzelnen und der daraus resultierenden Verengung der grundrechtlichen Schutzfunktion auf den Individualrechtsschutz.

---

[78] *C. Schmitt*, Verfassungslehre, S. 126 f.; *Böckenförde*, Grundrechtstheorie, S. 241 ff.

[79] *C. Schmitt*, Verfassungslehre, S. 126 f.

[80] *Böckenförde*, Grundrechtstheorie, S. 244.

[81] s. auch die beachtenswerten funktionell-rechtlichen Bedenken, die *Schuppert*, Funktionell-rechtliche Grenzen der Verfassungsinterpretation, S. 23 ff. geltend macht.

[82] Das gilt grundsätzlich auch für diejenigen Autoren, die sich auf das Verteilungsprinzip zurückbesinnen, vgl. etwa *Böckenförde*, Grundrechtstheorie, S. 228, 244; *Kröger*, Grundrechtstheorie als Verfassungsproblem, S. 15 ff.

[83] *Böckenförde*, Grundrechtstheorie, S. 243.

[84] Ebd., S. 241; *H. H. Klein*, Die Grundrechte im demokratischen Staat, S. 63.

[85] So wohl *Kröger*, Grundrechtstheorie als Verfassungsproblem, S. 34 ff.

[86] Vgl. *Böckenförde*, Grundrechtstheorie, S. 243 ff.; auch *H. H. Klein*, Die Grundrechte im demokratischen Staat, S. 56 f. und passim.

[87] Vgl. *Kröger*, Grundrechtstheorie als Verfassungsproblem, S. 35; *Böckenförde*, Grundrechtstheorie, S. 243 ff.

5.3.4.1. Die Unzulänglichkeit der Grundrechte als Individualrechte zur Steuerung und Begrenzung staatlicher Funktionen

So richtig die Feststellung ist, daß Grundrechte Schutz- und Umgrenzungsnormen personaler Freiheit sind, daß in ihnen ein Bereich prinzipiell individueller Beliebigkeit geschützt wird[88], so zweifelhaft ist, ob eine auf das subjektive Recht allein beschränkte Sicht der Grundrechte ausreicht, um denjenigen gesellschaftlichen Freiraum zu sichern, in dem jene subjektiven Freiheitsrechte überhaupt erst aktualisiert werden können. Gerade ein liberales Grundrechtsverständnis muß sich fragen, ob die so nachdrücklich unterstrichene Abwehr- und Ausgrenzungsfunktion der Grundrechte gegenüber staatlichen Interventionen noch von einer rein individualrechtlichen Betrachtung der Grundrechte her bewältigt werden kann.

Die im rechtsstaatlichen Verteilungsprinzip vorausgesetzte prinzipiell unbegrenzte Freiheit des Einzelnen gegenüber den prinzipiell begrenzten Befugnissen der Staatsgewalt hat sich de facto in ihr Gegenteil verkehrt. Der demokratische Rechtsstaat neuerer Prägung brachte nicht nur ein erhebliches Mehr an Pluralisierung und Demokratisierung des Staatsganzen. Er brachte auch ein erhebliches Mehr an Regelungen auf wirtschaftlichem, sozialem und kulturellem Gebiet. Was früher der Selbstregulierung der vom politischen Willensbildungsprozeß weitgehend ausgeschlossenen gesellschaftlichen Gruppen überlassen wurde, nahm der Staat in Verwaltung. Er überzog das Gemeinwesen mit einer Fülle von Regelungen, die sich keineswegs auf das Allernotwendigste beschränkten, er gestaltete die Sozialordnung und schob seine Kompetenzen damit weit in den gesellschaftlichen Bereich vor.[89] Namentlich im Bereich der Leistungsverwaltung schuf er neue Gefahrenzonen für die Grundrechte, auf die die überkommene, am Individualrechtsschutz orientierte Betrachtungsweise der Grundrechte kaum eingestellt ist.[90]

Die am Individualrechtsschutz orientierte Grundrechtsdogmatik reduziert sich letztlich auf eine Dogmatik der „Abwägungsvorbehalte und Argumentationslastregeln"[91] im Einzelfall. Sie verliert damit die objektive Dimension gesellschaftlicher Freiheit aus dem Blickfeld und ist damit nicht in der Lage, Entscheidungsgesichtspunkte für die Begrenzung von Staatsfunktionen gegenüber dem gesellschaftlichen Bereich zu liefern.[92] Grundrechte als subjektive Rechte sind damit zwar als

[88] *Schmitt Glaeser*, VVDStRL 31 (1973), S. 243.
[89] *Forsthoff*, Der Staat der Industriegesellschaft, S. 24 und passim.
[90] *Häberle*, VVDStRL 30 (1972), S. 56 und passim.
[91] Dazu eingehend *Schlink*, Abwägung im Verfassungsrecht, S. 192 ff.
[92] s. dazu auch *Bull*, Staatsaufgaben nach dem Grundgesetz, S. 7 ff.

fallweise im Gerichtssaal zu konkretisierende äußerste Grenzen staatlichen Handelns denkbar, vermögen staatliche Funktionen selbst aber nicht zu steuern.[93]

5.3.4.2. Die Ausklammerung des Schutzes gesellschaftlicher Differenzierungsprozesse

(a) Eine am Verteilungsprinzip orientierte liberale Grundrechtstheorie läuft vor allem Gefahr, weite Bereiche organisierter, pluralistischer gesellschaftlicher Freiheit in ihrer Schutzbedürftigkeit außer acht zu lassen. Gerade die mit der liberalen Grundrechtstheorie intendierte Aufrechterhaltung eines (relativ) autonomen Bereichs der Gesellschaft, dessen Ausdifferenzierung es vor dem Staat zu schützen gilt (Stichwort: Trennung von Staat und Gesellschaft) wird aber verfehlt, wenn man den Schutz dieser gesellschaftlichen Freiheit auf den Schutz der Freiheitssphäre des einzelnen Individuums beschränkt.[94] Weite Bereiche relativer gesellschaftlicher Autonomie, die vor allem durch verschiedene Formen organisierter pluralistischer Interessenwahrnehmung sowie durch einen Pluralismus der Sachbereiche konstituiert werden, können von einer auf die subjektivrechtliche Seite der Grundrechte beschränkte Sicht ihrer Abwehrfunktion nicht erfaßt werden.

Eine Grundrechtstheorie, die den Anspruch erhebt, den Einzelnen nicht im Staate aufgehen zu lassen, wird freilich nicht umhin kommen, die in den subjektiven Grundrechten angelegte Abwehrfunktion durch eine objektive Komponente, die dem Schutz der zwischen Staat und den Einzelnen angesiedelten „pluralistischen Ebene“ dient, zu verstärken.[95]

Die Gefahren eines sich auf das Verteilungsprinzip beschränkenden Grundrechtsverständnisses werden nirgendwo deutlicher als bei *C. Schmitt* selbst: Sein dezidiertes Votum für ein rein individuelles Grundrechtsverständnis verband sich nicht nur zufällig mit der strikten Ablehnung eines darüber hinausgehenden Bedeutungsgehaltes der Grundrechte etwa im Sinne eines Schutzes für autonome Exemtionen[96] und der Warnung vor einer konsequen-

---

[93] s. dazu *Luhmann*, Grundrechte als Institution, S. 30, der zu Recht kritisiert, „... daß subjektive Rechte, besonders Grundrechte, zwar als Grenzen des staatlichen Gesetzgebungsvorgangs vorstellbar sind, der Gesetzgebungsvorgang aber von diesen Grenzen her nicht gesteuert und rationalisiert werden kann, was man eigentlich von „Grenzen“ erwarten müßte.“

[94] Aus kulturwissenschaftlicher Sicht schreibt dazu *Malinowski*, Kultur und Freiheit, S. 101: „Das wirkliche Schlachtfeld, auf dem der Kampf zwischen der Freiheit und ihrer Regierung ausgetragen wird, muß in Bezug auf die Beschaffenheit der Kulturen, auf den Wirkungsbereich der organisierten Gruppen innerhalb der Kultur und der einzelnen innerhalb der Institutionen studiert werden.“

[95] Zu Recht weist *W. Schmidt*, AöR 101 (1976), S. 43 darauf hin, daß der totale Staat vor allem auch durch die Aus- bzw. Gleichschaltung gesellschaftlicher Organisationen gekennzeichnet ist.

[96] Grundrechte und Grundpflichten, S. 203 ff.

ten Ausnutzung und Aktualisierung der (weltanschaulichen und wirtschaftlichen) Vereinigungsfreiheit in Richtung einer „pluralistischen Staatskonstruktion“[97]. Nicht durch die Betonung des individuellen Charakters der Grundrechte, wohl aber durch die Betonung der Ausschließlichkeit dieser Deutung[98], deren Kehrseite eine ausgesprochen antipluralistische Staats- und Verfassungslehre war, wurde er zum Wegbereiter des totalen Staates. Sein Verteilungsprinzip diente nicht wirklich der Freiheitssicherung und schon gar nicht der Trennung von Staat und Gesellschaft im Sinn der Sicherung eines sich in Eigendynamik entfaltenden gesellschaftlichen Freiraums, als wirksamer Schutzzone gegenüber dem totalitären Zugriff des Staates.

(b) Das Grundgesetz und die darin normierten Grundfreiheiten müssen schließlich auch begriffen werden als Reaktion auf Erfahrungen des nationalsozialistischen Staates sowie als Konsequenz der in der Option zur deutschen Weststaatlösung zum Ausdruck gekommenen Ablehnung der sich im östlichen Teil Deutschlands verfestigenden neuen Form einer den Pluralismus negierenden Herrschaftsordnung.[99] Gerade auf diesem entstehungsgeschichtlichen Hintergrund wird deutlich, daß den Grundrechten eine über ihre individualrechtliche Seite hinausweisende Aufgabe zukommt: sie enthalten die Garantie des pluralistischen Systems der Gesellschaft, also des freiheitlichen Elements des Gemeinwesens, das den Unterschied zu totalitären Staatsformen schafft.[100]

Als Antwort auf erlebte und aktuelle Gefahrenlagen besteht die Funktion der Grundrechte auch und vor allem darin, Gefahren der Entdifferenzierung, die den einzelnen gesellschaftlichen Teilsystemen von Seiten des politischen Systems drohen, abzuwehren.[101] „Die Grundrechtsformulierungen heften sich an bestimmte Gefahrenpunkte, in denen das politische System dazu tendiert, über seine spezifische Funktion der Herstellung verbindlicher Entscheidungen hinauszugreifen, soziale Prozesse in sich hineinzuziehen und sie unter politischen Gesichtspunkten (also: Untersystemgesichtspunkten) zu integrieren“ (Luhmann).[102]

---

97 Ebd., S. 205.

98 Zu Recht macht demgegenüber *H. H. Klein*, Die Grundrechte im demokratischen Staat, S. 34, darauf aufmerksam, daß auch eine liberale Auslegung der Grundrechte nicht von einer individualistisch konzipierten Freiheitsvorstellung ausgehe. Nur muß freilich gesehen werden, daß *C. Schmitt* das Verteilungsprinzip tatsächlich im Sinne „atomisierter“ Individualgrundrechte deutete.

99 *Sörgel*, Konsensus und Interessen, S. 95; s. auch *Häberle*, Neutralität als verfassungsrechtliches Prinzip, S. 608: „ein Stück der negierten „Gegenstruktur“ (geht) in die neue Verfassung und ihre Problemhorizonte ein.“

100 *H. H. Klein*, Die Grundrechte im demokratischen Staat, S. 44; *Isensee*, Subsidiaritätsprinzip, S. 151.

101 *Luhmann*, Grundrechte als Institution, S. 23.

102 Ebd., S. 97; zu den Grundrechten als Gewährleistungen freiheitlich geordneter Teilsysteme auch *Rupp*, AöR 101 (1976), S. 172.

(c) Der negatorische Charakter der Grundrechte gilt nicht nur im Bereich der individuellen Privatsphäre. Er ergreift darüber hinaus die Bereiche gesellschaftlicher — nicht notwendig politischer — Freiheit, die um ihrer pluralistischen Ausdifferenzierung willen einer gewissen Autonomie bedürfen. Eine auf den Bereich der individuellen Privatsphäre beschränkte Ausgrenzung des „Staatlichen" aus dem Bereich gesellschaftlicher Differenzierung greift hier zu kurz, indem es alle nicht ausschließlich individuell-privaten Bereiche dem politischen Subsystem ausliefert.

(d) Merkwürdigerweise trifft sich hier im Hinblick auf das, was ausgeklammert wird, das „Verteilungsprinzip" mit einem streng integrationistischen Ansatz[103]: wo jedes demokratische Gesetz als Freiheitssicherung begriffen wird, wo Grundrechte als integrierende Sachgehalte in eine Theorie des Staates eingehen[104], stellt sich die Frage nach gesellschaftlichen Freiräumen, nach der Absicherung des pluralistischen, nicht auf der formal-demokratischen Gleichheit aller, sondern auf Differenzierung beruhenden Kommunikationssystems kollektiver gesellschaftlicher Wirksamkeit[105] nicht mehr.[106] Nicht von ungefähr verbindet sich diese Ausklammerung der pluralistischen Ebene aus dem Schutzbereich der Grundrechte mit einem tendenziell (bei *Smend*) oder — wie bei *C. Schmitt*, dezidiert etatistischen, antipluralistischen Gemeinwohlverständnis.[107]

Es ist kennzeichnend für das „Pluralismusdefizit" beider Richtungen, daß sich die Argumentation ausschließlich im Beziehungsfeld Staat—Individuum bewegt: die Frage nach dem Schutz des gesellschaftlichen (Gruppen-)Pluralismus scheint durch einen gewissen Konsens zwischen „konservativer" und „progressiver" Pluralismuskritik erledigt.[108]

---

[103] *Smend*, Verfassung und Verfassungsrecht, S. 260; auch *Häberle*, Die Wesensgehaltgarantie, S. 98 f., 188 ff. — kritisch *Böckenförde*, Grundrechtstheorie, S. 228 ff.

[104] s. dazu die Kritik von *Luhmann*, Grundrechte als Institution, S. 45.

[105] *Heller*, Staatslehre, S. 81.

[106] Die Feststellung *Fraenkels*, Der Pluralismus als Strukturelement, S. B 5, daß die These, Pluralismus stelle ein essentielles Merkmal freiheitlich-rechtsstaatlicher Demokratie dar, mit der h. M. in Widerspruch stehe, ist daher durchaus berechtigt.

[107] Zu *C. Schmitt* und seinen Schülern s. bereits oben, S. 47 ff.; auch *Rinken*, Das Öffentliche als verfassungstheoretisches Problem, S. 245 m. w. N., konstatiert zu Recht: „Im Antipluralismus war sich das umstrittene Lager (*Schmitt, Smend, Triepel*) einig. Das Verdienst, die Bedeutung kollektiver Wirkungseinheiten auch für das gesellschaftliche Leben erkannt und in eine Staatslehre integriert zu haben, kommt vor allem *Heller* zu, s. Staatslehre, S. 80 ff., insbes. S. 95 ff.

[108] Deutlich läßt sich das etwa an der Darstellung des Streitstandes bei *H. H. Klein*, Grundrechte im demokratischen Staat, S. 12 ff. ablesen.

Beide Richtungen ignorieren damit nicht nur die faktisch vorhandene pluralistische Ebene „öffentlicher Freiheit“[109], sondern laufen Gefahr, in einer „Verstaatlichung“ aller nicht mehr ausschließlich individuell-privater Gegenstände[110] und einer „Allzuständigkeit der staatlichen Administration im gesamten gesellschaftlichen Raum“[111] zu münden.

5.3.5. Die Effektivierung der Freiheitsrechte für Schutzzonen „öffentlich-privater“ Freiheit

5.3.5.1. Die „pluralistische Mittelzone“ als Schutzobjekt der Freiheitsrechte

Vorgebeugt werden kann dem nur durch den Schutz jener ausgedehnten, pluralistischen Mittelzone öffentlich-privater Koordination und Kooperation, die sich zwischen den Bereichen des Staatlich-Hoheitlichen und des Privat-Intimen erstreckt.[112] Auch der hiermit angesprochene Bereich des Öffentlichen, der ebenso abgehoben ist vom Bereich individueller Privatheit wie von der Sphäre organisierter Staatlichkeit, bedarf des „selbstzweckhaften“ Grundrechtsschutzes[113]. Nur so können überhaupt und auf Dauer ausgegrenzte gesellschaftliche Freiräume gegenüber dem Zugriff des politischen Subsystems wirksam verteidigt werden.

Die Schutzfunktion der Grundrechte kann sich daher, sollen sie reale Freiheit sichern, nicht auf den Bereich privat-individueller Beliebigkeit beschränken. Vielmehr müssen die Grundrechte objektivrechtlich auch dort verteidigt werden, wo ihr individualrechtlicher Charakter eine offene Flanke zur Staatlichkeit hin aufweist[114]. Ihr Charakter als „negative Kompetenzbestimmungen“ muß — freilich nach Maßgabe des je unterschiedlichen Schutzbereichs der Grundrechte — mit dazu beitragen, pluralistische Kommunikationstränge gegen die Hereinziehung in staatliche Integrationsprozesse zumindest dort zu verteidigen, wo dies ohne Vernachlässigung wichtiger Allgemeininteressen möglich ist.

Die Gleichsetzung von „demokratischer“ und „pluralismusbewirkender“ Seite der Grundrechte[115], hat hier ebenso zu Mißverständnissen

---

[109] *Rinken,* Das Öffentliche als verfassungstheoretisches Problem, S. 179.

[110] Urt. des Brem. StGH v. 23. 9. 1974, NJW 1974, S. 2230.

[111] Ebd.

[112] Zu dieser Verortung des Bereichs des Öffentlichen s. vor allem *Rinken,* Das Öffentliche als verfassungstheoretisches Problem, S. 294: „Die formale Dichotomie von öffentlichem und privatem Recht wird zur gleitenden Differenzierung rechtsinhaltlicher Art.“

[113] *Meyer-Teschendorf,* Staat und Kirche im pluralistischen Gemeinwesen, S. 36.

[114] *Isensee,* Subsidiaritätsprinzip und Verfassungsrecht, S. 292.

geführt[116], wie die Identifizierung der objektiven Funktion der Grundrechte mit ihrer demokratischen Seite. Die Assoziation, daß es dabei ausschließlich um eine Funktionalisierung von Grundrechten für staatliche Integrationsprozesse gehe, liegt dabei zumindest ebenso nahe wie die Befürchtung, daß damit die Gesellschaft in der Aktivbürgerschaft aufgehe und Staat und Gesellschaft miteinander identifiziert werden[117].

Zuwenig deutlich wurde dabei, daß die Grundrechte insgesamt, in einigen Grundrechtsbereichen freilich mit besonderem Nachdruck, die Funktion von „Kautelen" gegen die Politisierung, d. h. gegen die Vereinnahmung durch das Subsystem „Staat" zukommt, daß sie gerade in ihrer liberalen Funktion die erforderliche Distanz des politischen Systems zu den Differenzierungsprozessen der gesellschaftlichen Untersysteme gewährleisten.[118]

Der Schutz dieser Prozesse ist in erster Linie Aufgabe der Grundrechte[119], nicht des Demokratieprinzips. Pluralismus und Demokratie stehen zueinander wie Freiheit und Demokratie, sie sind aufeinander angewiesen, aber nicht identisch. Pluralismus meint in erster Linie Prozesse der Differenzierung, Demokratie dient der Einheitsbildung.

---

[115] So insbesondere *Häberle*, Die Grundrechte im demokratischen Staat, S. 581. Eine Unterscheidung dieser Grundrechtselemente wäre wohl auch ein Beitrag zur „Entmythologisierung" (*H. H. Klein*, Grundrechte im demokratischen Staat, S. 48) der Vorstellung von „demokratischer Freiheit".

[116] s. aber jetzt *Häberle*, Kulturverfassungsrecht im Bundesstaat, S. 72, wo die dort angesprochene kulturverfassungsrechtliche Dimension der Grundrechte deutlich gegen die demokratische Komponente abgesetzt wird; s. auch *ders.*, Kulturpolitik in der Stadt, S. 26 ff.

[117] Genährt werden solche Bedenken auch durch die Rechtsprechung des Bundesverfassungsgerichts, wenn die Pluralität und Freiheitlichkeit von Meinungsbildungsprozessen primär abgeleitet wird aus ihrer Bedeutung für die politische Meinungs- und Willensbildung, weil das Recht der freien Meinungsäußerung schlechthin „konstituierend" sei für den freiheitlich-demokratischen Staat — BVerfGE 7, 198 (208); 12, 113 (125); 25, 256 (256). s. dazu die Kritik von *Schmitt Glaeser*, AöR 97 (1972) S. 77 ff. — Wenig überzeugend sind insoweit die Ausführungen von *Evers*, Die Befugnis des Staates zur Festlegung von Erziehungszielen, S. 82 f., 87 f., der selbst die Neutralität des Staates im Erziehungs-, Weltanschauungs-, Wissenschafts- und Kunstbereich noch mit der Bedeutung dieser grundrechtsgeschützten Lebensbereiche für die politische Meinungs- und Willensbildung rechtfertigt. Dieser überzogene integrationistische Ansatz verkennt die Bedeutung der Grundrechte für den Schutz gesellschaftlicher Autonomie in Teilbereichen, wie etwa der Kultur, die um ihrer selbst willen zu schützen sind, mögen sich daraus auch Reflexwirkungen für die politische Meinungs- und Willensbildung ergeben.

[118] Nichts anderes meint auch der Begriff der Neutralität bzw. der Nichtidentifikation: „Der ‚moderne Staat' darf sich mit keiner Besonderheit identifizieren", *Schlaich*, Neutralität als verfassungsrechtliches Prinzip, S. 237.

[119] Wie hier *Meyer-Teschendorf*, Staat und Kirche im pluralistischen Gemeinwesen, S. 35: „Der gesellschaftliche Pluralismus ist grundrechtslegitimiert"; s. auch *Isensee*, NJW 1977, S. 548: „Grundrechte sind Differenzierungschancen; ihre Verwirklichung schafft tatsächliche Ungleichheit: Pluralismus."

Das Grundgesetz legitimiert beides, und in ihrem spannungsvollen Zusammenwirken sind sie die Grundlage der Legitimität staatlicher Herrschaft überhaupt.[120]

5.3.5.2. Die Kommunikationsgrundrechte im weiteren Sinn als Schutzgarantien besonders sensibler Kulturbedingungen

Freilich sichern Grundrechte nur in sehr unterschiedlicher, abgestufter Form Pluralismus als Prozesse der Differenzierung bestimmter Lebensbereiche.[121]

Verstärkt tritt der Aspekt des Schutzes sozialer Differenzierung aber vor allem bei den Grundrechten hervor, die in ihrer objektivrechtlichen Bedeutung bestimmte Lebensbereiche schützen, und zwar diejenigen des religiösen und geistigen Lebens (Art. 4 Abs. 1 und 2 GG, Art. 5 Abs. 1 GG), der Kunst und Wissenschaft (Art. 5 Abs. 3 GG), der familiären Erziehung (Art. 6 Abs. 1 GG) und der sozialen Gruppenbildung (Art. 9 Abs. 1 GG) und die als Grundlage von Freiheit überhaupt als nichtstaatliche Lebensbereiche erhalten bleiben sollen.[122]

Insbesondere sind die Grundrechte des Art. 4 Abs. 1 und 2 GG sowie Art. 5 Abs. 1 GG Garanten eines freien geistigen Prozesses, in dem sich die maßgeblichen Wertauffassungen frei von staatlicher Beeinflussung bilden sollen. Es verkörpert sich darin die Absage an eine von Staats wegen maßgebliche Deutung des Wahren und Richtigen zugunsten freier Auseinandersetzung und freien Konsenses über diese Fragen. Diese Grundrechte sind damit — und zwar sowohl in ihrer subjektivrechtlichen als auch in ihrer objektiven Komponente — Garanten einer

[120] Dazu *Grimmer,* Demokratie und Grundrechte, S. 298 ff., der von „materialer Demokratie" im Sinne einer doppelten Legitimation des Staates durch das Demokratieprinzip einerseits und die materiale Komponente der Grundrechte andererseits ausgeht.

[121] Die abgestuften Gesetzesvorbehalte mögen hier zumindest einen groben Anhaltspunkt geben: Ein Grundrecht, das schon nach dem Grundgesetz unter einem (All-)Gemeinwohl- (Art. 14 Abs. 1 und 2 GG) oder Gesetzesvorbehalt (Art. 12 Abs. 1) steht, bietet hier weniger Schutz als etwa das vorbehaltlos gewährleistete Grundrecht des Art. 4 Abs. 1 GG. Die vom Bundesverfassungsgericht konstatierte wirtschaftspolitische Neutralität des Grundgesetzes (z. B. BVerfGE 4, 7, *18*) gegenüber der Ordnungsautonomie des wirtschaftspolitisch aktiven Gesetzgebers (*Schmidt-Preuß,* Verfassungsrechtliche Zentralfragen, S. 82) betont daher auch stärker die Ordnungsfunktion des demokratisch legitimierten Gesetzgebers gegenüber dem Teilbereich Wirtschaft. Die Regelungsautonomie der Tarifpartner ergibt sich nicht unmittelbar aus der Gewährleistung des Eigentums oder der Berufsfreiheit, sondern aus dem besonders gewährleisteten Grundrecht der Tarifautonomie. s. dazu auch *Evers,* Die Befugnis des Staates zur Festlegung von Erziehungszielen, S. 84.

[122] *Hesse,* Grundzüge, S. 126; s. auch *Luhmann,* Grundrechte als Institution, S. 98 „nicht allein Ausformungen des Selbstdarstellungsschutzes der Persönlichkeit, sondern gleichrangig Schutzeinrichtungen der politisch unabhängigen Erwartungsbildung".

pluralistischen Meinungsvielfalt, Vehikel und Reservoir für pluralistische Alternativen und Innovationen[123].

Die genannten Lebensbereiche bedürfen als besonders sensible Kulturbedingungen der gesellschaftlichen Wirklichkeit[124] eines besonderen Schutzes vor staatlicher Einflußnahme, um ihre Autonomie, ihre Eigengesetzlichkeit und damit die Vielfalt ihrer Ausdrucks- und Handlungsmöglichkeiten zu erhalten.

Diese Lebensbereiche werden determiniert und hervorgebracht nicht nur durch die Interessen und Aktivitäten der Einzelnen, sondern auch durch die der Gruppen — handele es sich dabei um Berufsgruppen (Hochschullehrer) oder sonstige organisierte Wirkungseinheiten, die sich spezieller Aspekte der grundrechtlich geschützten Lebensbereiche annehmen[125]. Sie bilden den Orientierungsrahmen für den Einzelnen, schaffen Identifikationsmöglichkeiten sowie die für den Freiheitsgebrauch unerläßlichen Handlungsalternativen.[126]

---

[123] *Häberle,* Demokratische Verfassungstheorie im Lichte des Möglichkeitsdenkens, S. 23. Pluralistische „Spurenelemente" lassen sich darüber hinaus in größerer oder geringerer Intensität in fast allen Grundrechten aufzeigen, vom Hauptfreiheitsrecht des Art. 2 Abs. 1 GG angefangen bis hin zum Recht auf Verweigerung des Wehrdienstes. In ihrer Abwehrfunktion sind die Grundrechte gewissermaßen „pluralistische Antipoden" einheitlicher Staatsbestimmung.

[124] Zu den Kulturbedingungen siehe *Heller,* Staatslehre, S. 101 ff.; zum kulturverfassungsrechtlichen Grundrechtsverständnis s. *Häberle,* Kulturverfassungsrecht im Bundesstaat, S. 72. — Sehr fragwürdig hingegen *E. R. Huber,* Zur Problematik des Kulturstaates, S. 16, der keine Bedenken hat, die „für den Aufbau jedes Kultursystems so entscheidende Kulturdifferenzierung" unter den Einfluß staatlicher Organe zu stellen. Die schlechthin verheerenden Folgen kultur„staatlicher" Aktivitäten für den Kulturbereich im NS-Staat mahnen zur Vorsicht gegenüber allen etatistischen Kultur„staats"-Entwürfen.

[125] Zum Zusammenhang von Freiheit — Kultur — Organisation aus kulturwissenschaftlicher Sicht schreibt *Malinowski,* Kultur und Freiheit, S. 144 f.: „Wollte ein Ethnograph die verschiedenen Typen der menschlichen Kultur, von der primitivsten bis zur höchstentwickelten, rasch überblicken, so würde er eine erstaunliche Entdeckung machen. Er würde nämlich finden, daß die Kulturarbeit nicht das Werk des Gemeinwesens in seiner Gesamtheit noch das der Individuen ist, sondern daß diese Arbeit von kleineren organisierten Gruppen, eben den Institutionen geleistet wird, aus denen sich das Gemeinwesen zusammensetzt. Die Wichtigkeit dieser Entdeckung beruht auf zwei Tatsachen: erstens weisen Institutionen immer die gleiche Struktur auf und zweitens finden sie sich überall; sie stellen also die wahren Grundstoffe der Kultur dar. Es ist auch möglich, die Struktur eines solchen Systems organisierter Betätigung aufzuzeigen: diese wird immer von einer Gruppe in einer genau festgelegten Art und unter Verwendung bestimmter Typen der materiellen Ausrüstung ausgeübt und gehorcht Normen, die für die Mitglieder dieser Gruppen, und zwar nur für diese, bindend sind. Ausgestattet mit materieller Ausrüstung, spezifischen Verhaltensnormen und einer sozialen Organisation, einschließlich einer Zentralgewalt, üben die Mitglieder einer Institution eine Funktion aus, durch die sie einen beabsichtigten Zweck erreichen, und leisten sie in einer bestimmten Art und Weise ihren Beitrag zur Kulturarbeit als Ganzem. Wir müssen die gleichen Hauptfaktoren und

Dies gilt selbst für ein scheinbar so ausgeprägt auf den Schutz der individuellen Entscheidungsfreiheit angelegtes Grundrecht wie die Gewissensfreiheit (Art. 4 Abs. 1 GG). Häberle hat zu Recht darauf hingewiesen, daß diesem Grundrecht sowohl historisch (Religionsfreiheit, Schutz konfessioneller Minderheiten) als auch aktuell (Kriegsdienstverweigerungsverbände) eine demokratieentsprechende pluralistische Komponente innewohnt, „daß die „Sache Gewissensfreiheit“ *(Bäumlin)* sozial — früher wie heute — auf ein Gruppengrundrecht deutet, insofern der einzelne mit und in seinem Gewissen nicht für sich allein steht, sondern der Einbettung in und der Organisation durch Gruppen bedarf — zur Gewissensbildung“[127].

Auch das Grundrecht der Wissenschaftsfreiheit erschöpft seinen Schutzbereich nicht in seiner individualrechtlichen Komponente: die im Hochschulurteil aus der Freiheit von Forschung und Lehre gefolgerten organisationsrechtlichen Vorkehrungen im Bereich der Hochschule schützen nicht den einzelnen Wissenschaftler und sein individuelles Selbstbestimmungsrecht, sondern die Hochschullehrer als Gruppe[128]. Daß man darin vielfach und zu Recht auch eine Absicherung des individuellen Freiheitsrechts sieht[129], bestätigt nur den Zusammenhang von individueller und gruppenmäßiger Grundrechtsbetätigung. Namentlich unter dem Aspekt knapper Teilhabe- und Selbstbestimmungschancen gewinnt der Gesichtspunkt der Gruppenrepräsentation auch für das Individualrecht Bedeutung.[130]

---

ihre Beziehungen in der Familie, im Staat, in den Arbeitsgruppen einer Fabrik, einer Gewerkschaft, einer Kirche oder einer Bande genau studieren.“

[126] Zum Zusammenhang von Freiheitsgebrauch und Handlungsalternativen s. *Podlech*, Das Grundrecht der Gewissensfreiheit, S. 32 f.; ferner *Häberle*, Demokratische Verfassungstheorie im Lichte des Möglichkeitsdenkens, S. 19 ff.

[127] *Häberle*, VVDStRL 28 (1970), Aussprache, S. 110; s. auch *Luhmann*, Grundrechte als Institution, S. 93: „Individuum und Kollektivum sind keine Substanzen mit festliegenden gegensätzlichen Interessen, wie das der Grundrechtsdiskussion mehr oder weniger deutlich vorschwebt.“ Zum Verhältnis „Individuum und Organisation vgl. ferner: *Krüger*, Allgemeine Staatslehre, S. 394 f.; *Scheuner*, Der Staat und die Verbände, S. 10 ff.

[128] BVerfGE 35, 79 (127).

[129] *Schmitt Glaeser*, WissR 7 (1974), S. 132; *Starck*, Staatliche Organisation und staatliche Finanzierung als Hilfen zu Grundrechtsverwirklichungen, S. 500; s. auch das BVerfG selbst, BVerfGE 35, 79 (116).

[130] s. dazu BVerfGE 35, 79 (128 f.) — freilich läuft eine allzustarke Betonung der individualrechtlichen Seite im Zusammenhang mit dem Hochschulurteil Gefahr, das Individualrecht mit dem Gruppenrecht zu identifizieren. Wenn *Starck*, Staatliche Organisation und staatliche Finanzierung als Hilfen zu Grundrechtsverwirklichungen, S. 484, feststellt: „Repräsentation ist Repression“. „Denn niemand kann die Freiheit eines anderen repräsentieren“, so gilt das nur für die individualrechtliche Seite der Grundrechte. Auf der anderen Seite erweitert die Anerkennung auch kollektiver Grundrechtsausübung die objektiven Schutzzonen gegenüber dem Staat und, soweit es wie im Hochschulbereich um „mehrdimensionale“ Freiheitsprobleme geht, auch gegenüber anderen Grundrechtsträgern.

Aber auch dort, wo der Zusammenhang zwischen individueller und gruppenmäßiger Grundrechtsausübung nicht so evident ist, wird man die objektivrechtliche Seite derjenigen Grundrechte, die in besonderer Weise gesellschaftlich-kulturelle Differenzierungsprozesse schützen, durch eine Art „Aktualisierungskompetenz für gesellschaftliche Besonderheiten“[131] als Schutz vor der Vereinnahmung durch staatliche Entscheidungskompetenzen ergänzen müssen. Den organisierten Wirkeinheiten kommt bei der Ausfüllung dieser Kompetenzen eine wichtige Funktion für die Definition des je Besonderen zu.[132]

5.3.6. Die Interdependenz von grundrechtlicher Freiheit und staatlichen Organisations- und Verfahrensregelungen — zum „status activus processualis“ (Häberle)

Die soeben dargestellte Ausgrenzungsfunktion der Grundrechte zum Schutz gesellschaftlicher Differenzierung bleibt jedoch wirkungslos, wenn man ihren Wirkungsbereich auf den Bereich des Gesellschaftlichen, etwa im Sinne der Gewährleistung einer staatsfreien Sphäre beschränkt.

Weder kann — gerade wegen der Schutz- und Aktualisierungsbedürftigkeit bestimmter Freiheitsbereiche — von einer „Minimalisierung“ des Staates, einer Reduzierung seiner Ordnungs- und Vorsorgefunktionen, ein Gewinn an tatsächlicher Freiheit erwartet werden[133], noch erscheint eine solche Hoffnung in Anbetracht der sich ständig ausweitenden staatlichen Funktionsbereiche auch nur realistisch[134].

Vor allem angesichts der faktischen Angewiesenheit gerade auch des geistig-kulturellen Sektors, der nicht über eine eigene materielle Basis verfügt, auf Staatsleistungen wird man die Freiheit in diesen Lebensbereichen nicht in einer bloß negatorischen Ausgrenzungsfunktion der einschlägigen Verfassungsgarantien sehen können.[135]

---

[131] *Meyer-Teschendorf*, Staat und Kirche im pluralistischen Gemeinwesen, S. 168.

[132] Für die Kirchen ist das etwa im Bereich der Sozialethik seit jeher anerkannt. Freilich geht es unter den Bedingungen eines säkularen Staatswesens nicht an, ihnen neben anderen Gruppen, die Mitspracherechte geltend machen, eine Prärogative einzuräumen. s. dazu *Isensee*, NJW 1977, S. 545, 551.

[133] *Schlaich*, Neutralität als verfassungsrechtliches Prinzip, S. 250; ausführlich auch *Meyer-Teschendorf*, Staat und Kirche im pluralistischen Gemeinwesen, S. 187 ff.; *Häberle*, Kulturverfassungsrecht im Bundesstaat, S. 72 ff.

[134] Zu Recht weist *Schmitt Glaeser*, Mißbrauch und Verwirkung von Grundrechten, S. 103 darauf hin, daß das Bild vom Freiheitsraum, der vor dem Staat geschützt wird, *staatsfrei* ist, überhaupt nur (noch) für die im eigentlichen Sinne des Wortes zu verstehende Privatsphäre gilt.

[135] *Meyer-Teschendorf*, Staat und Kirche im pluralistischen Gemeinwesen, S. 192 f.

Die vielfach zum Dogma erstarrte These der „Trennung von Staat und Gesellschaft" und die daraus abgeleitete Trennung des staatsorganisatorischen Bereichs vom grundrechtlichen Teil der Verfassung[136] verkennt, daß Trennung und Abhängigkeit einander nicht ausschließen, ja daß gerade durch eine Trennung im Sinne funktionaler Differenzierung die Abhängigkeit der Systeme voneinander wächst[137].

Gerade eine liberale Auffassung der Grundrechte, die gegenüber den sozialen Voraussetzungen der Realisierung grundrechtlicher Freiheit nicht blind ist, kann sich daher nicht damit begnügen, den „status negativus" *(G. Jellinek)* ausschließlich im Bereich individueller Privatheit zu berücksichtigen. Gerade um der Bedeutung der Grundrechte namentlich im Kommunikationsbereich für Prozesse gesellschaftlich-kultureller Differenzierung, um ihrer Schutzfunktion gegenüber Tendenzen des staatlichen Subsystems zur Politisierung der Sozialordnung willen, muß sich ihre normative Kraft auch im staatsorganisatorischen Bereich entfalten. Die überkommene, mit der liberalen Sicht der Grundrechte meist verbundene Denkform des subjektiven Rechts und des ihm zugeordneten Individualrechtsschutzes „minimalisiert" nicht den Staat, sondern die Grundrechte.[138]

Das Bundesverfassungsgericht folgt dieser Einsicht, wenn es etwa aus Art. 5 Abs. 3 GG (auch Art. 1 Abs. 3 GG müßte hier genannt werden) folgert, daß die Entscheidung des Verfassungsgebers, diesem Lebensbereich seinen besonderen Schutz angedeihen zu lassen, sich nicht in einem Verzicht auf staatliche Eingriffe erschöpfe, sondern das Einstehen des „Kulturstaates" für die Idee einer freien Wissenschaft mitumfasse[139], und wenn es daraus konkrete Folgerungen für die organisatorische Ausgestaltung des staatlich organisierten Wissenschaftsbetriebes ableitet[140].

Die Formel von der „freiheitlich demokratischen Grundordnung" (Art. 18, 21 Abs. 2 GG) reflektiert überdies seit jeher die doppelte Legitimationsbasis des Verfassungsstaates, nämlich Demokratie und Freiheit.[141] In der Realisierung des materialen Geltungsgehaltes der Grund-

---

[136] So namentlich *Forsthoff*, Rechtsstaat im Wandel, S. 208.

[137] *Luhmann*, Grundrechte als Institution, S. 29 f.; ferner *Rupp*, AöR 101 (1976), S. 164, der von einem „Ineinander-Verschränktsein und Gegenseitig-Bedingtsein von Grundrechtsbestimmungen und organisatorischen Bestimmungen" spricht.

[138] s. dazu auch *Luhmann*, Grundrechte als Institution, S. 206: „Auf diese Weise wird die Prozeßsituation in die Sozialordnung projiziert" und S. 209: „Die Aktualisierung der Grundrechte wird damit dem rechtsbewußten, notfalls klagenden Bürger überlassen und die nähere Ausformung des Inhalts der Grundrechte der rechtsprechenden Gewalt überlassen."

[139] BVerfGE 35, 79 (114).

[140] Ebd., 114 ff.

[141] s. dazu insbesondere *Grimmer*, Demokratie und Grundrechte, S. 303.

rechte auch im staatsorganisatorischen Bereich bewirken die Grundrechte ein Stück materialer Legitimation des demokratischen Staates.[142]

Was der Grundsatz der Verhältnismäßigkeit als Abwägungs- und Zuordnungsprinzip von Ordnungs- und Freiheitsinteressen im individuellen Rechtsschutzverfahren leistet[143], muß im staatsorganisatorischen Raum durch Organisation und Verfahren bewirkt werden: der Abwägungsvorbehalt[144] wird zum Organisations- und Verfahrensvorbehalt[145]. Freiheit wird hier zum Organisations- und Verfahrens-Problem.[146]

Die Grundrechte gewinnen damit eine neue Dimension, die zu den Aspekten der „klassischen" Statuslehre *G. Jellineks* hinzutritt und von *Häberle* als „status activus processualis" in die wissenschaftliche Diskussion eingeführt wurde.[147]

Gerade unter dem Gesichtspunkt des in den Grundrechten angelegten Schutzes einer differenzierten, pluralistischen Sozialordnung kann der status activus processualis sich nicht auf den individualrechtlichen Aspekt der Grundrechte beschränken.[148] Dagegen sind die gleichen Einwände vorzubringen wie gegen eine rein individualrechtliche Sicht der Grundrechte überhaupt.[149] Vielmehr eröffnet gerade der status activus processualis die Möglichkeit, den oben dargelegten „überindividuellen" Freiheitsbelangen der Grundrechte Rechnung zu tragen, indem die aus der Abwehrfunktion der Grundrechte folgende Aktualisierungskompetenz gesellschaftlicher Besonderheiten bereits im Prozeß

---

[142] Ebd., S. 266 ff., 267 f.; ebenso *Isensee*, NJW 1977, S. 546; auch *Roellecke*, NJW 1978, S. 1778 spricht das Problem des Verhältnisses von grundrechtlicher und demokratischer Legitimation an. — Die viel und polemisch erörterte Frage, ob Freiheit um der Demokratie willen gewährleistet wird oder Demokratie zugunsten der Freiheit zu mobilisieren ist (so *H. H. Klein*, Grundrechte im demokratischen Staat, S. 71) scheint falsch gestellt. Es geht um die Optimierung beider Prinzipien, will man das die Verfassungsinterpretation leitende Prinzip der Einheit der Verfassung nicht verfehlen — dazu *Hesse*, Grundzüge, S. 11 ff.; *Ehmke*, VVDStRL 20 (1963), S. 77 ff.

[143] s. dazu *Hesse*, Grundzüge, S. 135 mit umfangreichen Rechtsprechungsnachweisen; *Grabitz*, AöR 98 (1973), S. 568 ff.

[144] s. dazu die ständige Rspr. des Bundesverfassungsgerichts, BVerfGE 7, 198 (207 f.); 14, 263 (282); 21, 239 (243 f.).

[145] s. *Häberle*, VVDStRL 30 (1972), S. 87: „Der Gesetzesvorbehalt wird zum Verfahrensvorbehalt".

[146] *H. H. Rupp*, AöR 101 (1976), S. 164 f.

[147] VVDStRL 30 (1972), S. 80 ff. — *Häberle*, S. 83, weist darauf hin, daß die Einrichtung bestimmter Organisationsmodelle und -strukturen vor allem auch als Reaktion auf faktische Gefährdungen des status negativus gefordert sein kann. Er verdeutlicht diesen Aspekt vor allem anhand pluralistisch strukturierter Gremien, S. 83, Fn. 175.

[148] So *Ossenbühl*, DöV 1981, S. 3; auch *Redeker*, NJW 1980, S. 1594 ff. behandelt nur den individualrechtlichen Aspekt von Verfahrensteilhabe; ferner *Blümel*, „Demokratisierung der Planung", S. 23. Der Gedanke eines in das Verwaltungsverfahren vorverlagerten Individualrechtsschutzes spielt dabei eine entscheidende Rolle.

[149] s. oben Teil 5.3.4.1.

der staatlichen Entscheidungsfindung berücksichtigt werden kann.[150] Ein Bedürfnis hierzu besteht vor allem dort, wo besonders empfindliche, gesellschaftlich-kulturelle Lebensbereiche, wie sie namentlich in den Kommunikationsgrundrechten garantiert werden, eine Vorverlagerung der grundrechtlichen Schutzzone verlangen.

Die Freiheitsgewährleistungen zugunsten pluralistisch-gesellschaftlicher Besonderheiten werden damit zu positiven Kompetenznormen[151], die das staatliche Monopol zur Konkretisierung des Gemeinwohls partiell zugunsten des Differenzierungspotentials der Gesellschaft durchbrechen.[152]

5.4. Pluralistische Verwaltungsgremien im sozial-kulturellen Bereich als Formen spezifisch grundrechtslegitimierter Organisations- und Verfahrensregelungen

5.4.1. Zur Ambivalenz staatlicher (Film-)Kunstförderung

Die Kunstförderung ist gewissermaßen „klassisches Paradigma" für die Ausdehnung staatlicher Funktionsbereiche und die sich daraus ergebenden Gefährdungen des von der Kunstfreiheitsgarantie umfaßten „sachlich eigengeprägten Sektors individuellen und sozialen Lebens"[153]. Der Staat, der sich als Kulturstaat[154] begreift und die Förderung der

---

150 Zur korporativen Dimension des status activus processualis s. auch *Häberle*, Auf dem Weg zum Allgemeinen Verwaltungsrecht mit Nachtrag, S. 681.

151 *Häberle*, VVDStRL 30 (1972), S. 103, dort allerdings bezogen auf die „Aufgabe" sozialstaatlicher Grundrechtspolitik.

152 Das Bundesverfassungsgericht vertritt eine auf den jeweiligen grundrechtlichen und sachlichen Problembereich zugeschnittene, differenzierte Auffassung zur Grundrechtsrelevanz von Organisations- und Verfahrensregeln. So steht die objektivrechtliche Seite der Grundrechte und ihre Relevanz für die Ausgestaltung bestimmter Sach- und Entscheidungsbereiche sowohl in den Entscheidungen, die sich mit der Organisation des öffentlichen Rundfunkwesens beschäftigen (BVerfGE 12, 205, 259 ff.; 31, 314, 326 ff.), im Vordergrund, als auch — nach hier vertretener Auffassung — (s. oben Teil 5.3.2., Fußnote 68) im Urteil zum Niedersächsischen Vorschaltgesetz (BVerfGE 35, 79, 120 ff.). In anderen Urteilen tritt hingegen die individualrechtliche Komponente in den Vordergrund, s. etwa BVerfGE 37, 132; 39, 276 (294); 46, 325 (334); 49, 220 (225); die Bedeutung der einzelnen Grundrechtsaspekte — subjektives Individualrecht, objektive Schutz- und Abwehrfunktion und funktional-demokratische Sicht — variiert mit den Besonderheiten des Entscheidungsgegenstandes. Der wissenschaftliche Streit um die Grundrechtstheorien verliert auf der „praktischen" Ebene seine scharfen Konturen. s. dazu auch vor allem *Bethge*, NJW 1982, S. 1 ff., der zu Recht eine differenzierende, auf die verschiedenen Einzelgrundrechte zugeschnittene Handhabung des Argumentationstopos „Grundrechtsverwirklichung und Grundrechtssicherung durch Organisation und Verfahren" fordert, ebd., S. 2.

153 *F. Müller*, Freiheit der Kunst, S. 15.

154 Grundlegend: *E. R. Huber*, Zur Problematik des Kulturstaates; ferner *Heckel*, Staat — Kirche — Kunst, S. 127; auch BVerfGE 35, 79 (114); kritisch

Kunst zu seiner Aufgabe macht, steht in einem ambivalenten Verhältnis zum Freiheitsrecht: er macht es „zum Gegenstand seiner Aufgaben — sozialgerechte Antwort auf Grundrechtsdefizite als ‚bürgerliches Erbe' — und schafft neue Gefahrenzonen" (Häberle)[155].

Da die Förderungsmittel knapp sind, muß der Staat die Kriterien, aber auch die Kompetenz zur Entscheidung über die Förderungswürdigkeit eines Films, eines Drehbuchs etc. festlegen. Er rückt damit in einen Bereich vor, der im Sinne des Gebots der Erhaltung gesellschaftlich-kultureller Differenzierung, konkretisiert für den Kunstbereich durch Art. 5 Abs. 3 GG, seiner besonderen, oben bereits näher ausgeführten[156] Eigengesetzlichkeit und Selbststeuerung durch die gesellschaftlich-kulturellen Bedingungsfaktoren überlassen bleiben soll. Die kulturstaatliche Verantwortung für die Pflege des Kulturgutes „Film" wird damit überlagert von der grundrechtlich legitimierten Aktualisierungskompetenz der im sachlichen Einzugsbereich des Grundrechts wirkenden gesellschaftlich-pluralen Kräfte, seien dies Einzelpersonen (Filmkünstler, Filmkritiker, Filmwissenschaftler) oder Organisationen (Künstlergruppen, Verbände von Filmschaffenden), die spezielle Aspekte des Filmkunstbereichs betreuen. Auch den filmwirtschaftlichen Sektor wird man nicht ganz außer Betracht lassen können, da die enge Verquickung des Mediums Film mit einem ganzen Wirtschaftszweig durchaus mit zu den realen Gegebenheiten dieser Kunstgattung gehört, ihre Eigendynamik mitsteuert.[157]

Die Besonderheit der durch Art. 5 Abs. 3 gewährleisteten Freiheit, nämlich Schutz eines sozial-kulturellen Lebensbereichs, fordert damit eine Vorverlagerung der Schutzzone gegen den Staat hin, die über das individuelle, im Rechtsschutzverfahren geltend zu machende Abwehrrecht hinausgeht. Der Gesichtspunkt der „schrankenlosen" Gewährleistung dieses Grundrechts läßt sich auf diese Weise zudem sinnvoller in die Grundrechtsdogmatik integrieren, als die überkommene individualrechtliche Betrachtung des Freiheitsrechts[158]: nämlich als

---

Schlaich, Neutralität als verfassungsrechtliches Prinzip, S. 258, Fn. 87: „Kulturstaat" ist wahrlich schauderhaft; „Kulturverfassung" — eine Verfassung, die sich auch der Sache Kultur annimmt — trifft besser. Zur Kultur„verfassung" s. *Häberle*, Kulturverfassungsrecht im Bundesstaat, S. 72 ff.

[155] VVDStRL 30 (1972), S. 133, Leitsatz 8; s. auch *Schwarze*, AfP 1974, S. 692.

[156] Teil 2.2.3.2.

[157] s. dazu bereits oben, Teil 2.2.3.2. (d) und (e).

[158] Kritisch zu den überkommenen Versuchen der Schrankenbestimmung im Rahmen des Art. 5 Abs. 3 GG: *F. Müller*, Freiheit der Kunst, S. 14 ff. — Seine „Normbereichsanalyse" als Element der Grundrechtsdogmatik dieser eigengearteten Freiheitsgarantie trägt mit zur Korrektur einer Grundrechtsdogmatik bei, die das Grundrecht ausschließlich als unumschränktes, individuelles Abwehrrecht begreift und von diesem Ausgangspunkt her die Begrenzungsproblematik nur schwer in den Griff bekommt.

Schutz gegen die Vereinnahmung durch staatliche Integrationsprozesse.

Die objektive Wertentscheidung des schrankenlos gewährleisteten Grundrechts aus Art. 5 Abs. 3 GG gebietet daher, daß sich bereits der Entscheidungsprozeß kulturstaatlicher Förderungspraxis an der Eigengesetzlichkeit, Autonomie und Pluralität des Filmkunstbereichs orientiert.[159]

Aus der Perspektive des Staates ist damit der Grundsatz der Neutralität des Staates im kulturpolitischen Bereich angesprochen.[160] Sie ist gewissermaßen die Kehrseite des durch das Freiheitsrecht abgeschirmten gesellschaftliche Pluralismus im Kunstbereich: beide sind „an den pluralen Gegebenheiten als solchen, an deren Eigenstand und Selbstverständnis interessiert“[161].

Kulturstaat im Sinne des (Kultur-)Verfassungsrechts meint den Staat, der die Kultur *seiner Bürger* fördert[162], und nicht auch die Kompetenz der materiellen Bestimmung des je Förderungswürdigen für sich beansprucht und damit die für den Aufbau „jedes Kultursystems so entscheidende Kulturdifferenzierung“[163] dem gestaltenden Einfluß staatlicher Organe unterwirft.[164]

Die praktische Verwirklichung dieses Prinzips ist freilich nicht auf Förderung schlechthin verwiesen.[165] Wie das Bundesverfassungsgericht zu Recht feststellt, würde eine Art „Gießkannenprinzip“ im Rahmen der staatlichen Kunstförderung den staatlichen Auftrag zur Kunstpflege eher verfehlen, „indem sie auf der einen Seite zur Steigerung der künstlerischen Produktion nach Qualität und Umfang kaum etwas beitrüge, auf der anderen Seite die — stets nur beschränkt verfügba-

---

159 s. auch *Scholz* in Maunz / Dürig / Herzog / Scholz, GG, Art. 5 III, Rdnr. 40.

160 *Krüger*, Allgemeine Staatslehre, S. 808.

161 *Schlaich*, Neutralität als verfassungsrechtliches Prinzip, S. 256.

162 *Krüger*, Allgemeine Staatslehre, S. 808; *Häberle*, Kulturverfassungsrecht im Bundesstaat, S. 72 ff.

163 So aber ausdrücklich *E. R. Huber*, Zur Problematik des Kulturstaates, S. 16.

164 Die Auffassung *Hubers* ist namentlich nach den Erfahrungen des schlechthin kulturvernichtenden staatlichen Gestaltungseinflusses während des Nationalsozialismus mehr als bedenklich. (Für den Bereich des Films s. etwa *W. v. Bredow* und *R. Zurek*, Film und Gesellschaft in Deutschland, S. 135 ff.). Die Vorstellung *Hubers*, S. 22, daß sich die Herrschaft der Kultur quasi von selbst gegenüber dem Staat durchsetzt, daß die Herrschaft des Staates über die Kultur in die Herrschaft der Kultur über den Staat umschlägt, erscheint allzusehr in den Traditionen des deutschen Idealismus (hier in der Nachfolge *Hegels*) befangen und reflektiert nicht mehr die realen Freiheits- und Kulturbedingungen, wie sie namentlich von den Kultur- und Sozialwissenschaften untersucht werden.

165 So wohl *Krüger*, Allgemeine Staatslehre, S. 808.

ren — staatlichen Mittel der wirksamen Förderung wirklich förderungsbedürftiger künstlerischer Leistungen entzöge“[166].

5.4.2. Organisation und Verfahren als komplementäre Absicherung des grundrechtlichen status negativus gegenüber der staatlichen Förderungspraxis

Vielmehr sind kulturstaatliche Leistungsfunktionen und liberale Schutzfunktionen — beide im Freiheitsrecht des Art. 5 Abs. 3 GG verankert — durch organisations- und verfahrensrechtliche Vorkehrungen miteinander in Einklang zu bringen, da eine egalitär-demokratische Förderung an der Aufgabe der Kunstpflege vorbeiginge und eine an den Eigengesetzlichkeiten und spezifischen Sachbereichsinteressen „uninteressierte“ Kunstförderung der Schutzgarantie eines als „staats“-frei gewährleisteten Lebensbereichs nicht gerecht würde. Es geht dabei in der Tat um die „Erlangung eines „optimalen“ Status des Filmwesens im Sinne der eigenen Bewertung“[167], und wenn man so will, liegt darin auch eine „antidemokratische Tendenz“[168], die aber vom demokratischen Staat um der Gewährleistung des auch gegenüber demokratischen Integrationsprozessen geschützten Kunstbereichs willen in Kauf genommen werden kann und muß.[169]

Die Überantwortung von Kunstförderungsentscheidungen auf autonome Verwaltungseinheiten wie die Filmförderungsanstalt, deren Entscheidungsorgane sich mehrheitlich nicht aus beamteten Amtsträgern, sondern Repräsentanten gesellschaftlicher Kräfte zusammensetzen, und der Verzicht auf eine detaillierte gesetzgeberische Ausgestaltung der Entscheidungsvorgaben[170] erweist sich somit als spezifisch grundrechtslegitimiert, indem sie die Entscheidung über die Förderungswürdigkeit von Filmproduktionen gegenüber dem politischen (Sub)-System „Staat“ abschirmt.[171]

Anders als im Bereich der Wissenschaft besteht bei der Kunst allerdings nicht die Möglichkeit, auf vorgefundene Formen repräsentativer Selbstverwaltung zurückzugreifen, in denen die Träger des Grundrechts, aber auch die sonst am Wissenschaftsprozeß resp. Kunstbereich

---

[166] BVerfGE 36, 321 (333); zustimmend *Schwarze*, AfP 1974, S. 695.

[167] *v. Hartlieb*, Staatliche Filmförderung, S. 37 unter Berufung auf *Lerche*.

[168] *v. Hartlieb*, Staatliche Filmförderung, S. 37 — freilich verbirgt sich hinter dem demokratischen Pathos bei *v. Hartlieb* wenig mehr als das Interesse der Filmwirtschaft an kassenfüllender Massenproduktion.

[169] *J. Schwarze*, S. 695: „Im Interesse der Freiheit der Kunst muß die staatliche Kunstförderung mit ungesicherten Beurteilungsmaßstäben leben“.

[170] Ähnlich: *Graul*, Künstlerische Urteile, S. 73; *Knies*, Schranken der Kunstfreiheit, S. 214, Fn. 180.

[171] BVerfGE 35, 79 (128).

Interessierten organisiert sind und in denen die subjektiven Freiheitsrechte zusätzlich durch gruppenorganisatorisch vermittelte Mitentscheidungsrechte abgesichert werden. Der Gesetzgeber muß solche Strukturen vielmehr erst schaffen, und er ist dabei gehalten, dem Sachbereich „Kunst" und seiner Pluralität im binnenorganisatorischen Raum Rechnung zu tragen.[172]

Da es nicht möglich ist, die Grundrechtsträger und ihre spezifischen Grundrechtsinteressen im Bereich der Kunst in einer Organisation zusammenzufassen, muß der Gesetzgeber auf die in der Gesellschaft vorgefundenen repräsentativen Strukturen zurückgreifen. Die Verbände nehmen dabei wegen ihrer Interessenaggregations- und Integrationsfunktion eine wichtige Stellung ein. Im Bereich der Kunst repräsentieren aber auch bekannte Kritikerpersönlichkeiten oder einzelne Künstler die verschiedenen Vorstellungen und Interessen des Sachbereichs „Kunst". Ihre Auswahl durch Verbände ist jedoch eine zusätzliche Vorkehrung gegen staatlichen Einfluß.

5.4.3. Zum Problem der Gewichtung der Interessen im Rahmen der Filmförderungsanstalt

Der organisatorische Gestaltungsspielraum des Gesetzgebers wird dabei begrenzt durch den sachlich-gegenständlichen Bereich des zu sichernden Grundrechts — hier der Kunstfreiheit. Aber auch innerhalb dieses Rahmens ist es dem Gesetzgeber verwehrt, die Organisation solcher Entscheidungsbereiche beliebig unter dem Gesichtspunkt der „Systemsteuerung durch Dosierung von Gruppeneinfluß"[173] auszugestalten, soll nicht die eine oder andere Kunstrichtung im Entscheidungsprozeß willkürlich bevorzugt oder benachteiligt werden[174] und soll sich nicht der staatliche Einfluß durch eine bestimmte Politik bei der Gremienbesetzung gewissermaßen auf leisem Wege in der Kunstförderung Geltung verschaffen.

Das Gebot einer grundrechtsbezogenen Ausgestaltung von Verfahren staatlicher (Film-)Kunstförderung erfordert vor allem eine Organisationsstruktur, die die zu berücksichtigenden (Grundrechts-)Interessen am sachlichen Einzugsbereich des Grundrechts orientiert. D. h., prinzipiell muß gewährleistet sein, daß im Rahmen grundrechtslegitimierter repräsentativer Selbstverwaltungseinheiten das (bzw. die) spezifische(n)

---

[172] s. dazu *Schmitt Glaeser:* „grundrechtssichernde Binnenstrukturen", VVDStRL 31 (1973), S. 230.

[173] *Kisker,* DöV 1972, S. 524.

[174] s. dazu auch *Brohm,* Sachverständige und Politik, S. 57, der ein solches Gebot zu Recht auch auf den Grundsatz der Sachlichkeit und Objektivität der Verwaltung zurückführt, der es gebiete, daß die Vertreter entgegengesetzter und konkurrierender Interessen zu Wort kommen.

Grundrechtsinteresse(n) angemessen repräsentiert und verfahrensmäßig berücksichtigt wird (werden). Die vom Bundesverfassungsgericht aus der objektiven Wertentscheidung des Art. 5 Abs. 3 GG für die Organisation der Hochschulen abgeleiteten Grundsätze müssen auch im Rahmen der Kunstförderung berücksichtigt werden.[175] Der allgemeine Gleichheitssatz, der sonst die Gestaltungsfreiheit des Gesetzgebers im organisatorischen Raum leitet, wird insoweit durch Art. 5 Abs. 3 GG überlagert und modifiziert.[176]

Die Ausgestaltung der Gremien der Filmförderungsanstalt erweist sich unter diesem Gesichtspunkt als problematisch: bereits die Entstehungsphase des Filmförderungsgesetzes war durch ein Tauziehen zwischen wirtschaftlichen und künstlerischen Interessen gekennzeichnet.[177] Das Ergebnis war eine Regelung, die durch eine Disparität zwischen Entscheidungsgegenstand einerseits und Organisation des Entscheidungsprozesses andererseits gekennzeichnet ist. Die Grundrechtsinteressen des Kunstbereichs sind hier eindeutig unterrepräsentiert[178] gegenüber den der staatlichen Seite zuzurechnenden Länder- und Parteienvertreter und der wirtschaftlich orientierten Verbände sowie der Repräsentanten der Kirchen und Fernsehanstalten. Dies gilt insbesondere auch für die Zusammensetzung der Bewertungskommission (§ 7 FFG)[179], die zur eigenständigen qualitativen Bewertung von Filmproduktionen berufen ist.

Verfassungspolitisch erscheint diese Zusammensetzung auf alle Fälle mißglückt[180], das Verdikt der Verfassungswidrigkeit wegen einer Fremdbestimmung des Kunstbereichs namentlich durch wirtschaftliche Interessen liegt jedoch nahe.[181] Die unzureichende Durchleuchtung der Interdependenz von organisatorischen und materiellen Freiheitsbedingungen sowie die Verengung des Blickwinkels auf den grundrechtlichen Individualrechtsschutz mag dafür verantwortlich sein, daß dieses Urteil bislang noch nicht gefällt wurde[182]. Die Grundrechtsdogmatik wird

---

[175] Das Bundesverfassungsgericht bemißt hier zu Recht das Gewicht der Gruppen im hochschulorganisatorischen Raum an ihrer Affinität zum grundrechtsgeschützten Sachbereich „Wissenschaft" — BVerfGE 35, 79 (127 ff.).

[176] BVerfGE 35, 79 (127); vgl. dazu auch *Bethge*, NJW 1982, S. 4 f.

[177] s. dazu *Schwakenberg*, Filmförderung als Gegenstand der Wirtschaftslenkung, S. 23 ff.; *Woeller*, Die Verfassungsmäßigkeit des Filmförderungsgesetzes, S. 12 ff.; *Graul*, Künstlerische Urteile im Rahmen der staatlichen Förderungstätigkeit, S. 135 ff.

[178] Die Arbeitsgemeinschaft Neuer Deutscher Spielfilmproduzenten hat daher seinerzeit die ihr zugestandenen Plätze in der sog. Kleinen Kommission — jetzt Bewertungskommission — nicht eingenommen — s. dazu *Graul*, Künstlerische Urteile im Rahmen der staatlichen Förderungstätigkeit, S. 144.

[179] Vgl. oben, Teil 2.1.3.3.2.

[180] So auch *F. Müller*, Freiheit der Kunst, S. 129.

[181] s. auch die Kritik an der Gesamtkonzeption des FFG bei *Graul*, Künstlerische Urteile im Rahmen der staatlichen Förderungstätigkeit, S. 139 ff.

jedoch auf Dauer nicht umhin kommen, auf die organisatorische und verfahrensmäßige Ausgestaltung staatlicher Förderungsmaßnahmen in grundrechtsgeschützten Lebensbereichen sensibler zu reagieren als bislang, soll die Freiheit, um die es der Grundrechtsgewährleistung geht, nicht im Staat und seinen Interessenpräferenzen[183] aufgehen.

5.4.4. Die pluralistische Infrastruktur der Bundesprüfstelle als grundrechtslegitimierte Absicherung gesellschaftlicher Kommunikationsprozesse im Bereich der Sozialethik und Erziehung

Die Aufgabenstellung der Bundesprüfstelle berührt, wie bereits der für ihre Entscheidungsfindung zentrale Begriff der „sozialethischen Verwirrung Jugendlicher"[184] andeutet, ein Kernproblem des Verhältnisses differenzierter Sozialordnungen zum politischen System, nämlich die Frage nach der Kompetenz zur Formulierung und Festlegung sozialethischer und pädagogischer Standards.[185]

5.4.4.1. Zur Problematik des Prinzips der „Nichtidentifikation" bei H. Krüger

Die herkömmliche Formulierung der damit zusammenhängenden Fragen über das Problem der „weltanschaulichen Neutralität des Staates" verdeckt freilich den sehr viel engeren Zusammenhang mit dem spezifisch grundrechtlichen Problem der sozial-kulturellen Differenzierung.[186]

Insbesondere in der Ausformung des Prinzips der Nichtidentifikation durch *Krüger*, nämlich als Ausklammerung der Religion, der Eliminierung von Weltanschauungs- und Meinungsfragen[187] aus dem „Modernen Staat"[188], läuft der Grundsatz der Neutralität Gefahr, den gesellschaftlichen Pluralismus im Sinne eines etatistischen Ordnungsdenkens in den Bereich des Privaten, für staatliche Entscheidungs-

---

[182] Es ist bezeichnend, daß auch die neuere Literatur zur (Film-)Kunstförderung die Problematik der Filmförderungsanstalt nicht anspricht. s. etwa *Scholz* in Maunz / Dürig / Herzog / Scholz, GG, Art. 5 III, Rdnr. 42; *Schwarze*, AfP 1974, S. 695 ff.

[183] s. dazu oben, Teil 2.1.5.3., insbes. Fußnote 108 mit Bezugnahme auf die *Offesche* Disparitätsthese.

[184] s. oben, Teil 2.2.2.

[185] Dazu *Isensee*, NJW 1977, S. 545 ff., ferner die oben, Teil 2.3.3.1., Fußnote 267 zum Thema „Grundwerte" zitierte Literatur.

[186] Vgl. auch *Püttner*, Toleranz als Verfassungsprinzip, S. 35: „... kann aber nur aus den Grundrechten und aus der Freiheit der Parteiengründung auf eine gewisse Neutralitätspflicht des Staates geschlossen werden."

[187] Allgemeine Staatslehre, S. 179.

[188] Ebd.

prozesse belanglosen, zu verweisen[189]. Vor allem gerät ein so verstandenes Prinzip der Nichtidentifikation als Wesenszug des „Modernen Staates“[190] nur allzuleicht zur Ideologie eines über den pluralistischen Interessen stehenden, nur dem Allgemeinen verpflichteten Staatswesens, während dieses — weit davon entfernt, diesem Idealtypus zu entsprechen — sich gewissermaßen „unter der Hand“ gleichwohl mit bestimmten Interessen und Wertvorstellungen identifiziert. Und schließlich vermag ein solches Prinzip der Nichtidentifikation keinerlei Problemlösungsgesichtspunkte zu liefern, wenn der Staat gleichwohl Aufgaben wahrnimmt, die in den Bereich weltanschaulich-religiöser Besonderheiten hineinreichen, da es diesen Tatbestand ignorieren muß.[191]

5.4.4.2. Die Bedeutung der Grundrechte im Rahmen der Bestimmung sozialethischer Standards in der Jugenderziehung

Die Entscheidung über die Frage der Indizierung einer Schrift durch die Bundesprüfstelle berührt verschiedene Bereiche des gesellschaftlich-kulturellen Pluralismus, die von den einschlägigen Grundrechten als (relativ) unpolitisch gewährleistet sind[192], nämlich Glaube — im weitesten Sinne —, Wissenschaft und Kunst. Die in der Entscheidung der Bundesprüfstelle liegende Stellungnahme zu den Standards der Kinder- und Jugenderziehung berührt die Gewissensfreiheit und die Freiheit des religiösen und weltanschaulichen Bekenntnisses (Art. 4 Abs. 1 und 2 GG) ebenso wie das Recht der Eltern zur Erziehung ihrer Kinder (Art. 6 Abs. 2 GG), zur Bestimmung der Erziehungsleitbilder, seien diese nun weltanschaulich oder auch an wisenschaftlich-pädagogischen Vorgaben orientiert.[193]

Das Grundrecht der Gewissensfreiheit verbürgt, ebenso wie die Freiheit des religiösen und weltanschaulichen Bekenntnisses, nicht nur das „forum internum“ als Schutzgarantie einer geheimen Intimsphäre[194], auch nicht nur das Recht zu aktiver Gewissenbetätigung[195], sondern betreut zugleich auch einen wesentlichen Aspekt freier sozialer Kommunikation[196], der vom Einfluß des politischen Systems freigehalten

---

[189] s. auch die Kritik bei *Häberle,* DVBl. 1966, S. 718.

[190] *H. Krüger,* Allgemeine Staatslehre, S. 179.

[191] s. hierzu insbesondere die Kritik dieses Neutralitätsverständnisses von *Meyer-Teschendorf,* Staat und Kirche im pluralistischen Gemeinwesen, S. 163 ff.

[192] *F. Müller,* Freiheit der Kunst, S. 52.

[193] s. dazu oben, Teil 2.2.2.

[194] *Scholler,* Die Freiheit des Gewissens, S. 130 ff.

[195] *Herzog* in Maunz / Dürig / Herzog / Scholz, GG, Art. 4, Rdnr. 132 ff.

[196] s. dazu *Luhmann,* Grundrechte als Institution, S. 76, 98; s. auch *Evers,* Die Befugnis des Staates zur Festlegung von Erziehungszielen, S. 86 ff., der jedoch verkennt, daß diese Freiheit im kulturellen Bereich weniger zum

werden soll. Dem Staat und seinen spezifischen Integrationsfaktoren ist es daher verwehrt, das gesellschaftliche Differenzierungspotential — gekennzeichnet durch die freie Wahl von Kommunikationsthemen und Kommunikationspartnern[197] — im weltanschaulich religiösen Bereich unter Gesichtspunkten des politischen Subsystems zu entdifferenzieren, indem er durch eigene Entscheidung in diesen Kommunikationsprozeß eingreift.[198] Über das elterliche Erziehungsrecht — Art. 6 Abs. 2 GG — wird speziell die Einflußnahme im erzieherischen Bereich im Hinblick auf Weltanschauungs- und Religionsfragen zusätzlich gegen das politische System abgeschirmt.[199] Insbesondere die Entscheidungen des Bundesverfassungsgerichts zur Verfassungsmäßigkeit der christlichen Gemeinschaftsschule[200] und zum Sexualkundeunterricht[201], aber auch das Schulgebetsurteil des Bundesverwaltungsgerichts[202] verdeutlichen, daß in diesen Bereichen die Freiheitsfrage zur Kompetenzfrage zwischen religiös-weltanschaulichen Besonderheiten in ihrer Eigengeprägtheit durch Religions- und Gruppenzugehörigkeit, aber auch durch die pädagogische Wissenschaft als selbständiger Bewegungsfaktor, der auch die Wertvorstellungen im Bereich der Pädagogik determiniert[203], einerseits und staatlicher „Allgemeinheit" andererseits wird.

Ferner spielen auch die Freiheitsgewährleistungen des Art. 5 Abs. 3 GG bei der Indizierungsentscheidung eine Rolle, nämlich bei der Frage, welche Schriften, Tonträger etc. indiziert werden dürfen und damit — gemessen an den eigengesetzten Maßstäben dieser Sachbereiche — als nicht wissenschaftlich bzw. nicht künstlerisch angesehen werden können. Die schrankenlose[204] Gewährleistung des Kunst- und Wissen-

Zwecke der demokratischen Willensbildung als zum Schutz spezifischer Kulturbedingungen in erster Linie um ihrer selbst willen gewährleistet sind.

[197] *Luhmann*, Grundrechte als Institution, S. 98.

[198] s. hierzu *Evers*, Die Befugnis des Staates zur Festlegung von Erziehungszielen, S. 86; ferner *Meyer-Teschendorf*, Staat und Kirche im pluralistischen Gemeinwesen, S. 178 ff., der die Schulgebetsfrage zu Recht als einen zwar im staatlichen Bereich auszutragenden, gleichwohl aber spezifisch grundrechtsbezogenen „gesellschaftlichen" Interessenkonflikt deutet.

Auch die fehlende Schrankenbestimmung des Grundrechts des Art. 4 Abs. 1 GG findet — gedeutet als besonderer Schutz gegen die Absorbierung durch staatliche Integrationsprozesse — eine plausible Erklärung, die aus der Perspektive des Individualrechts kaum erbracht werden kann — s. dazu vor allem die Kritik bei *Podlech*, Das Grundrecht der Gewissensfreiheit, S. 35 ff.

[199] In BVerfGE 47, 46 (77) erscheint dieser Gesichtspunkt als Gebot der Rücksichtnahme auf die religiösen oder weltanschaulichen Überzeugungen der Eltern bei der Ausgestaltung des schulischen (Sexualkunde-)Unterrichts; ähnlich BVerfGE 41, 29 (46 f.) und BVerwGE 44, 196 (199).

[200] BVerfGE 41, 29.

[201] BVerfGE 47, 46.

[202] BVerwGE 44, 196.

[203] s. dazu oben Teil 2.2.2.2. und 2.2.4.3.

[204] Als besondere Schutzvorkehrung gegen spezifisch staatliche Integrationsprozesse gewinnt auch die schrankenlose Gewährleistung des Art. 5 Abs. 3

schaftsbereichs als sachlich eigengeprägte Sektoren individuellen und sozialen Lebens verbieten grundsätzlich eine Entscheidung dieser Fragen unter Gesichtspunkten des politischen Subsystems.[205]

5.4.4.3. Verfahren als „Vehikel praktischer Konkordanz" zwischen demokratisch legitimierten staatlichen Entscheidungskompetenzen und der grundrechtslegitimierten Aktualisierungskompetenz gesellschaftlicher Besonderheiten

Die Entscheidungstätigkeit der Bundesprüfstelle bewegt sich somit im Schnittpunkt mehrerer, in ihrer Eigendynamik und Pluralität grundrechtlich abgesicherter gesellschaftlicher Lebensbereiche, die als solche auch gegen die Hineinziehung in staatliche Integrationsprozesse besonders abgesichert sind.

Diesem grundrechtlichen Anliegen entspricht daher die Organisation eines Entscheidungsverfahrens, das von den allgemeinen staatlichen, demokratisch legitimierten Integrationsprozessen weitgehend abgekoppelt ist und das die grundrechtlich legitimierte Aktualisierungskompetenz gesellschaftlicher Besonderheiten im Entscheidungsprozeß berücksichtigt, indem den divergierenden und konkurrierenden Identifikationsbedürfnissen, Selbstverständnissen und Sachbereichsinteressen durch eine pluralistische Infrastruktur Rechnung getragen wird.

Nicht die Wertungsbedingtheit der zu regelnden Frage allein — obschon ebenfalls ein wichtiger Gesichtspunkt[206] —, sondern ihre besondere Affinität zu besonders geschützten Lebensbereichen des weltanschaulich-religiösen Wissenschafts- und Kunstpluralismus bedingt die besondere Ausgestaltung des Entscheidungsverfahrens als eine das Individualrecht ergänzende Schutzeinrichtung gegenüber der Vereinnahmung durch das politische System.[207] Die besondere Ausgestaltung

---

GG eine besondere Bedeutung, die von einer rein individualrechtlichen Betrachtung dieser Grundrechte nicht erfaßt werden kann. Kritisch zu den überkommenen Versuchen der Schrankenbestimmung des Art. 5 Abs. 3 GG: *F. Müller*, Freiheit der Kunst, S. 14 ff. Seine Normbereichsanalyse als Element der Grundrechtsdogmatik der Kunstfreiheitsgarantie trägt mit zur Korrektur einer Grundrechtsdogmatik bei, die das Grundrecht ausschließlich als unumschränktes individuelles Abwehrrecht begreift und von diesem Ausgangspunkt nur schwer die Begrenzungsproblematik in den Griff bekommt.

[205] Die überkommene Organisation des Wissenschaftsbetriebes, namentlich das System akademischer Prüfungen, trägt der Maßstabsautonomie des als frei gewährleisteten Wissenschaftsbereichs in besonders hohem Maße Rechnung.

[206] s. dazu ausführlich oben, Teil 2.2.2.

[207] Aus einer spezifisch individualrechtlichen Sicht dieser Grundrechte kann freilich die Kompetenz zu einer von Staats wegen erfolgten Festsetzung der maßgeblichen sozialethischen Erziehungsstandards (s. Art. 5 Abs. 2

des Entscheidungsverfahrens wird zum Vehikel praktischer Konkordanz zwischen staatlicher Entscheidungskompetenz (vgl. Art. 5 Abs. 2 GG) und der grundrechtslegitimierten Aktualisierungskompetenz gesellschaftlicher Besonderheiten.[208]

Die gruppenpluralistische Ausgestaltung des Entscheidungsverfahrens ist auch unter der Perspektive des Individualrechtsschutzes nicht völlig irrelevant: „Individuum und Kollektivum sind keine Substanzen mit festliegenden gegensätzlichen Interessen, wie das der Grundrechtsdiskussion vielfach mehr oder weniger deutlich vorschwebt".[209] Die einzelnen Spezialgrundrechte schützen die Grundrechtsträger vielfach nur in bestimmten Rollen — als Wissenschaftler, als Künstler, als Katholik etc. —[210], denen bestimmte, nicht nur den einzelnen Individuen, sondern allen Rollenträgern zukommende Interessen zu eigen sind. Die repräsentative Wahrnehmung solcher Rolleninteressen durch Gruppen und Organisationen kann daher für den grundrechtlich gewährleisteten Schutz auch des Einzelnen nicht bedeutungslos sein.[211] Das Staatskirchenrecht reflektiert diesen Zusammenhang schon seit geraumer Zeit: das Problem Staat und Kirche stellt sich zugleich auch in der menschlichen Person, nämlich als Problem des „idem civis et christianus"[212].

Daß dort, wo dem Individualrecht durch individuelle Selbstbestimmungsmöglichkeiten Rechnung getragen werden kann, etwa durch das Zurverfügungstellen alternativer Handlungsmöglichkeiten[213], ein Eingriff in die Individualsphäre daher gar nicht, oder nicht im gegebenen Umfang erforderlich ist, auch eine Regelung auf der Basis kollektiver Mitbestimmungsrechte nicht in Betracht kommt, versteht sich dem-

---

GG) kaum problematisiert werden: zum einen dürfte es schwierig sein, überhaupt die Verletzung eigener Rechte geltend zu machen (§ 42 Abs. 2 VwGO), sofern man nicht zu den durch eine Indizierungsentscheidung unmittelbar betroffenen Verlegern, Buchhändlern, Autoren gehört. Sollte es aber gleichwohl möglich sein, die prozessuale Hürde zu nehmen, wird der Bürger sich damit abfinden müssen, daß diese Entscheidung sich im Rahmen der Gesetze, gegebenenfalls auch im Rahmen der einschlägigen Verwaltungsvorschriften hält. Die Frage, ob der Staat hier überhaupt die Entscheidung im Rahmen staatlicher Entscheidungsprozesse fällen *durfte*, kann aus der Perspektive des Individualrechts gar nicht gestellt werden.

[208] s. auch *Herzog* in Maunz / Dürig / Herzog / Scholz, GG, Art. 5 Rdnr. 272 zur „Gesellschaftsbezogenheit" der Jugendschutzbegriffe.

[209] *Luhmann*, Grundrechte als Institution, S. 93 f.; s. auch oben, Teil 5.3.5.2.

[210] *H. H. Rupp*, NJW 1972, S. 17.

[211] s. dazu bereits oben, Teil 5.3.5.2.

[212] *Hesse*, ZevKR 11 (1964/65), S. 353, der insbesondere auch auf die Bedeutung des religiösen und kirchlichen Lebens für die Aktualisierung personaler Freiheit hinweist, ebd., S. 355.

[213] s. hierzu etwa die Erwägungen in BVerfGE 47, 46 (77), bzgl. der Einführung des Sexualkundeunterrichts; ausführlich dazu vor allem *Podlech*, Das Grundrecht der Gewissensfreiheit, S. 35 ff.

gegenüber von selbst. Insofern kann dem Bundesverfassungsgericht auch zugestimmt werden, wenn es ausführt, daß Grundrechte nicht durch Mehrheitsbildung ausgeübt werden können[214]. Mediatisierte Mitbestimmungsrechte können aber dort die grundrechtlich geschützten Positionen zusätzlich absichern, wo das Individualrecht allein keinen Schutz mehr gegen das politische System bietet.

Durch die besondere Verfahrensausgestaltung der Entscheidungsfindung der Bundesprüfstelle wird auch dem ebenfalls in Art. 4 Abs. 1 und 2 mitverankerten[215] Minderheitenschutz (s. auch Art. 3 Abs. 3 GG) genüge getan: Zur Entscheidung über einen Indizierungsantrag ist eine Mehrheit von ²/₃ der an der Entscheidung mitwirkenden Beisitzer erforderlich, im Fall der gesetzlich vorgeschriebenen Mindestbesetzung kann bereits eine Sperrminorität von zwei Stimmen einen Indizierungsantrag zu Fall bringen. Die „Konsens"-Schwelle, die überwunden werden muß, um den Tatbestand der sozialethischen Verwirrung Jugendlicher als erfüllt anzusehen, ist damit denkbar hoch angesetzt: die Dissentierenden können nicht durch einfache Mehrheit überstimmt werden.

Die Bundesprüfstelle gewährleistet zudem in sehr hohem Maße, daß alle gesellschaftlichen Kräfte, die an der Entscheidung interessiert sind, ihre Kompetenz zur Artikulation des je Besonderen gleichberechtigt wahrnehmen können. Anders als im Filmförderungsgesetz sind die am Rekrutierungsverfahren zu beteiligenden Organisationen nicht abschließend aufgeführt, sondern durch die Gruppenzugehörigkeit umschrieben, wodurch alle interessierten Verbände, sofern ihre Zielsetzungen nicht offensichtlich außerhalb der von der Entscheidung berührten Gruppeninteressen[216] angesiedelt sind, die gleiche Chance haben, am Verfahren beteiligt zu werden. Aus § 12 Abs. 2 der Verordnung zur Durchführung des GjS[217] ist zu entnehmen, daß die von den interessierten Verbänden vorgeschlagenen Beisitzer — sofern ihre Anzahl (was in der Regel der Fall ist[218]) die vorgeschriebene Regelbesetzung der Bundesprüfstelle überschreitet — im Rotationsverfahren zur Entscheidungsfindung herangezogen werden, so daß eine willkürliche Bevorzugung bzw. Benachteiligung des einen oder anderen Interesses — und damit zugleich auch eine mittelbare staatliche Einfluß-

---

214 BVerfGE 47, 46 (76): „Das Grundrecht aus Art. 6 Abs. 2 GG ist ein Individualrecht, das jedem Elternteil einzeln zusteht. Es kann nicht durch Mehrheitsbildung ausgeübt werden". s. auch das Urteil des Hess.StGH v. 18. 6. 1980 zur Klagebefugnis des Landeselternbeirats, NJW 1980, S. 2405 f.

215 BVerfGE 41, 29 (48).

216 Die Aufzählung der in § 9 Abs. 2 GjS genannten Gruppen dürfte alle denkbaren, von der Entscheidung berührten Gruppeninteressen abdecken.

217 i. d. Fassung v. 23. 8. 1962, BGBl. I, S. 559.

218 Wie sich aus den schriftlichen Entscheidungsgründen der Bundesprüfstelle ergibt, tagt das Gremium mit jeweils wechselnden Beisitzern.

nahme auf den Prozeß der Entscheidungsfindung weitgehend ausgeschlossen ist. Zusammensetzung und Verfahrensweise der Bundesprüfstelle erweisen sich damit geradezu als Modell eines wirklich pluralistischen Entscheidungsprozesses, das — namentlich im Bereich der Kunstförderung — zur Nachahmung auffordert.

5.4.5. Die Jugendwohlfahrtsausschüsse als Absicherung der grundrechtslegitimierten Aktualisierungskompetenz gesellschaftlicher Besonderheiten im Bereich des Erziehungsproblems

Für die Jugendwohlfahrtsausschüsse und die von ihnen wahrgenommenen Jugendhilfeaufgaben gilt ähnliches wie für die Entscheidungstätigkeit der Bundesprüfstelle. Der status negativus des Elternrechtes in seiner untrennbaren Verknüpfung mit Weltanschauungs- und Religionsfragen[219] wird nicht gewissermaßen „vor den Toren" staatlicher Daseinsvorsorge und mit dem Eintritt des Staates in sein Wächteramt (Art. 6 Abs. 2 Satz 2, Abs. 3 GG) bei Gefährdungen des Kindes durch defizitäre familiäre Erziehungsleistungen „verabschiedet"[220]: er wirkt fort in der Verpflichtung des Staates, seine Entscheidungskompetenzen am Maßstab der im Einzugsbereich des Erziehungsproblems wirksamen weltanschaulichen, religiösen aber auch sonstiger im gesellschaftlichen Bereich (pädagogische Wissenschaft) entwickelter Wertmaßstäbe auszurichten. Das Jugendwohlfahrtsgesetz normiert dieses Gebot auch auf einfachgesetzlicher Ebene: „Das Jugendamt hat *unter Berücksichtigung der verschiedenen Grundrichtungen der Erziehung* darauf hinzuwirken, daß die für die Wohlfahrt der Jugend erforderlichen Einrichtungen und Veranstaltungen ausreichend zur Verfügung stehen" — § 5 Abs. 3 JWG.

Neben der wichtigen Funktion, eine an der Pluralität und Komplexität des Erziehungsproblems als Sachproblem[221] ausgerichtete Jugendhilfe durch Erweiterung der Problemverarbeitungskapazität zu gewährleisten[222] — vornehmlich im Interesse einer am Grundrecht des Jugendlichen auf freie Entfaltung seiner Persönlichkeit orientierten Leistungsverwaltung[223] — trägt die an weltanschaulich-religiösen Be-

---

[219] *Evers*, Die Befugnis des Staates zur Festlegung von Erziehungszielen, S. 75.

[220] Für das ähnliche Problem im Schulbereich s. *Evers*, ebd., S. 68 ff.; *ferner Püttner*, Toleranz als Verfassungsprinzip, S. 48 ff.

[221] Dazu ausführlicher oben, Teil 2.2.4.

[222] Dieser Gesichtspunkt spielt bei allen Partizipationsmodellen eine wesentliche Rolle, s. dazu *Schmitt Glaeser*, VVDStRL 31 (1973), S. 188 f.

[223] Allgemein zur Bedeutung der Grundrechte im Leistungsstaat *Häberle*, VVDStRL 30 (1972), S. 69 ff.; s. auch *Schmitt Glaeser*, VVDStRL 31 (1973), S. 253: „Als individualisierendes Korrektiv kollektiver Leistungsausschüttung

sonderheiten ausgerichtete Struktur der Jugendwohlfahrtsausschüsse dem grundrechtlich gewährleisteten Schutz einer von staatlichem Einfluß möglichst freien Sphäre öffentlich-privater Kommunikation über die im Erziehungsbereich wirksamen weltanschaulichen, religiösen und sonstigen Werthaltungen Rechnung.

Die Eliminierung der Jugendwohlfahrtsausschüsse während der NS-Herrschaft bestätigt nur diesen Befund: sie mußten einem Staat weichen, der als „Weltanschauungsstaat"[224] der freien Kommunikation über Wertfragen im Erziehungsbereich ein Ende bereitete.

Auch ein demokratisches Gemeinwesen und der Hinweis auf die demokratische Legitimation kommunaler Jugendarbeit[225] machen solche zusätzlichen Schutzzonen nicht entbehrlich. Namentlich das begrenzte Integrationspotential der im Kommunalbereich wirkenden politischen Parteien, ihre am Wahlerfolg orientierten Interessenpräferenzen in denjenigen Bereichen, die für die Sicherung der Massenloyalität unbedingt erforderlich sind[226], muß hier durch pluralistische, grundrechtslegitimierte Integrationsstränge ergänzt werden, sollen die grundgesetzlichen Freiheitsgarantien sich auf Dauer nicht in der Minimalgewährleistung einer individuell-privaten Lebenssphäre erschöpfen.[227]

---

erhält Partizipation den Menschen als Subjekt sozialstaatlichen Gesamtgeschehens, indem es ihm Wirkungsbereiche sozialer Selbst- und Mitverantwortung erschließt und gewährleistet".

[224] Sehr aufschlußreich hierzu die Ausführungen von *H. Krüger*, Die geistigen Grundlagen des Staates, S. 163 ff., zum „nationalsozialistischen Staat als Weltanschauungsstaat".

[225] s. hierzu auch *Rinken*, Das Öffentliche als verfassungstheoretisches Problem, S. 300 für den Bereich gemeindlicher Sozialarbeit.

[226] *Offe*, Politische Herrschaft und Klassenstrukturen, S. 177 ff. für das politische System der Parteiendemokratie insgesamt.

[227] Die Stellungnahme der Evangelischen Kirche in Deutschland zur Neuordnung des Jugendhilferechts, abgedruckt bei *Jordan*, Jugendhilfe, S. 269 ff., 273 verdeutlicht das Freiheitsproblem, um das es geht: „Je mehr Lebensbereiche gerade im Sozialwesen staatlich geordnet und gefördert werden, desto mehr gilt es zu sehen, daß dem Gebot der Freiheitlichkeit durch bloßen Verzicht auf eine Behinderung der Betätigung im staatsfreien Raum nicht genügt wird. ... Auf dem Gebiet der Erziehung berührt das helfende Handeln des Staates in besonderem Maße die Lebenssphären der persönlichen Anschauungen und Wertmaßstäbe der jungen Menschen und desgleichen ihrer Erziehungsberechtigten. Öffentliche Jugendpflege als Erziehungshilfe wird nur dann eine Verletzung von Grundrechten vermeiden können, wenn sie auf die in der Bevölkerung vorhandenen Anschauungen und Wertmaßstäbe Rücksicht nimmt und auf sie eingeht." s. jedoch auch die Kritik bei *Narr*, Pluralistische Gesellschaft, S. 59, der hier von einem „pluralistischen Erhaltungskartell" und „Bestimmungswillkür auf einem bestimmten Terrain" spricht. Daß in der Tat die Jugendwohlfahrtsausschüsse in ihrer durch die Präponderanz der etablierten Wohlfahrts- und Jugendverbände gekennzeichneten konkreten Ausgestaltung der „pluralistischen" Korrektur bedürfen, spricht nicht gegen das Modell überhaupt.

5.5. Verfassungspolitischer Ausblick

5.5.1. Die Untersuchung hat gezeigt, daß Grundrechte in Teilbereichen staatlicher Aufgabenwahrnehmung durchaus eine am Autonomiegedanken orientierte pluralistische Ausgestaltung staatlicher Entscheidungsverfahren legitimieren können.

Der grundrechtliche status activus processualis wirkt hier ergänzend als Absicherung des status negativus gegenüber der Wahrnehmung staatlicher, daseinsvorsorgender Funktionen in den Bereichen, die namentlich durch die Kommunikationsgrundrechte, aber auch durch das Elternrecht in seinen besonderen Bezügen zu Problemen der persönlichen und gruppenspezifischen Wertorientierung als „staatsfrei" gewährleistet sind. Der status activus processualis wirkt sich hier aus als das Gebot der Entstaatlichung von Gemeinwohl in Teilbereichen.

Der Erkenntnis folgt das verfassungspolitische Gebot entsprechender, pluralismusfördernder Organisations- und Verfahrensregelungen in Bereichen, in denen ähnliche Grundrechtsbelange betroffen sind.

Namentlich im Schulbereich dürften noch Möglichkeiten offenstehen, sofern man die Freiheitsproblematik im Schulbereich nicht von vornherein auf das Beziehungsfeld staatlicher Schulbestimmungskompetenz (Art. 7 Abs. 1 GG) und individuelles Elternrecht beschränkt.[228] Dabei ist weniger an Mitwirkungsbefugnisse von Elternvertretungen gedacht, die die im Erziehungsbereich wirksamen pluralistischen Interessen gewissermaßen in Form des kleinsten gemeinsamen Nenners an die Schulverwaltung herantragen, sondern an komplexe Entscheidungsverfahren, die ein größtmögliches Wertberücksichtigungspotential — die Stimme der Elternvertretungen wäre darin freilich ebenso zu berücksichtigen wie die der Schülervertretungen — verbürgen. Gedacht ist hier etwa an eine pluralistische Ausgestaltung von Schulbuchkommissionen, die den Einfluß des Staates hier partiell mediatisieren und mit dazu beitragen könnten, die kontrovers geführten Diskussionen über die Ausgewogenheit von Lesebuchkonzeptionen sowie von Schulbüchern zum Politik- und Sexualkundeunterricht zu entschärfen.[229]

---

[228] s. aber *Starck*, Staatliche Organisation und staatliche Finanzierung als Hilfen zu Grundrechtsverwirklichungen, S. 515, der nur den Staat als „Repräsentant" gelten läßt, wo es nicht um individuell-elternrechtliche Befugnisse geht.

[229] Dazu *Gamper / Knapp / Rieger*, Elternmitwirkung in Nordrhein-Westfalen, S. 27 — vgl. im übrigen auch § 2 Abs. 4 i. V. m. § 16 Nr. 6 NRW-Schulmitwirkungsgesetz, wonach die Richtlinien für die Auswahl von Lehr- und Lernmitteln unter Beteiligung einer Anzahl von Verbänden und Organisationen (die Beteiligung von Wirtschaftsverbänden erscheint hier freilich nicht ohne weiteres einleuchtend) — erstellt werden — s. auch § 4 Abs. 2, § 5 Abs. 2 Nr. 6 NRW-Schulmitwirkungsgesetz zum Verfahren über die Einführung

5.5.2. An eine zusätzliche Absicherung des „status negativus“ durch pluralistisch strukturierte, autonome Entscheidungseinheiten ist auch dort zu denken, wo Grundrechte erst durch staatliche Verfahren „zugeteilt“ werden, obwohl sie als Individualrechte formuliert sind: das Recht auf Verweigerung des Kriegsdienstes (Art. 4 Abs. 3 GG)[230] ist hier zu nennen sowie das Grundrecht auf politisches Asyl (Art. 16 Abs. 2 Satz 2 GG)[231]. Die Verstärkung individueller Verfahrenspositionen[232] erscheint hier kaum ausreichend, um die „offene Flanke“ dieser Grundrechte zum Staat hin in staatlichen Verfahren zu verteidigen. Eine Mediatisierung des politischen Einflusses durch kooperative, von Staats- und Gruppenrepräsentanten besetzte Verwaltungsgremien, wäre im Sinne einer besseren Abschirmung dieser Entscheidungen gegen das politische System durchaus erwägenswert und würde schließlich auch im Interesse des Individualrechtsschutzes der Erweiterung des Informations- und Wertberücksichtigungspotentials im Rahmen dieser Entscheidungsprozesse dienen.

5.5.3. Darüber hinaus lassen sich kaum generalisierbare Aussagen treffen. Es wurde jedoch deutlich, daß die Postulate einer normativ-komplexen Demokratietheorie[233], nämlich Abbau unnötiger Schranken menschlicher Selbstentfaltung und Ausweitung des Raumes individueller und kollektiver Selbstbestimmung[234] sich durchaus als integrierende Bestandteile grundrechtlich gewährleisteter Freiheiten, namentlich im kulturellen Bereich, nachweisen lassen. Nicht das utopische Modell einer Beteiligung aller „am diskutant aufzuhellenden Entscheidungsprozeß“[235] auf Kosten aller anderen Bedürfnisse, Interessen und Ziele des Einzelnen[236], sondern die Einrichtung sachbezogener, differenzierter und dezentralisierter Entscheidungseinheiten, in denen das Entscheidungsprogramm in der Kommunikation mit den betroffenen Gruppen ausgefüllt wird[237], entspricht dem Grundaxiom des Partizipationspostulats, das auf der Anerkennung des Eigenwertes menschlicher Selbstentfaltung und Selbstbestimmung[238] — im individuellen Bereich ebenso wie in der Kommunikation der Gruppen — beruht.

---

von Lernmitteln an einzelnen Schulen durch Entscheidung der Schulkonferenz.

[230] Zum Gruppenbezug dieses Grundrechts s. bereits oben, Teil 5.3.5.2.

[231] Vgl. *Ossenbühl*, DöV 1981, S. 5; vgl. auch *Bethge*, NJW 1982, S. 5.

[232] So *Ossenbühl*, DöV 1981, S. 5.

[233] Dazu vor allem *Scharpf*, Demokratietheorie zwischen Utopie und Anpassung, S. 66 ff.

[234] Ebd., S. 68.

[235] Zur Kritik dieses utopischen Partizipationsmodells s. vor allem *Scharpf*, S. 54 ff.

[236] Ebd., S. 66 f.

[237] Ebd., S. 82.

Nur ein in diesem Sinne „reduziertes Partizipationsmodell“ trägt den durchaus unterschiedlichen Bereichsinteressen und ihrer Beziehung zu speziellen Entfaltungsbedürfnissen menschlicher Freiheit, wie sie sich namentlich in den verschiedenen Grundrechtsgewährleistungen widerspiegeln, Rechnung, die mit der Behauptung eines unspezifischen Interesses an der Aufhebung von Herrschaft schlechthin nicht adäquat beschrieben sind.

Die Entscheidungsautonomie pluralistischer Verwaltungseinheiten im politischen System erscheint zudem auch als wichtiges Gegengewicht gegen die — vor allem auch von der Pluralismuskritik monierte — Präponderanz der organisierten Interessen und der vorrangigen Befriedigung ihrer lautstarken Forderungen durch das politische System, sofern man die Funktion der Interessenartikulation nicht bereits per definitionem auf organisierte und organisierbare Interessen beschränkt, wie das im Rahmen des Begriffs der „Interessenvertretung“ vielfach geschieht.[239] Gerade das etwa im Bereich der Erziehung, aber auch der Kunst, vorhandene gesellschaftliche Wertpotential repräsentiert typischerweise nichtorganisierbare Interessen, wenn sich auch vielfach organisierte Einheiten wie Verbände dieser Interessen annehmen und sie für das politische System artikulieren.

5.6. Pluralistische Entscheidungsgremien im durch den Gewaltenteilungsgrundsatz gewährleisteten System der „checks and balances“

In der dekonzentrierten Wahrnehmung von Verwaltungsaufgaben durch von staatlichem Einfluß unabhängige pluralistische Entscheidungseinheiten liegt nicht zuletzt auch ein Element der Gewaltenteilung (Art. 20 Abs. 2 GG) in seiner Funktion als Mittel zur Hemmung und Balancierung der Gewalten.[240] Die partielle Entstaatlichung von Verwaltungsaufgaben durch die Mitwirkung nichtstaatlicher Entscheidungsträger trägt mit dazu bei, staatliche Macht zu begrenzen, und solche Strukturen „vertikaler Gewaltenteilung“[241] werden um so wich-

---

[238] s. dazu *Schmitt Glaeser*, VVDStRL 31 (1973), S. 189, dort allerdings in Zusammenhang mit dem Demokratiegebot.

[239] s. dazu ausführlich oben, Teil 2.1.5.3.

[240] Der Inhalt des Gewaltenteilungsprinzips erschöpft sich freilich nicht in dieser Funktion, s. dazu vor allem *Hesse*, Grundzüge, S. 194 ff. — s. dazu auch unten, S. 223 ff.

[241] s. dazu vor allem *Peters*, Die Gewaltentrennung in moderner Sicht, S. 78 ff.; insbesondere S. 104 zur politischen Selbstverwaltung als Machtaufteilung; ebenso *Salzwedel*, VVDStRL 22 (1965), S. 231 f. — Allgemein zum Pluralismus als Element der Gewaltenteilung: *Häberle*, Verfassungsinter-

tiger, je weniger Machthemmung und Kontrolle im Bereich der Grundfunktionen, namentlich zwischen Gesetzgebung und Exekutive, stattfinden.[242]

Die Institutionalisierung unabhängiger, pluralistischer Entscheidungszentren birgt somit die Chance für eine sehr viel differenziertere Ausgestaltung und Verwirklichung des im Gewaltenteilungsprinzip gewährleisteten Systems der „checks and balances" als es die überkommene, vornehmlich auf die drei Grundfunktionen beschränkte Sicht dieses Grundsatzes ermöglicht, indem auch spezifisch grundrechtliche Freiheitsbelange und ihre Absicherung gegenüber dem politischen (Sub-)System berücksichtigt werden.[243]

---

pretation als öffentlicher Prozeß, S. 148; *Kremendahl*, Pluralismustheorie in Deutschland, S. 274, 320.

[242] *Hesse*, Grundzüge, S. 195.

[243] s. *Luhmann*, Grundrechte als Institution, S. 24; für den Kunstbereich *Schwarze*, AfP 74, S. 696.

6. Pluralistische Entscheidungsgremien im Problemfeld des Verhältnisses von Verwaltung und Verwaltungsgerichtsbarkeit

6.1. Die herkömmlichen Erklärungsversuche des verwaltungsgerichtlichen judicial self-restraint bei Entscheidungen pluralistischer Gremien

Das Urteil des Bundesverwaltungsgerichts zur beschränkten richterlichen Überprüfbarkeit der von der Bundesprüfstelle getroffenen Entscheidungen[1] sowie das darauf unmittelbar folgende Urteil des Verwaltungsgerichts Berlin[2] zu den Entscheidungen der Filmförderungsanstalt hat — neben einigen kritischen Stimmen[3] — viel Zustimmung gefunden[4]. Einig ist man sich dabei freilich nur hinsichtlich des Ergebnisses, weniger in den Begründungen, die — und das gilt auch für die Argumentation des Bundesverwaltungsgerichts und des Verwaltungsgerichts Berlin selbst — die gefundene Lösung eher infrage stellen, denn plausibel machen und vielfach die Hoffnung einer Übertragbarkeit jener restriktiven Handhabung richterlicher Kontrollkompetenz auf die Überprüfung anderer Verwaltungsentscheidungen nähren.[5]

Wenig überzeugend ist zunächst der isolierte Hinweis auf die besondere Sachkunde dieses Gremiums, das mit „unbeteiligten" Fachleuten besetzt sei.[6] Obwohl das Bundesverwaltungsgericht ursprünglich die besondere Letztentscheidungskompetenz der Bundesprüfstelle im Urteil vom 16. Dezember 1971[7] auf vermutete Fachkenntnisse und

[1] BVerwGE 39, 197 (204 f.).

[2] Urteil vom 28. 10. 1972, DVBl. 1974, S. 375 ff.

[3] *v. Olshausen*, Jus 1973, S. 218 ff.; *Ott*, NJW 1972, 1219 ff.; *Schmidt-Salzer*, Urteilsanmerkung, DVBl. 1972, S. 391; *Wagenitz*, DVBl. 1972, S. 392 f.

[4] *Bachof*, Urteilsanmerkung, JZ 1972, S. 208 ff.; *Ossenbühl*, DöV 1972, S. 401 ff.; *ders.*, DVBl. 1974, S. 309 ff.; s. auch bereits *Redeker*, DöV 1971, S. 759 ff.; ferner: *Schmitt Glaeser*, Der Landkreis 1976, S. 447; *W. Schmidt*, NJW 1975, S. 1755; *Scholz*, VVDStRL 34 (1976), S. 214, Fn. 268; *Zimmer*, Funktion — Kompetenz — Legitimation, S. 287; s. auch *H.-J. Koch*, Unbestimmte Rechtsbegriffe und Ermessensermächtigungen, S. 16 ff.

[5] *Schmitt Glaeser*, Der Landkreis 1976, S. 447 f.; s. auch *W. Schmidt*, NJW 1975, S. 1755, der der Entscheidung grundsätzliche Bedeutung beimißt; ähnlich *Feuchte*, Die Verwaltung 1977, S. 298 ff.; a. A. *Ossenbühl*, DVBl. 1978, S. 5.

[6] s. dazu bereits oben, Teil 2.1.2.

[7] BVerwGE 39, 197 (204 f.).

Elemente gesellschaftlicher Repräsentanz stützte[8], reduzierte der IV. Senat des Bundesverwaltungsgerichts im Floatglasurteil[9] die ausschlaggebenden Entscheidungsgesichtspunkte für die richterlicher Kontrollrestriktion auf das Kriterium des unbeteiligten Sachverstandes.

Diese Deutung wird jedoch, wie oben bereits ausgeführt[10], weder der besonderen Struktur von Gremien wie der Bundesprüfstelle gerecht, noch erscheint das Sachverstandsargument allein überhaupt tragfähig, um — in Abweichung von den überkommenen Rechtsschutz- und Kontrollstandards — eine (partielle) Letztentscheidungskompetenz der Verwaltung zu rechtfertigen.[11]

Die besondere Sachkunde dieses Gremiums könnte ja auch durch Sachverständigengutachten ersetzt werden[12], und in den sehr viel schwierigeren und komplexeren Entscheidungen nach dem Bundesimmissionsschutzgesetz und dem Gesetz über die friedliche Verwendung der Kernenergie[13] geschieht das nach wie vor[14], obwohl der damit befaßten Fachverwaltung, die ja ihrerseits ganze Gutachterstäbe bemüht, die „Fachkunde" nicht ohne weiteres abgesprochen werden kann.[15]

Auch eine Erklärung durch die richterähnliche Stellung solcher Gremien[16] greift zu kurz, da sie der besonderen Funktion solcher Gremien,

---

[8] s. auch *Koch*, Unbestimmte Rechtsbegriffe und Ermessensermächtigungen, S. 16 f. mit Fn. 11.

[9] BVerwGE 45, 309 (324 f.).

[10] Teil 2.1.2.

[11] a. A. wohl *Scholz*, VVDStRL 34 (1976), S. 214, Fn. 268; vgl. auch *Ossenbühl*, DöV 1972, S. 404.

[12] s. etwa *Wagenitz*, Urteilsanmerkung, DVBl. 1972, S. 392; sowie die frühere Rechtsprechung: BVerwGE 23, 194 (200 f.) zur Begutachtung von Filmen durch die Filmbewertungsstelle: „Im Gegensatz zu den Prüfungen kann bei Filmen die Beurteilung durch den Gutachter einer exakten Kontrolle unterzogen werden. Der Richter kann sich selbst oder unter Hinzuziehung von Sachverständigen von der Qualität eines Films ein Bild machen und erforderlichenfalls durch Vergleich mit anderen Filmen sich darüber klar werden, welche künstlerischen Maßstäbe bei der Verleihung von Prädikaten angelegt werden dürfen und ob die Bewertung des Prüfungsausschusses, der sich aus Vertretern und Angehörigen der verschiedensten Gruppen und Verbände zusammensetzt, die in Art. 5 GG gesetzten Schranken eingehalten hat." Ferner: BVerwGE 21, 184 (186) zum Begriff „künstlerisch hochstehend" im S. d. Vergnügungssteuerrechts.

[13] Vgl. dazu *Schmitt Glaeser*, Der Landkreis 1976, S. 443.

[14] Vgl. *Ossenbühl*, DVBl. 1978, S. 9; *Schmitt Glaeser*, Der Landkreis 1976, S. 446 f.

[15] *Schmitt Glaeser*, Der Landkreis 1976, S. 447 ff.; s. auch *Schmidt-Salzer*, Der Beurteilungsspielraum, S. 60 ff.

[16] So etwa *Ossenbühl*, DöV 1972, S. 404; s. auch die Begründung des Änderungsvorschlages des Deutschen Bundesrates zum Entwurf eines Gesetzes über den Vertrieb jugendgefährdender Schriften, BT-Drucksache I/1101, S. 28 zu § 8 Abs. 1.

die ja gerade nicht in der Wahrnehmung von Rechtsprechungsaufgaben besteht, nicht voll gerecht wird.

Und schließlich ist mit dem Hinweis auf die Unbestimmtheit des zu überprüfenden Rechtsbegriffs, die eine „Bandbreite der Entscheidungsmöglichkeiten"[17] eröffne, noch nicht geklärt, warum gerade die Verwaltung und nicht das Gericht zur letztverbindlichen Normkonkretisierung im Kontrollverfahren berufen ist. Dies könnte auf dieser Argumentationsbasis mit gleichem Recht gefolgert werden, was in der Tat auch immer noch geschieht[18] und lange Zeit als herrschende Meinung in der Prozeßrechtsdogmatik akzeptiert wurde.[19] Dabei soll hier nicht im einzelnen zu der vielumstrittenen Unterscheidung zwischen Ermessensbegriffen und unbestimmten Rechtsbegriffen[20] sowie den daraus gefolgerten Konsequenzen für Art und Umfang richterlicher Kontrolltätigkeit Stellung genommen werden. Denn die Feststellung, daß eine Norm einen Beurteilungsspielraum einräumt, wirft die Kompetenzfrage erst auf, beantwortet sie aber nicht. Die analytische Qualifikation eines Normtatbestandes als unbestimmter Rechtsbegriff vermag für sich allein genommen keine kompetenzrechtlichen Folgerungen in die eine oder andere Richtung zu tragen.[21]

Die Frage, wem im Verhältnis von Rechtsprechung und Verwaltung die Kompetenz zur letztverbindlichen einzelfallbezogenen Konkretisierung unbestimmter Gesetzesbegriffe zusteht, ist nicht eine Frage juristischer Interpretationslehre und Erkenntnistheorie, sondern in erster Linie ein kompetenzrechtliches Problem.[22] Das Bundesverwal-

---

[17] BVerfGE 39, 197 (203), unter Berufung auf *Redeker*, DöV 1971, S. 762.

[18] *Kellner*, DöV 1972, S. 803 f.; *H.-J. Müller*, Urteilsanmerkung, NJW 1972, S. 1587 f.; *Schmidt-Salzer*, Urteilsanmerkung, DVBl. 1972, S. 391.

[19] Vgl. *Rupp*, Grundfragen der heutigen Verwaltungsrechtslehre, S. 206 ff., 219 ff.; *Schmidt-Salzer*, Der Beurteilungsspielraum, S. 51 ff. und passim; differenzierend *Jesch*, AöR 82 (1957), S. 211 ff.; aus der Rechtsprechung: s. oben, Teil 6.1., Fußnote 12; ferner BVerwGE 15, 207 (208); 22, 312 (313); 26, 65 (74); 31, 149 (152 f.); s. im übrigen umfassend den Vorlagebeschluß des VII. Senats des Bundesverwaltungsgerichts, BVerwGE 35, 69 (72 ff.); ferner auch BVerwGE 40, 353 (356) und BVerfGE 13, 153 (164); 21, 73 (82).

[20] Aus neuerer Zeit s. vor allem die normtheoretische Untersuchung von *H.-J. Koch*, Unbestimmte Rechtsbegriffe und Ermessensermächtigungen im Verwaltungsrecht — insbesondere auch zum Begriff der „Eignung zur sittlichen Jugendgefährdung" im Sinne des GjS, S. 16 ff.; ferner *Ehmke*, Ermessen und unbestimmter Rechtsbegriff im Verwaltungsrecht, S. 30 ff.; *Jesch*, AöR 82 (1957), S. 163 ff.; auch *W. Schmidt*, Gesetzesvollziehung durch Rechtssetzung, S. 139 ff.; *ders.*, NJW 1975, S. 1754 f.

[21] *Ossenbühl*, DVBl. 1974, S. 313 fordert daher zu Recht die Wende vom Begriffsdenken zum Entscheidungsdenken, das die Legitimation der administrativen Beurteilungs- und Handlungsfreiheit auf der einen und gerichtliche Kontrollbefugnis auf der anderen Seite zueinander in Beziehung setzt. Ähnlich *Lorenz*, Der Rechtsschutz des Bürgers, S. 180, s. auch *Kellner*, DöV 1972, S. 803 f.; *H.-J. Müller*, NJW 1972, S. 1587 f.

[22] *Ossenbühl*, DöV 1972, S. 403.

tungsgericht verdeckt jedoch den Bezug zur kompetenzrechtlichen Frage, wenn davon die Rede ist, daß die Bandbreite der Interpretationsmöglichkeiten des zur Beurteilung stehenden unbestimmten Rechtsbegriffs „mehrere *rechtmäßige* Entscheidungen" zulasse[23]. Daß hier die Frage der Rechtmäßigkeit der Entscheidung isoliert von der Entscheidungskompetenz behandelt wird, verdeckt jedoch den Zusammenhang von Entscheidungskompetenz und Rechtmäßigkeit einer Entscheidung.

6.2. Richterliche Kontrollrestriktion als Problem der Gewalten- und Funktionenteilung

Das Problem kann nicht gelöst werden ohne Einbeziehung des Prinzips der Funktionenteilung als im Gewaltenteilungsgrundsatz verankerte Richtschnur für die Verteilung staatlicher Kompetenzen (Art. 20 Abs. 2 Satz 2 GG).[24] Dabei ist nach dem insbesondere von *Hesse* entwickelten neueren Verständnis[25] der Grundsatz der Gewaltenteilung nicht mehr zu verstehen als ein starres Organisationsschema, das bestimmten vorgegebenen staatlichen Gewalten bestimmte Aufgaben zuweist. Über die Erkenntnis, daß ein so verstandenes Prinzip der Gewaltentrennung nirgends rein verwirklicht ist, führt der Weg zu einer Neubestimmung des Gewaltenteilungsprinzips als Prinzip der sachgemäßen Bestimmung und Zuordnung der staatlichen Funktionen, der Organe, denen die Wahrnehmung dieser Funktionen anvertraut wird, sowie der realen Kräfte, die sich in diesen Organen verkörpern[26]. Der Gewaltenteilungsgrundsatz wird damit zum verfassungsrechtlichen Bezugspunkt eines organisatorischen Grundsatzes, der die sachgemäße Funktionsordnung und arbeitsteilige Bewältigung verfassungsrechtlicher Aufgaben gewährleistet.[27]

Die Verfassung selbst zeigt jedoch nur typisierend auf, welche Funktionen welcher Organstruktur — und damit auch welchen Verfahren — zuzuordnen sind. So etwa, wenn die Rechtsprechung und die von ihr wahrgenommenen Rechtsprechungs- und Kontrollfunktionen unabhängigen Gerichten überlassen werden, während dem in demokratischen Le-

---

[23] BVerwGE 39, 197 (203 und 205); kritisch insoweit auch *Ossenbühl*, DöV 1972, S. 402.

[24] So zu Recht: *Scholz*, VVDStRL 34 (1976), S. 167; *Schmitt Glaeser*, Der Landkreis 1976, S. 448; auch *Schwarze*, Der funktionale Zusammenhang, S. 48 f.

[25] Grundzüge, S. 195 ff.; vgl. auch *Zimmer*, Funktion — Kompetenz — Legitimation, S. 200 ff.; *Scholz*, VVDStRL 34 (1976), S. 160 ff.

[26] *Hesse*, Grundzüge, S. 196 f.

[27] *Hartisch*, Verfassungsrechtliches Leistungsprinzip, S. 57, der daraus ein verfassungsrechtliches Leistungsprinzip ableitet; s. auch *Schmitt Glaeser*, Der Landkreis 1976, S. 448, „Arbeitsteilungsprinzip".

gitimationsprozessen konstituierten und verfahrensmäßig eingebundenen Parlament die Gesetzgebung obliegt. Insgesamt deckt sich die Verteilung der Funktionen jedoch nicht mit ihren typischen Trägern, d. h., Exekutive, Judikative und Legislative, und sie muß sich auch nicht decken, da es nur darauf ankommt, daß die einzelnen Funktionen sach- und das heißt vor allem verfassungsgerecht ausgeübt werden, und zwar im Sinne einer arbeitsteilig geordneten Wirklichkeitsgestaltung durch alle drei Funktionsträger, nach Maßgabe der je unterschiedlichen faktischen Entscheidungsbedingungen sowie der verfassungsrechtlich vorgegebenen Legitimations- und Kontrollzusammenhänge.[28]

Eine so verstandene funktionelle Sicht des Gewaltenteilungsgrundsatzes ermöglicht es schließlich auch, einen funktionalen Zusammenhang zwischen Entscheidungsverfahren und (gerichtlichem) Kontrollverfahren herzustellen und sie einander zuzuordnen.[29] Auch aus Art. 19 Abs. 4 GG — wenngleich er seinem Wortlaut nach nur *richterlichen* Schutz zu garantieren scheint — folgt keine Entscheidung der im Streit stehenden Kompetenz- und Zuordnungsfrage im Sinne einer umfassenden richterlichen Prüfungsbefugnis gegenüber Verwaltungsentscheidungen. Als notwendige Ergänzung des materiellen Rechts, als Garantie zu dessen Effektuierung und Sicherung, ebenso wie im Sinne seiner rechtsstaatlichen Funktion der Verwaltungskontrolle[30], verlangt Art. 19 Abs. 4 GG eine sehr viel differenziertere Betrachtung des Rechtsschutzanliegens, als es die überkommene, von der „Gesetzesanwendungsdoktrin“[31] geprägte Deutung dieser Norm im Sinne eines umfassend zu gewährleistenden Gerichtsschutzes vermag[32]. Maßgebend muß vielmehr die Erkenntnis sein, daß Art. 19 Abs. 4 GG als maßgebliche Norm für die Zuordnung von Rechtsprechung und Verwaltung zwar ein rechts-

---

[28] Vgl. dazu *Zimmer*, Funktion — Kompetenz — Legitimation, S. 183 und passim.

[29] *Schwarze*, Der funktionale Zusammenhang, S. 15 ff. und passim.

[30] *Lorenz*, Der Rechtsschutz des Bürgers, S. 145 ff.; s. auch *Dürig* in Maunz / Dürig / Herzog / Scholz, GG, Art. 19 IV, Rdnr. 7 m. w. N.

[31] Dazu *Ehmke*, „Ermessen“ und „unbestimmter Rechtsbegriff“ im Verwaltungsrecht, S. 30 ff.

[32] Wenig hilfreich zur Lösung des Problems ist jedoch die Feststellung, daß Art. 19 Abs. 4 Satz 1 GG nicht in jedem Fall uneingeschränkten Rechtsschutz durch Gerichte garantiere und daß es dem Gesetzgeber daher freistehe, unter Zugrundelegung sachlicher Erwägungen, diese Garantie einzuschränken — so etwa VG Berlin in der Entscheidung zum Filmförderungsgesetz, DVBl. 1974, S. 375, 377. Hier wird zu Unrecht der Eindruck vermittelt, daß Art. 19 Abs. 4 GG zur Disposition des einfachen Gesetzgebers stehe, ohne daß die seine Dispositionsbefugnis leitenden Gesichtspunkte ihrerseits an der Verfassung gemessen werden. Der Hinweis auf Klage- und Rechtsmittelfristen ist hier ebensowenig angebracht, wie der Verweis auf die Bestandskraft von Verwaltungsakten, die aufgrund eines verfassungswidrigen Gesetzes ergangen sind (§ 79 Abs. 2 BVerfGG): denn in beiden Fällen hat es der Bürger in der Hand, durch Einhaltung von Rechtsmittel- und Anfechtungsfristen um Gerichtsschutz zu ersuchen.

staatliches Optimum an Verwaltungskontrolle, aber kein verwaltungs*gerichtliches* Maximum an Kontrolle erfordert[33].

6.2.1. Rechtsschutz- und Legitimationsdefizit einer Beschränkung richterlicher Kontrollkompetenz unter dem Gesichtspunkt einer „metajuristischen Maßstabskompetenz" der Verwaltung

Wohl als Gegenreaktion auf eine allzu strikte Interpretation der Rechtsschutzgarantie als Gerichtsschutzgarantie zeichnet sich in neuerer Zeit eine Tendenz ab, die das Problem der Zuordnung von Verwaltungsentscheidung und Verwaltungsgerichtsbarkeit im Sinne einer der Verwaltung vorbehaltenen, metajuristischen Maßstabskompetenz lösen will.[34] Unter Berufung auf eine — vom Grundsatz der Funktionenteilung geforderte — kompetenz- und sachgerechte Wahrnehmung von Funktionen, will man der Verwaltung die Letztentscheidungskompetenz in Sachfragen, d. h. im Bereich „metajuristisch" determinierter Verwaltungsaufgaben, überlassen und die Verwaltungsgerichte lediglich über Rechtsfragen, d. h. juristisch determinierte Auslegungsfragen, entscheiden lassen.

Abgesehen von den praktischen Schwierigkeiten, die eine normstrukturelle Trennung von Rechtmäßigkeits- und Zweckmäßigkeitsfragen im Rahmen eines Entscheidungsprogrammes bereiten dürfte[35], erscheint zweifelhaft, ob eine solche Aufgabenverteilung den sehr unterschiedlichen Entscheidungsbedingungen der Verwaltung, und zwar im Hinblick sowohl auf die organisatorisch-strukturelle Leistungsfähigkeit einerseits, als auch bezüglich ihrer Kompatibilität mit den generellen verfassungsrechtlichen Legitimations, und Kontrollerfordernissen andererseits, ausreichend Rechnung trägt.[36]

Die differenzierten, nach faktischer Organpotenz, aber auch verfassungsrechtlichen Legitimations- und Kontrollerfordernissen verschie-

---

[33] *Ehmke,* „Ermessen" und „unbestimmter Rechtsbegriff" im Verwaltungsrecht, S. 51; kritisch zur Überbetonung der Justizförmigkeit im Rahmen des Rechtsstaatsprinzips auch *Scheuner,* Die neuere Entwicklung des Rechtsstaats in Deutschland, S. 189 f.

[34] So insbesondere *Scholz,* VVDStRL 34 (1976), S. 174 ff. und passim; s. aber auch bereits *W. Schmidt,* Gesetzesvollziehung durch Rechtssetzung, S. 142 f.: „Der ‚Beurteilungsspielraum' enthält eine Rechtssetzungskompetenz; nur die von dem zuständigen Organ getroffene ‚Beurteilung' ist deshalb Recht und kann als ‚rechtmäßig' bezeichnet werden; alle anderen sind rechtlich irrelevant. Für alle Wertentscheidungen bei der Normauslegung und -anwendung, die nicht mehr mitteilbar und deshalb auch nicht nachprüfbar sind, ist das Vollzugsorgan zuständig."

[35] s. dazu bereits oben, Teil 1.6., ferner *Zimmer,* Funktion — Kompetenz — Legitimation, S. 168.

[36] Kritisch *Zimmer,* Funktion — Kompetenz — Legitimation, S. 169 ff., S. 237 ff., S. 240 f.

denen Verwaltungsfunktionen[37] erscheinen hier als „erratischer Block" *(Zimmer)*, dem ein bestimmter Aufgabenbereich unter Rückgriff auf nicht näher explizierte Gesichtspunkte wie Eigenständigkeit, Kompetenz[38], Eigenverantwortlichkeit[39] zugewiesen wird.[40] Dem Begriff der Verwaltungsverantwortung wird damit eine quasi normative Funktion für die Verteilung und Zuordnung von Aufgaben im Rahmen des von der Verfassung intendierten Steuerungs- und Kontrollsystems zugeschrieben[41], ohne daß die konkreten verfassungsrechtlichen Legitimations- und Kontrollzusammenhänge, aber auch die je besonderen Strukturbedingungen des Verwaltungshandelns berücksichtigt werden.

6.2.1.1. Verwaltungsverantwortung und Verwaltungskompetenz

Der Rückgriff auf mehr oder weniger unspezifische Vorstellungen von Verwaltungsverantwortung ist dabei um so problematischer, als sich hinter diesem Begriff meist wenig mehr verbirgt als der Hinweis auf bestimmte Zuständigkeiten.[42] Die Begründung für eine legitime Letztentscheidungskompetenz der Verwaltung, die auch gerichtliche Kontrollkompetenzen partiell verdrängt, wird damit tautologisch: die Verwaltung ist zur autoritativen Letztentscheidung befugt, soweit ihre Kompetenz reicht, d. h. soweit sie zuständig ist.

Der Gesichtspunkt der Verwaltungskompetenz im Sinne von Zuständigkeit ist jedoch nur ein Kriterium unter anderen in dem sehr komplexen Beziehungsgefüge arbeitsteilig zu bewältigender Aufgabenwahr-

---

[37] Zu den differenzierten Legitimationsquellen der Verwaltung s. etwa *Schmidt-Aßmann*, VVDStRL 34 (1976), S. 230 m. w. N. in Fn. 23.

[38] In diesem Sinne etwa *W. Schmidt*, Gesetzesvollziehung durch Rechtssetzung, S. 142 f. — s. oben, Teil 6.2.1., Fußnote 34.

[39] *Scholz*, VVDStRL 34 (1976), S. 149 f.

[40] *Zimmer*, Funktion — Kompetenz — Legitimation, S. 184.

[41] s. demgegenüber etwa *Schmidt-Aßmann*, VVDStRL 34 (1976), S. 228 f., der zu Recht darauf hinweist, daß Verwaltungsverantwortung kein normativer, sondern ein heuristischer Begriff ist, der ein differenziertes Ausgleichssystem von Befugnissen, Bindungen und Entlastungen kennzeichnet. s. auch die „Typologie zur Verwaltungsverantwortung" bei *Schmidt-Aßmann*, S. 231.

[42] VVDStRL 34 (1976), Aussprache, S. 288. s. etwa *Scholz*, VVDStRL 34 (1976), S. 151: „Materiell folgt die Verwaltungsverantwortung aus dem Verwaltungszweck und seiner kompetenziellen Gestaltung". Auch die Vorstellung einer „verfahrensmäßig funktionierenden Zweckkonkretisierung", ebd., S. 164, als Charakteristikum der Verwaltungsverantwortung führt über einen rein kompetenziellen Ansatz nicht hinaus, da die Verwaltungszwecke sich aus Kompetenzen ableiten. s. auch *Wilke*, DöV 1975, S. 514, der aufgrund einer Analyse des verwaltungsrechtlichen Schrifttums und der Gesetzessprache zu dem Schluß kommt, daß der Begriff der Verantwortung zumeist mit den traditionellen Figuren der Zuständigkeit, Kompetenz, Aufsicht und (verwaltungsinternen) Kontrolle verbunden ist. s. jedoch auch *Schmidt-Aßmann*, VVDStRL 34 (1976), S. 228 ff., der den Verantwortungsbegriff als heuristischen Begriff deutet, in dem das sehr komplexe System der Zuordnung von Gewalten angesiedelt ist.

nehmung im Rahmen der spezifisch verfassungsrechtlichen Entscheidungs-, Legitimations- und Kontrollbedingungen.[43] Daß die Verwaltung wegen ihrer besonderen, freilich im einzelnen sehr unterschiedlich ausgestalteten, Struktur zur einzelfallbezogenen Sachentscheidung zuständig ist, begründet insbesondere noch keine Freistellung von Kontrolle. Entscheidungskompetenz allein ist kein funktionales Äquivalent für Entscheidungskontrolle, und sie begründet für sich gesehen auch noch keine besondere Entscheidungslegitimation im Sinne letztverbindlicher Wirklichkeitsgestaltung, die eine Freistellung von Kontrolle rechtfertigen könnte.

6.2.1.2. Keine generelle Letztentscheidungskompetenz der Verwaltung aufgrund von Sachkunde

Auch unter Berufung auf eine besondere Sachkompetenz der Verwaltung kann im Verhältnis zur Verwaltungsgerichtsbarkeit nicht ohne weiteres deren Letztentscheidungskompetenz in Sachfragen begründet werden.[44] Fachliche Qualifikation begründet zwar Entscheidungskompetenz, aber sie verdrängt nicht ohne weiteres Kontrollkompetenz, schon deswegen nicht, weil gerade auch bei komplexen Entscheidungen die anstehenden Probleme sich nicht restlos in Fachfragen auflösen lassen.[45] Aber auch deswegen, und darauf weist *Zacher* zu Recht hin[46], weil die Verwaltung unter sehr verschiedenen Bedingungen, gerade was die Entscheidungsträger anbetrifft, arbeitet. Das Wort vom „Juristenmonopol“ in der Verwaltung muß hier zitiert werden, und es muß gesehen werden, daß die personelle Substanz der Entscheidungsträger in der Verwaltung sehr unterschiedlich ist — sie reicht vom Fachmann, über den Politiker oder Laienpolitiker bis hin zum „einfachen“ Angestellten.

Aber auch abgesehen von diesen mehr „praktischen“ Einwänden, die sich eher gegen eine Generalisierung des Sachkundearguments wenden, vermag der Gesichtspunkt der Sachkunde allein nicht die konkreten verfassungsrechtlichen Legitimations- und Kontrollerfordernisse zu überspielen[47]: Zwar erweist sich auch das „Leistungsprinzip“ als ver-

---

[43] Zum Kompetenzgedanken als richterlicher Interpretationsgesichtspunkt bei Gemeinwohlproblemen s. *Häberle*, Öffentliches Interesse, S. 468 ff.

[44] So wohl *Scholz*, VVDStRL 34 (1976), S. 152 f., der die Multidisziplinarität der Verwaltungszweige und ihren hohen Bedarf an professionalisiertem Sachverstand gegenüber dem monodisziplinär (juristisch) ausgerichteten Verwaltungsrechtsschutz hervorhebt, und darauf die Entscheidungsprärogative der Verwaltung im metajuristischen Raum gründet, S. 155.

[45] s. auch die Kritik bei *Zimmer*, Funktion — Kompetenz — Legitimation, S. 171 f.

[46] VVDStRL 34 (1976), Aussprache, S. 284.

[47] So zu Recht *Zimmer*, Funktion — Kompetenz — Legitimation, S. 171 ff., 172 f.

fassungsrechtlich legitimiert[48], im Rahmen der konkreten Verfassungsordnung weist es jedoch über eine nur technokratische Bewältigung staatlicher Aufgaben hinaus auf eine optimale Aufgabenerfüllung, in deren Rahmen die (übrigen) Grundentscheidungen der Verfassung Ziel — und Grenzen darstellen[49].

6.2.1.3. Sachliche und institutionelle Parteistellung der Verwaltung

Der Kontrolle bedarf die Verwaltung bei der Gesetzeskonkretisierung aber nicht zuletzt wegen ihrer „aktuell-sachlichen" wie „virtuell-institutionellen Parteistellung".[50] Das handelnde Verwaltungsorgan entscheidet nicht als unbeteiligter Dritter, sondern engagiert sich in der Regel für eine bestimmte, von ihm für richtig gehaltene Vorstellung vom Gemeinwohl im konkreten Fall.[51] Darüber hinaus ist die Verwaltung zwar dem Gemeinwohl verpflichtet. Da dieses aber nicht inhaltlich feststeht und die Verwaltung mannigfachen politischen Einflüssen — insbesondere von Parteien, aber auch von Verbänden — ausgesetzt ist, besteht immer die Gefahr einer einseitigen Beeinflussung der Verwaltung durch eben jene politischen Potenzen. Die Gefahr liegt gerade dort besonders nahe, wo mit offenen Delegationsnormen wie Gemeinwohl und öffentliches Interesse gearbeitet wird.

6.2.2. Verwaltungskontrolle als verfassungsrechtliche Aufgabe

Alle Überlegungen zur funktionsgerechten Verteilung der Kompetenzen zwischen Verwaltung und Verwaltungsgerichtsbarkeit müssen daher auch die wesentliche, von der Neubestimmung des Gewaltenteilungsprinzips nicht verdrängte verfassungsrechtliche Aufgabe (Funktion) der Verwaltungskontrolle, die zwar nicht notwendiger- wohl aber typischerweise von den Gerichten wahrgenommen wird, im Auge behalten.

Über dem richtigen Gedanken, daß das Gesetz Auftrag und Richtlinie für die Verwaltung ist, darf der Gedanke nicht zu kurz kommen, daß das Gesetz zumindest in gleichem Maße auch Schranke der Verwaltung und Kontrollmaßstab ist. Nach wie vor muß daher in der Kontrolle der Verwaltung eine wichtige verfassungsrechtliche Funktion gesehen werden.[52]

---

[48] Vgl. *Hartisch,* Verfassungsrechtliches Leistungsprinzip und Partizipationsverbot, S. 33 ff.

[49] Ebd., S. 65.

[50] *Lorenz,* Der Rechtsschutz des Bürgers, S. 174.

[51] Ebd.

Die Funktion der Rechtsschutzgewährung kann sich nicht darin erschöpfen, vorgegebene Verwaltungsentscheidungen lediglich am Maßstab des subjektiven Rechts und d. h., letztlich am Maßstab der Verhältnismäßigkeit des Verwaltungseingriffs zu überprüfen. Eine solche Beschränkung der Kontrolle ist allenfalls gegenüber dem Gesetzgeber wegen seiner besonderen demokratischen Legitimation gerechtfertigt, nicht jedoch gegenüber der Verwaltung.[53]

Eine so verstandene Reduzierung des Rechtsschutzauftrags der Verwaltungsgerichte wird auch nicht den Grundrechten und dem ihnen zuzuordnenden Gesetzesvorbehalt[54] gerecht. Die Grundrechte gewähren anerkanntermaßen nicht nur Schutz vor unverhältnismäßigen Eingriffen, sondern sie geben auch Schutz vor gesetzeswidrigen Maßnahmen der Verwaltung.[55] Und wenn der Rechtsschutzauftrag gerade um des Schutzes der Grundrechte willen in das Grundgesetz aufgenommen wurde, dann ist damit prinzipiell auch gewährleistet, daß die Gesetzesanwendung dort kontrolliert wird, wo nicht spezifisch juristische Fragen auftauchen. Nur so ist schließlich auch gewährleistet, daß die Verwaltung in den „demokratischen Legitimationszusammenhang verbindlicher Zwecksetzung"[56] eingebunden bleibt. Daß im Einzelfall bei der Kontrolle sehr komplexer Entscheidungen Schwierigkeiten auftauchen, darf nicht ohne weiteres dazu führen, auf Kontrolle überhaupt zu verzichten.

6.3. Erforderlichkeit eines „mehrdimensionalen" Erklärungsansatzes für die Zuordnung von Verwaltungskompetenz und gerichtlicher Kontrollkompetenz

Die überkommenen Versuche einer Aufteilung zwischen Konkretisierungskompetenz der Verwaltung und Kontrollkompetenz der Gerichte laufen, wie gesehen, Gefahr, daß die Reichweite der Kontrolle

---

[52] *Dürig* in Maunz / Dürig / Herzog / Scholz, Grundgesetz, Art. 19 IV, Rdnr. 6; *Hesse*, Grundzüge, S. 201.

[53] Dies um so weniger, als die Verwaltung mehr und mehr der demokratischen Führung des Parlaments zu entgleiten droht — vgl. *Schmitt Glaeser*, VVDStRL 31 (1973), S. 203 f.; zu Recht findet es *Zimmer*, Funktion — Kompetenz — Legitimation, S. 147 „auffallend", daß die Erwägungen zum judicial self-restraint sich vornehmlich auf die Exekutive beziehen, während es an entsprechenden Untersuchungen etwa im Verhältnis Legislative — Verfassungsgerichtsbarkeit weitgehend fehlt.

[54] Vgl. *Hesse*, Grundzüge, S. 129 ff., 133 f.; zum Gesetzesvorbehalt s. auch *Vogel*, VVDStRL 24 (1966), S. 147 ff.; für den Bereich der Leistungsverwaltung s. ebd., S. 151 ff. mit umfangreichen Nachweisen.

[55] s. *Dürig* in Maunz / Dürig / Herzog / Scholz, Grundgesetz, Art. 19 IV, Rdnr. 36; Art. 2 I, Rdnr. 26; vgl. auch *E. Klein*, Die verfassungsrechtliche Problematik des ministerialfreien Raumes, S. 24.

[56] *Zimmer*, Funktion — Kompetenz — Legitimation, S. 170; s. auch ausführlich *Weigel*, Beurteilungsspielraum und Delegationsbegriff, S. 118 ff.

hinter dem tatsächlich Kontrollbedürftigen zurückbleibt. Um der Aufrechterhaltung der durch die Verfassung konstituierten Legitimations- und Kontrollzusammenhänge als „arbeitsteiliger Funktionszusammenhang" willen, müssen Aussagen zur verfassungsmäßigen Verteilung von Entscheidungs- und Kontrollfunktionen mehrdimensional argumentieren.

Ansatzpunkt für eine funktionsgerechte, verfassungsmäßige Zuordnung von Verwaltungsgerichtsbarkeit und Verwaltung können dabei nur die konkreten Formen des Verwaltungshandelns[57] im Hinblick auf die wahrgenommene Aufgabe, der personellen, instrumentellen, organisatorischen und verfahrensmäßigen Ausgestaltung[58] und ihre Leistungsfähigkeit für eine sachgerechte („faktische Organpotenz"), aber auch den spezifisch verfassungsrechtlichen Legitimations- und Kontrollerfordernissen genügende Aufgabenbewältigung sein. Organisationssoziologische und entscheidungstheoretische Untersuchungen und Empfehlungen können allein das Problem der Strukturierung und Zuordnung rechtlich determinierter Entscheidungsprozesse nicht lösen. Das Problem der optimalen und funktionsgerechten Zuordnung von staatlichen, und damit rechtlich strukturierten, Entscheidungen muß unter Berücksichtigung auch der verfassungsrechtlichen Direktiven gelöst werden.[59]

6.4. Sach- und Kontrollgerechtigkeit sowie grundrechtliche Legitimation pluralistischer Entscheidungsverfahren als Gesichtspunkte funktionsgerechter Verteilung von (Letzt-)Entscheidungskompetenzen

6.4.1. Sachgerechtigkeit

Anhand des tatsächlichen Wirkungsbereichs der von Filmförderungsanstalt und Bundesprüfstelle zu treffenden Entscheidungen wurde aufgezeigt,[60] daß hier erhöhte Anforderungen an den Auslegungs- und Ent-

---

[57] Im Gegensatz zur „monodisziplinären" Verwaltungsgerichtsbarkeit (*Scholz,* VVDStRL 34 (1976), S. 153) ist die Verwaltung im Hinblick auf wahrgenommene Aufgabe, organisatorische, verfahrensmäßige Struktur und Entscheidungslegitimation unterschiedlich ausgestaltet und damit funktionell variabel. s. dazu *Schmidt-Aßmann,* VVDStRL 34 (1976), S. 230 ff.

[58] Vgl. auch *Bachof,* VVDStRL 30 (1972), S. 233 ff.; s. auch *Häberle,* Öffentliches Interesse, S. 499 ff.; zu den Verfahrensgesichtspunkten bei der richterlichen Kontrolle s. auch *Hege,* Das Grundrecht der Berufsfreiheit im Sozialstaat, S. 170 ff.

[59] s. dazu auch *Zimmer,* Funktion — Kompetenz — Legitimation, S. 178; auch *Zimmer* geht davon aus, daß sich die Kompetenzfrage nur unter Berücksichtigung mehrerer Faktoren beantworten läßt, S. 173.

[60] Vgl. oben, Teil 2.2. und 2.3.

scheidungsprozeß gestellt werden. Die zu treffenden Entscheidungen befassen sich mit Fragen, die sich nicht allein in fachliche Probleme auflösen lassen und in hohem Maße mit den verschiedenen Wertvorstellungen des religiös-weltanschaulichen und künstlerischen Pluralismus verknüpft sind. Dem entspricht die besondere Zusammensetzung jener Gremien, die auf die Herstellung einer „repräsentativen", an dem zu entscheidenden Problem interessierten „Öffentlichkeit" angelegt ist, um den Entscheidungsfindungsprozeß auf einer möglichst pluralistischen Basis stattfinden zu lassen.[61]

Der Gewinn eines solchen Verfahrens würde jedoch durch das ganz anders strukturierte richterliche Verfahren wieder zurückgenommen. Die Vorstellung, daß durch eine richterliche Entscheidung ein vergleichbares Informations- und Wertberücksichtigungspotential verbürgt ist wie durch ein pluralistisch strukturiertes Gremium, dürfte auf einer idealtypischen Überhöhung der Leistungsfähigkeit juristischer Hermeneutik beruhen, die dem Richter eine höchst „ungewöhnliche Fähigkeit zur kritischen Reflexion des eigenen Geschäfts" (Scharpf)[62] unterstellt.[63]

Zwar ist es richtig, daß auch die richterliche Entscheidung auf Konsens hinarbeiten muß, wenn sie akzeptiert werden, und das heißt, überzeugen will.[64] Dort aber, wo das Verfahrensrecht differenziertere Formen der Konsensbildung anbietet, ist richterliche Zurückhaltung geboten, soll der mit der Institutionalisierung solcher Gremien verfolgte Zweck nicht verfehlt werden.

---

[61] s. auch *Häberle*, Öffentliches Interesse, S. 501 f. zum Verfahren der (privatrechtlich organisierten) Freiwilligen Selbstkontrolle der Filmwirtschaft, S. 502: „Je sachgerechter das Verfahren der FSK ist, und man darf hinzufügen, je „repräsentativer", pluralistischer die Öffentlichkeit beteiligt ist, desto eher werden ihre Entscheidungen gemeinwohlgerecht bzw. der öffentlichen Ordnung auf dem Gebiet des Polizeirechts entsprechend sein. Gerichte und Verwaltung können und sollen sich dann zurückhalten." — Freilich sollen darüber nicht die berechtigten Einwände, die aus verfassungsrechtlicher Sicht gegen diese nebenstaatliche Zensurinstanz geltend gemacht werden, übersehen werden. s. dazu vor allem *Noltenius*, Die Freiwillige Selbstkontrolle der Filmwirtschaft und das Zensurverbot des Grundgesetzes, S. 218 ff.

[62] *Scharpf*, Die politischen Kosten des Rechtsstaats, S. 42.

[63] Typisch dafür ist etwa die Entscheidung des Bundesverwaltungsgerichts in DVBl. 1965, S. 914, wo es für möglich gehalten wird, „daß der Richter bei der Anwendung unbestimmter Rechtsbegriffe auf den verschiedensten Lebensgebieten seine persönlichen Empfindungen und Anschauungen zurückdrängt und zum objektiven Maßstab seiner wertenden Beurteilung die Empfindungen und Anschauungen der Allgemeinheit oder bestimmter Gruppen von Menschen macht". Es sei ihm daher Gewohnheit, sich in die seelisch-geistige Verfassung anderer Menschen — der gedachten Repräsentanten der Allgemeinheit oder der Gruppe, vielfach auch der am Einzelfall beteiligten Personen — zu versetzen.

[64] Vgl. dazu *Eckhold-Schmidt*, Legitimation durch Begründung, S. 16 ff.

Die mit der Institutionalisierung pluralistischer Entscheidungsgremien intendierte Erhöhung des Informations- und Wertberücksichtigungspotentials der Verwaltung durch Hereinnahme der interessierten Öffentlichkeit rechtfertigt und erfordert die richterliche Zurückhaltung bei der Überprüfung solcher Entscheidungen.

6.4.2. Legitimation

Der verfassungsrechtliche Befund legitimiert solche besonderen Entscheidungsstrukturen insofern, als die objektivrechtliche Seite der einschlägigen Grundrechte eine „Entstaatlichung" und Pluralisierung der Gemeinwohlkonkretisierungskompetenzen in diesen Teilbereichen erfordert.[65] Die in den untersuchten Entscheidungsbereichen zur Absicherung des status negativus institutionalisierte „prozessuale Grundrechtskonkretisierung"[66] bezieht ihre besondere Legitimation nicht aus der Einbindung in demokratische Legitimationszusammenhänge, sondern beruht auf einer spezifisch grundrechtslegitimierten Aktualisierungskompetenz gesellschaftlicher Besonderheiten in den betreffenden Teilbereichen. Über den status activus processualis *(Häberle)* erlangen die Grundrechte legitimatorische Kraft für die Ausgestaltung staatlicher Organisations- und Verfahrensbedingungen. Die Legitimation solcher Entscheidungen beruht gerade nicht auf ihrer Einbindung in demokratische Legitimationsprozesse, sondern auf grundrechtslegitimierter Autonomie und Entscheidungskompetenz. Der für die von den Gerichten wahrgenommene Rechtsschutzaufgabe wesentliche Gesichtspunkt der Aufrechterhaltung demokratischer Steuerungszusammenhänge entfällt damit weitgehend, da sich auch der Gesetzgeber im „Grundrechtsinteresse" einer inhaltlichen Steuerung weitgehend enthält und sich auf die Normierung von Organisations- und Verfahrensregelungen, deren Einhaltung auch voll gerichtlich überprüfbar ist[67], beschränkt.

Dieser Gesichtspunkt gewinnt auch für die Frage der Begründungsbedürftigkeit von Entscheidungen autonomer pluralistischer Entscheidungsgremien Bedeutung: soweit die Verwaltung ihre Entscheidungslegitimation aus der Steuerungsfunktion des demokratischen Gesetzes bezieht, dient die Entscheidungsbegründung unter anderem auch der Herstellung „intersubjektiver Einigkeit" über den Inhalt einer Norm[68]

---

[65] s. oben, Teil 5.3.5.2. und Teil 5.4.1.

[66] *Häberle*, VVDStRL 30 (1972), S. 87.

[67] s. dazu noch unten, Teil 6.4.3. — Hier bedarf es freilich einer Fortentwicklung der Verwaltungs- und Grundrechtsdogmatik, um die Eignung und Grundrechtsgemäßheit solcher Verfahrens- und Organisationsregelungen adäquat problematisieren zu können. s. *Scholz*, VVDStRL 34 (1976), S. 214, Fn. 268; ferner oben, Teil 5.4.3. zur Zusammensetzung der Filmförderungsanstalt.

und damit dem Nachweis der Gesetzmäßigkeit und demokratischen Legitimation einer Verwaltungsmaßnahme. Zumindest unter diesem Gesichtspunkt rechtfertigt sich daher kaum ein Festhalten an einer strengen Begründungspflicht, wie sie insbesondere das Verwaltungsgericht Berlin an die Bewertungsentscheidungen der Filmförderungsanstalt stellt.[69]

Unter dem Gesichtspunkt der Kontrollierbarkeit von Entscheidungen (Rechtsschutzfunktion)[70] erweist sich die Begründungsbedürftigkeit von Verwaltungsentscheidungen als abhängig vom konkreten Umfang richterlicher Kontrollkompetenz, die ihrerseits mit von der Kontrollbedürftigkeit des Entscheidungsverfahrens abhängig ist.[71] Aber auch unabhängig von der Beantwortung der damit zusammenhängenden Fragen wird man im Interesse der Erhöhung der Rationalität wertender Entscheidungen, ihrer „Konsensfähigkeit"[72], auf den „disziplinierenden"[73] Effekt der Begründungspflicht nicht verzichten können, nicht zuletzt auch deswegen, um die für die Entscheidungsfindung maßgebenden Gesichtspunkte, über den Kreis der in den Gremien nur eingeschränkt repräsentierten (Bereichs-)Öffentlichkeit hinaus, kritisierbar und nachvollziehbar zu machen.[74]

---

[68] *Eckhold-Schmidt*, Legitimation durch Begründung, S. 17 f., dort zur Begründungspflicht richterlicher Entscheidungen. Da auch die Verwaltung ihre Legitimation und Handlungsermächtigung vor allem aus der Bindung an das demokratische Gesetz bezieht, kommt dieser Gesichtspunkt auch für die Legitimation von Verwaltungsentscheidungen in Betracht.

[69] DVBl. 1974, S. 375 ff., 377 — kritisch dazu *Ossenbühl*, DVBl. 1974, S. 312 — s. auch BVerwGE 12, 20 (26 f.), wo der Gesichtspunkt der Entscheidungsautonomie herangezogen wird, um die Begründungsbedürftigkeit der Entscheidungen des Personalgutachterausschusses der Bundeswehr zu verneinen: „Die Entscheidung des Personalgutachterausschusses kommt auf Grund persönlichkeitsbedingter Werturteile der Ausschußmitglieder zustande; eine solche Entscheidung eines vielköpfigen Ausschusses ist schon deshalb kaum zu begründen, weil sie von durchaus unterschiedlichen Vorstellungen der einzelnen Mitglieder über die persönliche Eignung getragen sein kann. ... Der Gesetzgeber hat ... einen Gutachterausschuß von Persönlichkeiten eingerichtet, die allein nach *ihrem* Leitbild von einem hohen Offizier ... prüfen sollen, ob sie den zur Einstellung vorgesehenen Bewerber für geeignet halten."

Für die Bundesprüfstelle hat dieses Problem freilich nur „akademischen" Charakter, da die Bundesprüfstelle ihre Entscheidungen jeweils sehr eingehend und umfangreich zu begründen pflegt.

[70] Vgl. *Eckhold-Schmidt*, Legitimation durch Begründung, S. 17 im Hinblick auf richterliche Entscheidungen; zu Verwaltungsentscheidungen vgl. *Schmidt-Salzer*, Der Beurteilungsspielraum, S. 60 ff.; s. auch BVerfGE 6, 32 (44).

[71] Dazu sogleich unten, Teil 6.4.3.

[72] Vgl. *Eckhold-Schmidt*, Legitimation durch Begründung, S. 21.

[73] *Ossenbühl*, DVBl. 1974, S. 312 f.

[74] s. auch *Häberle*, Öffentliches Interesse, S. 502 f., zur Freiwilligen Selbstkontrolle: keine „absorptive Repräsentation", auch die übrige Öffentlichkeit muß berücksichtigt werden!

6.4.3. Kontrollgerechtigkeit

Auch unter dem Gesichtspunkt der Kontrollbedürftigkeit ist die Autonomie und Weisungsfreiheit der untersuchten Gremien von Bedeutung. Im Rahmen des Facharztbeschlusses hat das Bundesverfassungsgericht zu Recht festgestellt, daß bei solchen Gremien, das Bedürfnis, eine „Macht zu zügeln, die versucht sein könnte, auf Kosten der Bürger praktisch-effiziente Regelungen durchzusetzen“[75], sehr viel geringer ist, als bei der bürokratisch-hierarchisch organisierten Exekutive.[76] Dieser Gesichtspunkt — im Facharztbeschluß angeführt, um die Normsetzungsbefugnis der Ärztekammer ohne detaillierte gesetzliche Delegationsnorm (Art. 80 Abs. 1 Satz 2 GG) zu rechtfertigen, kann auch hier mitherangezogen werden, um die Restriktion richterlicher Kontrolle zu begründen. Denn die sachliche und institutionelle Parteistellung der entscheidenden Verwaltung — mit ein wesentlicher Grund für die Kontrollbedürftigkeit von Verwaltungsentscheidungen[77] — ist in einem solchen autonomen, pluralistisch zusammengesetzten Entscheidungsgremium quasi neutralisiert. Es besteht daher auch unter diesem Gesichtspunkt kein Bedürfnis nach Einschaltung einer neutralen, unparteiischen Instanz, um die Verwaltung bei der Ausfüllung ihres Entscheidungsprogramms zu kontrollieren.

Reduziert man die in der Weisungsfreiheit des Richters liegende „Wahrheitsgarantie“ mit Luhmann auf das Prinzip der „negativen Gleichheit aller spezifischen Interessen in der Chance, den Richter innerhalb seines Programmes zu beeinflussen“[78], dann wird deutlich, warum ein Gremium, in dem alle Interessenrepräsentanten nur das numerische Gewicht ihrer Stimme haben, gewissermaßen als funktionales Äquivalent für das unparteiische gerichtliche Kontrollverfahren gelten kann.[79]

---

[75] BVerfGE 33, 125 (157).

[76] Das Bundesverfassungsgericht differenziert seit jeher bezüglich der Befugnis zur verbindlichen Wirklichkeitsgestaltung im Wege von abstrakt generellen Regelungen zwischen Rechtsverordnungen, als delegierte Rechtssetzungsbefugnis der Exekutive und Satzungen als Rechtssetzungsbefugnis körperschaftlich verfaßter Selbstverwaltungsträger, wenn es die besonderen Anforderungen zum Erlaß von Rechtsverordnungen in Art. 80 Abs. 1 Satz 2 GG nicht auf die Verleihung autonomer Satzungsgewalt anwendet. Vgl. etwa BVerfGE 12, 319 (325). Die damit anerkannte Befugnis autonomer Selbstverwaltungsträger zur letztverbindlichen Wirklichkeitsgestaltung rechtfertigt durchaus eine Parallelwertung im Bereich konkret-individueller Gestaltungsbefugnisse durch autonome Entscheidungsträger im Hinblick auf den Umfang ihrer Letztentscheidungsbefugnisse. In diesem Sinne auch *Weigel*, Beurteilungsspielraum oder Delegationsbegriff, S. 168 ff.

[77] s. dazu oben, Teil 6.2.1.3.

[78] *Luhmann*, Legitimation durch Verfahren, S. 133.

[79] Vgl. auch *Ossenbühl*, DVBl. 1978, S. 9, der allerdings das Gewicht zu einseitig auf den Gesichtspunkt der „Gerichtsähnlichkeit“ verlagert.

Die Kontrollbedürftigkeit solcher Entscheidungen beschränkt sich daher auf diejenigen Fehlerquellen, die durch die besondere Struktur der Entscheidungsgremien nicht ausgeschaltet sind: die richtige und vollständige Sachverhaltsermittlung gehört ebenso dazu wie die Einhaltung der Grenzen der durch die gesetzliche Vorgabe eingeräumten Einschätzungsprärogative.[80]

Die Kontrollbedürftigkeit dieser Rahmenbedingungen steckt zugleich auch den Umfang der Begründungs*pflicht* autonomer, pluralistisch strukturierter Verwaltungsgremien im Hinblick auf die Rechtsschutzgarantie des Art. 19 Abs. 4 GG ab.

6.5. Fazit

Nur unter Einbeziehung dieser besonderen Bedingungen faktischen Könnens, verfassungsrechtlicher Legitimation und immanenter Kontrollgerechtigkeit der konkreten organisations- und verfahrensrechtlichen Ausgestaltung des Entscheidungsprozesses kann die richterliche Kontrollrestriktion gegenüber den untersuchten Gremien in das Spannungsfeld von Verwaltungsverantwortung und Verwaltungskontrolle eingeordnet werden, ohne darin zugleich eine begrüßenswerte oder auch bedenkliche „Trendwende" im Hinblick auf die Handhabung richterlicher Kontrollkompetenzen sehen zu müssen.[81] Die Gerichte haben sich daher bislang auch zu Recht geweigert, aus der Kontrollrestriktion gegenüber pluralistischen Verwaltungsgremien weitergehende Folgerungen für andere Verwaltungsentscheidungen zu ziehen.[82] Wohl aber kann die Entscheidung des Bundesverwaltungsgerichts zur Bundesprüfstelle — und darin liegt ihr Innovationswert — als Hinweis darauf gewertet werden, entsprechende verfahrensmäßige Vorkehrungen in der Verwaltung durch eine Restriktion richterlicher Kontrolle zu „honorieren".

Insgesamt dürften solche pluralistischen Verwaltungsgremien und die ihnen gegenüber geübte restriktive Handhabung richterlicher Kontrollbefugnisse einen Ansatzpunkt für die Ausgestaltung eines „differenzierten Gesamtrechtsschutzsystems"[83] darstellen, in dem Rechtschutz

---

[80] Vgl. BVerwGE 39, 197 (204).

[81] s. hierzu auch *Koch*, Unbestimmte Rechtsbegriffe und Ermessensermächtigungen, S. 17 mit Fußnote 11.

[82] So ausdrücklich BVerwGE 45, 309 (323 f.), wenngleich mit wenig überzeugender Begründung, s. dazu oben Teil 2.1.2., ferner: BVerwGE 40, 353 (358).

[83] *Häberle*, VVDStRL 30 (1972), S. 122; s. auch ebd., S. 88 ff.; vgl. auch *Schmitt Glaeser*, VVDStRL 31 (1973), S. 241 mit Fn. 270: „rechtsstaatliches Ergänzungsverhältnis".

als Gerichtsschutz und als nichtjudizieller Schutz materieller Grundrechtsinteressen[84] eine optimale Bewältigung grundrechtlicher Freiheitsprobleme gewährleisten.

[84] *Häberle*, VVDStRL 30 (1972), S. 122.

Zusammenfassung

1. In Anbetracht der traditionell monokratischen Strukturen der Verwaltungsorganisation stellen verbindliche Letztentscheidungsbefugnisse pluralistischer Verwaltungsgremien in der Bundesrepublik einen Fremdkörper dar, der in die Raster der überkommenen Verwaltungs- und Verfassungsrechtsdogmatik nur schwer einzuordnen ist und auch in der Praxis — wie etwa die Diskussion um die Jugendwohlfahrtsausschüsse zeigt — vielfach mit Skepsis betrachtet wird.

1.1. Die damit zusammenhängenden Fragen wurden von der Partizipationsdiskussion der 70er Jahre in das Blickfeld auch des juristischen Interesses gerückt. Dabei konnten jedoch nur grob umrissene Grenz- und Richtlinien aufgezeigt werden, welche die verfassungspolitische Gebotenheit pluralistischer Entscheidungsstrukturen, vor allem aber ihre verfassungsrechtlichen Grenzen markierten. Als funktionaler Begriff erschließt sich die Bedeutung von Partizipation nur in ihren konkreten Erscheinungsformen, namentlich unter Berücksichtigung der wahrgenommenen Verwaltungsaufgabe in ihrem rechtlichen und tatsächlichen Wirkungsfeld (Schmitt Glaeser).

1.2. Im sozial-kulturellen Bereich läßt sich die Bedeutung pluralistischer Entscheidungsteilhabe anhand der Gremien der Filmförderungsanstalt, der Bundesprüfstelle sowie der Jugendwohlfahrtsausschüsse paradigmatisch aufzeigen. Als Formen der Entscheidungsteilhabe an definitiven Verwaltungsentscheidungen weisen die dabei zu behandelnden Fragen über die besondere Problemstellung hinaus auf allgemeine Fragen mitentscheidender Partizipation als „alternative" Form der Gemeinwohlfindung, die vorhandene gesellschaftliche Initiativen und Strukturen, namentlich den Verbändepluralismus, miteinbezieht.

2. Soweit man sich in der Literatur überhaupt um eine dogmatische Einordnung pluralistischer Verwaltungsgremien bemüht, sind diese Versuche wegen ihrer Orientierung an der antinomischen Gegenüberstellung von Sachverstand und Interessengebundenheit sowie der polemischen Gegensatzbildung von ständisch-partikularer Interessenvertretung einerseits und gemeinwohlbezogener Repräsentation andererseits unbefriedigend. Weder wird die Einordnung solcher Verwaltungsgremien als unbeteiligte Sachverständigengremien ihrem gruppen-, resp. verbandsgebundenen Rekrutierungsmodus gerecht, noch kann

man sie als Vertreter „nur“ partikularer Interessen ansehen, da sie verbindliche Verwaltungsentscheidungen treffen und damit das öffentliche Interesse in den jeweiligen Sachbereichen verbindlich konkretisieren.

2.1. Der überkommene Begriff des Interessenvertreters ist zudem mit einer Reihe von Vorstellungen befrachtet, die sich in der Abgrenzung zum Repräsentationsbegriff herauskristallisierten und ebenso zeitbedingt sind wie jener. Insbesondere werden über den Begriff der Interessen„vertretung“ faktisch bestehende Artikulationsmöglichkeiten für nichtorganisierte und häufig auch nicht organisierbare Interessen von vornherein aus der juristischen Betrachtung ausgeklammert, da nur das „vertreten“ werden könne, was eine gewisse Selbständigkeit, Abgeschlossenheit und Individualität besitzt. Die Wahrnehmung anderer als individueller Interessen obliege allein dem Parlament, das solche allgemeinen, überindividuellen Interessen absorptiv repräsentiere. Der antipluralistische, etatistische Zug dieser Sichtweise, die in den Repräsentationslehren von *G. Leibholz* und *C. Schmitt* ihren Höhepunkt fand, liegt auf der Hand. Die Frage nach dem Verhältnis von staatlicher Integration und Gemeinwohlfindung einerseits sowie partikularer Interessen andererseits wird hier unter Rückgriff auf apriorische Begriffsbildungen im Sinne eines unüberbrückbaren Gegensatzes vorentschieden.

2.2. Bei einer Betrachtung der von den untersuchten Gremien wahrgenommenen Aufgaben, die auch das tatsächliche und rechtliche Wirkungsfeld der getroffenen Entscheidungen miteinbezieht, wird deutlich, daß es sich hier um in hohem Maße wertungsabhängige, vom jeweiligen Vorverständnis des Betrachters beeinflußte (Wert-)Entscheidungen handelt, um Fragen, die kontrovers diskutiert werden und deren Beantwortung auch bestimmten Zeitströmungen unterliegt. Die in den letzten Jahren geführte Diskussion über die „Grundwerte“ dokumentiert insbesondere für die Bereiche der Sozialethik und Pädagogik — beides Gebiete, die zum Teil von den Entscheidungen der hier untersuchten Gremien berührt werden — die kontroversen Standpunkte. Ähnlich kontrovers und zeitbedingt sind schließlich auch die von der Filmförderungsanstalt zu fällenden Qualitätsurteile über Werke der Filmkunst.

2.3. Die von den untersuchten Gremien betreuten Entscheidungskomplexe werden vom Gesetzgeber zwar bei Bundesprüfstelle und Filmförderungsanstalt noch formal durch Konditionalprogramme gesteuert, praktisch geben die gesetzlichen Vorgaben jedoch in Anbetracht der Komplexität und Wertungsgebundenheit der zu entscheidenden Fragen kaum Entscheidungshilfe. Die Schwierigkeiten der verbindlichen Konkretisierung der Normvorgabe in diesen Bereichen, die besonders stark von individuellen und kollektiven Selbstverständnissen, Interessen und Werthaltungen geprägt sind, werden aufgefangen in einem Prozeß der Kommunikation, der trotz aller pragmatischen Einschränkungen zumindest tendenziell eher den Bedingungen „klassischer" Vorstellungen von Konsensbildung genügt, als die autokratische Festsetzung des Nichtobjektivierbaren durch einen Einzelnen.

2.4. Die Gremiumsmitglieder *repräsentieren* in diesem Kommunikationsprozeß die aktive, interessierte Bereichsöffentlichkeit, die sich ihrerseits in gruppen- und verbandsmäßigen Zusammenschlüssen konstituiert. Diese Vorstellung erfordert freilich zugleich eine Abkehr vom liberalen Repräsentationsbegriff in seiner überkommenen etatistischen, interessenfeindlichen Deutung, jedoch unter Beibehaltung seiner klassischen Bedeutungselemente wie „Öffentlichkeit", „Wahrheitsfindung" und „Integration". Nicht der mit privatrechtlichen Vorstellungen verknüpfte Begriff der Interessenvertretung, sondern der seit jeher dem Bereich des Öffentlichen verhaftete Begriff der Repräsentation ist geeignet, die Funktion gruppenspezifisch rekrutierter Beisitzer im Prozeß der Entscheidungsfindung adäquat zu erfassen.

3. Den Gruppen- und Verbänden kommt in ihrer Vermittlungs- und Aggregationsfunktion für Interessen, Selbstverständnisse und Wertvorstellungen eine wichtige Aufgabe bei der Rekrutierung der unterschiedlichen Sachbereichs- und Interessenrepräsentanten zu, trotz aller berechtigten Vorbehalte, die etwa von seiten der Pluralismuskritik gegen sie geltend gemacht werden. Mitspracheberechtigt sind dabei grundsätzlich alle Gruppen, die an der speziellen Aufgabenstellung der Verwaltungseinheit ein ernstzunehmendes Interesse anmelden. Daß im Hinblick auf die Diskussions- und Handlungsfähigkeit von Gremien eine Selektion unter den Betroffenen erfolgen muß, liegt freilich auf der Hand. Die Frage nach den Selektionskriterien ist noch weitgehend ungeklärt, die häufig genannten Gesichtspunkte „gesamtgesellschaftliche Relevanz" und „demokratische Binnenstruktur" müssen in diesem Zusammenhang jedoch mit Skepsis betrachtet werden.

4. Die Existenz pluralistischer Verwaltungsgremien signalisiert einen Gestaltwandel der bürgerschaftlichen Selbstverwaltung. Das Bedürfnis der Vermittlung von staatlicher und gesellschaftlicher Sphäre — einst das Hauptanliegen der bürgerschaftlichen Selbstverwaltung im 19. Jahrhundert — besteht zwar nach wie vor, geändert hat sich jedoch die konkrete Erscheinungsform bürgerlicher Repräsentation, die sich heute vor allem über Gruppen- und Verbandsbeziehungen vollzieht.

Pluralistische Verwaltungsgremien stellen aufgrund ihrer Weisungsunabhängigkeit eine Form der Selbstverwaltung im Rechtssinn dar.

Dies gilt auch hinsichtlich der Jugendwohlfahrtsausschüsse, wenngleich deren Eigenständigkeit formal stark durch die Kompetenzen der Vertretungskörperschaft eingeschränkt ist. Als sachbezogene Selbstverwaltungseinheiten konkurrieren die Jugendwohlfahrtsausschüsse mit der gebietsbezogenen kommunalen Selbstverwaltung.

5. Die Weisungsfreiheit pluralistischer Verwaltungsgremien wie Bundesprüfstelle und Filmförderungsanstalt und die Ausfüllungsbedürftigkeit der sie steuernden Normprogramme berührt ein Grundproblem des demokratischen, gewaltenteilenden Rechtsstaats, nämlich das Verhältnis von Parlament und Exekutive.

5.1. Die „Wesentlichkeitstheorie" des Bundesverfassungsgerichts vermochte bislang allenfalls kasuistisch das Feld parlamentsfreier Räume abzustecken. Die sich in der Rechtsprechung des Bundesverfassungsgerichts neuerdings abzeichnende Tendenz, den Vorrang des demokratisch legitimierten Gesetzgebers gegenüber der Verwaltung mit dem Hinweis auf die „gewaltenteilende Kompetenzordnung" in Frage zu stellen, ist jedoch bedenklich. Ein Bedürfnis, die Entscheidungsbefugnisse der Verwaltung im Bereich „nicht wesentlicher" Entscheidungskompetenzen unter einen besonderen verfassungsrechtlichen Begründungszwang zu stellen, besteht um so mehr, als die Zahl der dem Parlament rechtlich und faktisch entzogenen Entscheidungsbefugnisse ständig wächst.

5.2. Eine demokratische Legitimation im engeren, verfassungsrechtlichen Sinn als Verfahren der Selbstlegitimation von Entscheidungsprozessen kommt repräsentativ-pluralistischen Verwaltungsgremien freilich nicht zu, wenngleich sich solche Entscheidungsverfahren durchaus mit einigen Zielwerten des Demokratieprinzips synchronisieren lassen.

6. Ihre verfassungsrechtliche Rechtfertigung beziehen pluralistische Verwaltungsgremien im sozial-kulturellen Bereich vielmehr aus den Grundrechten als Elemente objektiver Ordnung, und zwar in ihrer Funktion als Schutzmechanismen gegen die Entdifferenzierung der gesellschaftlichen Teilsysteme durch das politische Subsystem (Luhmann).

6.1. Eine auf die Grundrechte als Individualrechte beschränkte Sicht im Sinne des Verteilungsprinzips von *C. Schmitt* verliert diesen wesentlichen, freiheitssichernden Aspekt der grundrechtlichen Ordnung aus dem Blickfeld und gerät unvermeidlich ins Fahrwasser autoritär-antipluralistischer Staatskonzepte. Die freiheitssichernde Funktion der Grundrechte muß daher über ihre individualrechtliche Komponente hinaus erstreckt werden auf den Schutz einer ausgedehnten, pluralistischen Mittelzone öffentlich-privater Koordination und Kooperation, die zwischen den Bereichen des Staatlich-Hoheitlichen und des Privat-Intimen angesiedelt ist. Auch der hiermit angesprochene Bereich des Öffentlichen, der ebenso abgehoben ist vom Bereich individueller Privatheit wie von der Sphäre organisierter Staatlichkeit, bedarf des „selbstzweckhaften" Grundrechtsschutzes, um gesellschaftliche Freiräume gegenüber dem Zugriff des politischen Systems wirksam verteidigen zu können.

6.2. Besondere Bedeutung gewinnen hier die Kommunikationsgrundrechte als Schutz des gesellschaftlichen Teilbereichs „Kultur". Gemeint sind damit diejenigen Grundrechte, die in ihrem objektivrechtlichen Gehalt bestimmte Lebensbereiche schützen, und zwar diejenigen des religiösen und geistigen Lebens (Art. 4. Abs. 1 und 2 GG, Art. 5 Abs. 1 GG), der Kunst und Wissenschaft (Art. 5 Abs. 3 GG), der familiären Erziehung (Art. 6 Abs. 1 GG) und der sozialen Gruppenbildung (Art. 9 Abs. 1 GG) und die als Grundlage von Freiheit überhaupt als nichtstaatliche Lebensbereiche erhalten bleiben sollen.

6.3. Die Übertragung staatlicher Aufgaben, die jene Lebensbereiche berühren, auf autonome, repräsentativ-pluralistische Entscheidungseinheiten und die dadurch bewirkte Exemtion aus den allgemeinen, demokratischen Integrationsprozessen verwirklichen hier ein Stück grundrechtlicher, öffentlicher Freiheit „vom Staat" zugunsten der Aktualisierungskompetenz für gesellschaftliche Besonderheiten. Den organisierten Wirkeinheiten kommt bei der Ausfüllung dieser Kompetenz eine wichtige Funktion zu, da sie dem sozial- und kulturwissenschaftlichen Befund zufolge wesentlich an der Schaffung von Orientierungs- und Identifikationsmöglichkeiten sowie Handlungsalternativen beteiligt sind.

6.4. Die dogmatische Figur des grundrechtlichen status activus processualis *(Häberle)* eröffnet die Möglichkeit, auch den überindividuellen Freiheitsbelangen der Grundrechte Rechnung zu tragen, indem die aus der Abwehrfunktion der Grundrechte folgende Definitionskompetenz gesellschaftlicher Besonderheiten in Organisation und Verfahren staatlicher Entscheidungsfindung berücksichtigt wird.

Die gruppenpluralistische Ausgestaltung des Entscheidungsverfahrens in Teilbereichen staatlicher Aufgabenwahrnehmung ist auch unter der Perspektive des Individualrechtsschutzes nicht völlig irrelevant: mediatisierte Mitbestimmungsrechte können dort grundrechtlich geschützte Positionen zusätzlich absichern, wo das Individualrecht allein keinen Schutz mehr gegen das politische System bietet.

6.4.1. Gremien wie die Filmförderungsanstalt sind prinzipiell geeignet, als komplementäre Absicherung des grundrechtlichen status negativus gegenüber der staatlichen Förderungspraxis zu fungieren. Kulturstaatliche Leistungsfunktionen und liberale Schutzfunktion — beide in der Kunstfreiheitsgarantie des Art. 5 Abs. 3 GG verankert — werden hier durch organisatorische und verfahrensrechtliche Vorkehrungen miteinander in Einklang gebracht. Der organisatorische Gestaltungsspielraum des Gesetzgebers ist dabei jedoch zu begrenzen durch den sachlich-gegenständlichen Bereich des zu sichernden Grundrechts, hier der Kunstfreiheit. D. h., es muß gewährleistet sein, daß die spezifischen Grundrechtsinteressen angemessen repräsentiert und verfahrensmäßig berücksichtigt werden. Daß die Grundrechtsinteressen des (Film-)Kunstbereichs im Rahmen der Gremien der Filmförderungsanstalt, namentlich in der Bewertungskommission, eindeutig unterrepräsentiert sind, ist verfassungsrechtlich zumindest bedenklich.

6.4.2. Die Entscheidungstätigkeit der Bundesprüfstelle bewegt sich im Schnittpunkt mehrerer, in ihrer Eigendynamik und Pluralität grundrechtlich abgesicherter Lebensbereiche, die als solche auch gegen die Hineinziehung in staatliche Integrationsprozesse besonders abgesichert sind. Diesem grundrechtlichen Anliegen entspricht daher die Organisation eines Entscheidungsverfahrens, das von den allgemeinen, staatlichen Integrationsprozessen weitgehend abgekoppelt ist und das die grundrechtslegitimierte Aktualisierungskompetenz gesellschaftlicher Besonderheiten im Entscheidungsprozeß berücksichtigt, indem den divergierenden und konkurrierenden Identifikationsbedürfnissen, Selbstverständnissen und Sachbereichsinteressen durch eine pluralistische Infrastruktur Rechnung getragen wird. Die besonderen Modalitäten des Auswahlverfahrens bei der BPS gewährleisten zudem in geradezu vorbildhafter Weise, daß alle Gruppen, die an der Entscheidung interessiert sind, ihre Kompetenz zur Artikulation des je Besonderen gleichberechtigt wahrnehmen können.

6.4.3. Ähnliches gilt für die Jugendwohlfahrtsausschüsse. Sie tragen durch ihre organisatorische und verfahrensmäßige Ausgestaltung bei zur Lösung des Spannungsverhältnisses zwischen demokratisch legitimierter, kommunaler Jugendarbeit und der grundrechtslegitimierten Aktualisierungskompetenz gesellschaftlicher Besonderheiten im Bereich des Erziehungsproblems. Daß die von der Präponderanz der etablierten Wohlfahrtsverbände geprägte Wirklichkeit der Jugendwohlfahrtsausschüsse pluralistischer Randkorrekturen bedarf, spricht nicht gegen das Modell überhaupt.

6.5. Aus der Erkenntnis, daß Grundrechte in Teilbereichen staatlicher Aufgabenwahrnehmung durchaus eine am Autonomiegedanken orientierte Ausgestaltung staatlicher Entscheidungsverfahren legitimieren können, folgt das verfassungspolitische Gebot entsprechender, pluralismusfördernder Organisations- und Verfahrensregelungen in Bereichen, in denen ähnliche Grundrechtsbelange betroffen sind. Namentlich im Schulbereich dürften hier noch Möglichkeiten offenstehen. Aber auch dort, wo Grundrechte erst durch staatliche Verfahren „zugeteilt" werden, obwohl sie als Individualgrundrechte formuliert sind, ist an eine zusätzliche Absicherung des status negativus durch pluralistisch strukturierte, autonome Entscheidungseinheiten zu denken: dies gilt für das Recht auf Verweigerung des Kriegsdienstes (Art. 4 Abs. 3 GG) und für das Grundrecht auf politisches Asyl (Art. 16 Abs. 2 Satz 2 GG).

7. Die Rechtsprechung des Bundesverwaltungsgerichts — ihm folgend das Verwaltungsgericht Berlin für die Filmförderungsanstalt — zur beschränkten Überprüfbarkeit von Entscheidungen der Bundesprüfstelle nährte vielfach die Hoffnung auf eine Übertragbarkeit der hierbei entwickelten Grundsätze auf andere Verwaltungsentscheidungen. Namentlich in letzter Zeit mehren sich die Stimmen, die, unter Berufung auf den Grundsatz der Funktionenteilung als moderner Ausprägung des Gewaltenteilungsprinzips, eine Beschränkung richterlicher Kontrollkompetenz gegenüber der „metajuristischen Zwecksetzungskompetenz der Verwaltung" befürworten.

Zwei Einwände sind dagegen jedoch geltend zu machen. Zum einen dürfte bereits die normstrukturelle Trennung von Rechtmäßigkeits- und Zweckmäßigkeitsfragen erhebliche Schwierigkeiten bereiten, denn jeder Zweck wird ja durch den Gesetzgebungsakt zu Recht. Ferner rechtfertigt weder die „Verwaltungsverantwortung" — ein Begriff hinter dem sich nur selten mehr verbirgt als der Hinweis auf bestimmte Zuständigkeiten — noch die besondere Sachkunde der Verwaltung für sich gesehen eine Freistellung von den verfassungsmäßigen Kontrollerfordernissen. Verwaltungsverantwortung und Sachkunde sind keine funktionalen Äquivalente für Entscheidungskontrolle und sie begründen für sich gesehen auch keine besondere Legitimation zur letztverbindlichen Wirklichkeitsgestaltung.

7.1. Um der Aufrechterhaltung der durch die Verfassung konstituierten Legitimations- und Kontrollzusammenhänge als „arbeitsteiliger Funktionszusammenhang" willen, müssen Aussagen zur verfassungsmäßigen Verteilung von Entscheidungs- und Kontrollfunktionen mehrdimensional argumentieren. Ansatzpunkt für eine funktionsgerechte, verfassungsmäßige Zuordnung von Verwaltungsgerichtsbarkeit und Verwaltung können dabei nur die konkreten Formen des Verwaltungshandelns im Hinblick auf die wahrgenommene Aufgabe, der personellen, instrumentellen, organisatorischen und verfahrensmäßigen Ausgestaltung und ihre Leistungsfähigkeit für eine sachgerechte, aber auch den spezifisch verfassungsrechtlichen Legitimations- und Kontrollerfordernissen genügend Aufgabenbewältigung sein.

7.2. Hinsichtlich der hier untersuchten Verwaltungsgremien lassen sich die Gesichtspunkte der besonderen Sach- und Kontrollgerechtigkeit sowie die grundrechtliche Legitimation als Gesichtspunkte einer funktionsgerechten Verteilung von (Letzt-)Entscheidungskompetenzen anführen.

7.2.1. Die auf die Herstellung einer „repräsentativen", an dem zu entscheidenden Problem interessierten Öffentlichkeit angelegte Organisation des Entscheidungsverfahrens bei den behandelten Entscheidungsgremien entspricht den Besonderheiten des Entscheidungsgegenstandes, den besonderen Anforderungen, die hier an den Auslegungs- und Entscheidungsprozeß gestellt werden. Der Gewinn eines solchen Verfahrens würde jedoch durch das ganz anders strukturierte gerichtliche Verfahren wieder zurückgenommen, wollte man solche Entscheidungen einer vollen richterlichen Überprüfung unterstellen.

7.2.2. Der verfassungsrechtliche Befund legitimiert solche besonderen Entscheidungsstrukturen insofern, als die objektivrechtliche Seite der einschlägigen Grundrechte eine „Entstaatlichung" und Pluralisierung der Gemeinwohlkonkretisierungskompetenz in diesen Teilbereichen erfordert. Die Legitimation solcher Entscheidungen beruht gerade nicht auf ihrer Einbindung in demokratische Legitimationsprozesse, sondern auf grundrechtslegitimierter Autonomie und Entscheidungskompetenz. Der für die von den Gerichten wahrgenommene Rechtsschutz- und Kontrollaufgabe wesentliche Gesichtspunkt der Aufrechterhaltung demokratischer Steuerungszusammenhänge entfällt damit weitgehend.

7.2.3. Auch unter dem Gesichtspunkt der Kontrollbedürftigkeit ist die Autonomie und Weisungsfreiheit der untersuchten Gremien von Bedeutung. Denn die sachliche und institutionelle Parteistellung der entscheidenden Verwaltung — mit ein wesentlicher Grund für die Kontrollbedürftigkeit von Verwaltungsentscheidungen — ist in einem solchen autonomen, pluralistisch zusammengesetzten Gremium quasi neutralisiert. Die Kontrollbedürftigkeit seiner Entscheidungen beschränkt sich daher auf diejenigen Fehlerquellen, die durch die besondere Struktur der Entscheidungsgremien nicht ausgeschaltet sind, nämlich die richtige und vollständige Ermittlung des Sachverhaltes sowie die Einhaltung der Grenzen der durch die gesetzliche Vorgabe eingeräumten Einschätzungsprärogative.

Die gegenüber Gremien wie Bundesprüfstelle und Filmförderungsanstalt geübte restriktive Handhabung richterlicher Kontrollkompetenzen bedeutet daher keine allgemeine „Trendwende" im Hinblick auf die Handhabung richterlicher Kontrollfunktionen. Wohl liegt hierin ein wichtiger Neuansatz zu einem sehr viel differenzierteren Verständnis funktionenteilender Aufgabenbewältigung durch Rechtsprechung und Verwaltung als es die frühere, auf der Gesetzesanwendungsdoktrin verharrende Rechtsprechung vermochte.

Literaturverzeichnis

v. *Aleman*, Ulrich: Liberaler Korporatismus?, Die Diskussion in der FDP um ein Verbändegesetz, in: Verbände und Staat, Hrsg. v. Aleman / Heinze, Opladen 1979, S. 118 ff.

— Partizipation, Überlegungen zur normativen Diskussion und zur empirischen Forschung, in: Bürgerbeteiligung und Bürgerinitiativen, Hrsg. H. Matthöfer, Villingen 1978, S. 245 ff.

v. *Aleman*, Ulrich / *Heinze*, Rolf G.: Verbändepolitik und Verbandsforschung in der Bundesrepublik Deutschland, in: Verbände und Staat, Hrsg. v. Aleman / Heinze, Opladen 1979, S. 12 ff.

Altmann, Rüdiger: Zur Rechtsstellung der öffentlichen Verbände, Zeitschrift für Politik n. F., Band II, 1955, S. 211 ff.

v. *Arnim*, Hans Herbert: Gemeinwohl und Gruppeninteressen, Frankfurt/M. 1977

Bachof, Otto: Die Dogmatik des Verwaltungsrechts vor den Gegenwartsaufgaben der Verwaltung, VVDStRL 30 (1972), S. 193 ff.

— Teilrechtsfähige Verbände des öffentlichen Rechts, AöR 83 (1958), S. 208 ff.

— Urteilsanmerkung zum Urteil des BVerwG vom 16. 12. 1971, JZ 1972, S. 208 ff.

Bartlsperger, Richard: Organisierte Einwirkungen auf die Verwaltung. Zur Lage der zweiten Gewalt, VVDStRL 33 (1975), S. 221 ff.

Bauer, Hans G. / *Berg*, Regina / *Kuhlen*, Vera: Forschung zu Problemen der Jugendhilfe. Bestandsaufnahme und Analyse. Reihe: Deutsches Jugendinstitut — aktuell, München 1976

Bauer, Rudolf: Wohlfahrtsverbände in der Bundesrepublik, Weinheim und Basel 1978

Benjamin, Walter: Das Kunstwerk im Zeitalter seiner technischen Reproduzierbarkeit, 11. Auflage, Frankfurt/M. 1979

Bethge, Herbert: Grundrechtsverwirklichung und Grundrechtssicherung durch Organisation und Verfahren, NJW 1982, S. 1 ff.

— Die verfassungsrechtliche Problematik der Zulassung von Rundfunkanstalten des Privatrechts, München 1981

Bettermann, Karl August: Zur Verbandsklage. Zugleich Besprechung von M. Wolf, Die Klagebefugnis der Verbände, ZZP 85 (1972), S. 133 ff.

v. *Beyme*, Klaus: Interessengruppen in der Demokratie, 4. Auflage, München 1974

Blümel, Willi: „Demokratisierung der Planung“ oder rechtsstaatliche Planung?, in: Festschrift für Ernst Forsthoff zum 70. Geburtstag, Hrsg. R. Schnur, München 1972, S. 9 ff.

Böckenförde, Ernst-Wolfgang: Grundrechtstheorie und Grundrechtsinterpretation, NJW 1974, S. 1534 ff.; hier zitiert nach: ders., Staat, Gesellschaft, Freiheit, Studien zur Staatstheorie und zum Verfassungsrecht, Frankfurt/M. 1976, 221 ff.

— Die Methoden der Verfassungsinterpretation — Bestandsaufnahme und Kritik, NJW 1976, S. 2089 ff.

— Die politische Funktion wirtschaftlich-sozialer Verbände und Interessenträger in der sozialstaatlichen Demokratie, Der Staat 15 (1976), S. 457 ff.

— Die Organisationsgewalt im Bereich der Regierung, Berlin 1964

— Die verfassungstheoretische Unterscheidung von Staat und Gesellschaft als Bedingung der individuellen Freiheit, Köln-Opladen 1973

— VVDStRL 33 (1975), Diskussionsbeitrag, S. 297 ff.

Bosselmann, Klaus: Der Widerstand gegen die Repräsentativverfassung. Die Bemühungen um die Errichtung des Repräsentativsystems bis zu ihrer Absage durch den k. k. Hofrath Friedrich v. Gentz, Diss. jur. Berlin 1979

Brandt, Hartwig: Landständische Repräsentation im deutschen Vormärz, Neuwied / Berlin 1968

Breitling, Rupert: Die Verbände in der Bundesrepublik, Meisenheim am Glan 1955

Brohm, Winfried: Sachverständige und Politik. Rechtsfragen der Beratung in der Wirtschafts- und Sozialpolitik der BRD, in: Festschrift für Ernst Forsthoff zum 70. Geburtstag, Hrsg. R. Schnur, München 1972, S. 37 ff.

— Strukturen der Wirtschaftsverwaltung, Stuttgart / Berlin / Köln / Mainz 1969

— Zur Einführung: Strukturprobleme der planenden Verwaltung, JuS 1977, S. 500 ff.

Bull, Hans Peter: Die Staatsaufgaben nach dem Grundgesetz, Frankfurt/M. 1973

Bundesverfassungsgericht und Grundgesetz, Festgabe aus Anlaß des 25jährigen Bestehens des Bundesverfassungsgerichts, Hrsg. Ch. Starck, Tübingen 1976

Bürgerbeteiligung und Bürgerinitiativen. Legitimation und Partizipation in der Demokratie angesichts gesellschaftlicher Konfliktsituationen, Hrsg. H. Matthöfer, Villingen, 1978

Burmeister, Joachim: Verfassungstheoretische Neukonzeption kommunaler Selbstverwaltungsgarantie, München 1977

Conradi, Brigitte: Die Mitwirkung außerstaatlicher Stellen beim Erlaß von Rechtsverordnungen, in: Interessenverbände in Deutschland, Hrsg. H. J. Varain, Köln 1973, S. 295 ff.

Dagtoglou, Prodomos: Partizipation Privater an Verwaltungsentscheidungen, DVBl. 1972, S. 712 ff.

— Der Private in der Verwaltung als Fachmann und Interessenvertreter, Heidelberg 1964

Däubler, Wolfgang / *Hege*, Hans: Koalitionsfreiheit — Ein Kommentar, Baden-Baden 1976

Dienel, Peter: Partizipation an Planungsprozessen als Aufgabe der Verwaltung, Die Verwaltung 1971, S. 151 ff.

Drath, Martin: Die Entwicklung der Volksrepräsentation, in: Zur Theorie und Geschichte der Repräsentation und Repräsentativverfassung, Hrsg. H. Rausch, S. 260 ff.

Eckhold-Schmidt: Legitimation durch Begründung. Eine erkenntniskritische Analyse der Drittwirkungskontroverse, Berlin 1974

Ehmke, Horst: „Ermessen" und „unbestimmter Rechtsbegriff" im Verwaltungsrecht, Tübingen 1960

— Prinzipien der Verfassungsinterpretation, VVDStRL 20 (1963), S. 53 ff.

— Wirtschaft und Verfassung. Die Verfassungsrechtsprechung des Supreme Court zur Wirtschaftsregulierung, Karlsruhe 1961

— VVDStRL 24 (1966), Diskussionsbeitrag, S. 230 ff.

Ellwein, Thomas: Erziehung 1978: Jugendhilfe im Spannungsfeld von Freiheit und Bindung — aus soziologischer Sicht, in: Erziehung 1978. Neue Schriftenreihe der Arbeitsgemeinschaft für Erziehungshilfe (AFET) e.V., Heft 28/1978, S. 23 ff.

— Das Regierungssystem der Bundesrepublik Deutschland, 4. völlig neubearbeitete Auflage, Opladen 1977

Enzensberger, Christian: Literatur und Interesse, Frankfurt/M. 1981

Erbel, Günter: Inhalt und Auswirkungen der verfassungsrechtlichen Kunstfreiheitsgarantie, Berlin / Heidelberg / New York 1966

Esser, Josef: Vorverständnis und Methodenwahl in der Rechtsfindung, Frankfurt/M. 1972

Evers, Hans-Ulrich: Die Befugnis des Staates zur Festsetzung von Erziehungszielen in der pluralistischen Gesellschaft, Berlin 1979

— Verbände — Verwaltung — Verfassung, Der Staat 3 (1964), S. 41 ff.

Faber, Heiko: Die Verbandsklage im Verwaltungsprozeß, Baden-Baden 1972

2. Familienbericht vom 15. 4. 1975, BT-Drucksache VII/3502

Feuchte, Paul: Prognose, Vorsorge und Planung bei der Genehmigung industrieller Anlagen, Die Verwaltung 1977, S. 291 ff.

Fichtmüller, Carl Peter: Zulässigkeit ministerialfreien Raums in der Bundesverwaltung, AöR 91 (1966), S. 297 ff.

Film und Gesellschaft in Deutschland, Hrsg. Wilfried von Bredow und Rolf Zurek, Hamburg 1975

Finkelnburg, Klaus: Über die Zuständigkeit des Bundes zum Erlaß des Filmförderungsgesetzes, UFITA 56 (1969), S. 111 ff.

Föhr, Horst: Anforderungen des Grundgesetzes an den Aufbau von Verbänden, NJW 1975, S. 617 ff.

Forsthoff, Ernst: Rechtsstaat im Wandel. Verfassungsrechtliche Abhandlungen 1954—1973, 2. Auflage, München 1976

— Der Staat der Industriegesellschaft, 2., unveränderte Auflage, 1971

Fraenkel, Ernst: Der Pluralismus als Strukturelement der freiheitlich-rechtsstaatlichen Demokratie, Verhandlungen des 45. Deutschen Juristentages, Bd. II, B, München / Berlin 1965

Fröhler, Ludwig / *Oberndorfer,* Peter: Körperschaften des öffentlichen Rechts und Interessenvertretung, München 1974

Füsslein, Peter: Ministerialfreie Verwaltung — Begriff, Erscheinungsformen und Vereinbarkeit mit dem Grundgesetz, Diss. jur., Bonn 1972

Gamper, Harald / *Knapp*, Rudolf / *Rieger*, Gerald: Elternmitwirkung in Nordrhein-Westfalen, Neuwied 1981

Geißler, Heiner: Verbände und Neue Soziale Frage, in: Verbände und Staat, Hrsg. v. Aleman / Heinze, Opladen 1979, S. 180 ff.

Gießen, Karl-Heinz: Die Gewerkschaften im Prozeß der Volks- und Staatswillensbildung, Berlin 1976

v. Gneist, Rudolf: Die heutige englische Communalverfassung und Communalverwaltung oder das System des Selfgovernment in seiner heutigen Gestalt, Berlin 1860

— Die nationale Rechtsidee von den Ständen und das preußische Dreiklassenwahlrecht, Berlin 1894

Gönsch, Manfred: Informationsfreiheit als privatrechtlich organisierte staatliche Veranstaltung, ZRP 1979, S. 88 ff.

Grabitz, Eberhard: Der Grundsatz der Verhältnismäßigkeit in der Rechtsprechung des Bundesverfassungsgerichts, AöR 98 (1973), S. 568 ff.

Graul, Heidemarie: Künstlerische Urteile im Rahmen der staatlichen Förderungszuständigkeit. Ein Versuch zur Begrenzung der Staatsaufgaben, Berlin 1970

Grimmer, Klaus: Demokratie und Grundrechte. Elemente zu einer Theorie des Grundgesetzes, Berlin 1980

Die Grundrechte, Handbuch der Theorie und Praxis der Grundrechte, Zweiter Band, Hrsg. Neumann / Nipperdey / Scheuner, 2. unveränderte Auflage, Berlin 1958

Grundwerte in Staat und Gesellschaft, Hrsg. Günter Gorschenek, München 1977

Gusy, Christoph: Vom Verbändestaat zum Neokorporatismus?, Wien 1981

Haarmann, Wennemar: Die Rechtsstellung des neuen Jugendamtes in der Gemeinde, DVBl. 1955, S. 341 ff.

Haas, Diether: Ausschüsse in der Verwaltung, VerwArch. 49 (1958), S. 14 ff.

Habermas, Jürgen: Erkenntnis und Interesse, in: ders.: Technik und Wissenschaft als „Ideologie", 6. Auflage, Frankfurt/M. 1973, S. 48 ff.

— Strukturwandel der Öffentlichkeit. Untersuchungen zu einer Kategorie der bürgerlichen Gesellschaft, 5. Auflage, Neuwied und Berlin 1971

— Verwissenschaftlichte Politik und öffentliche Meinung, in ders., Technik und Wissenschaft als „Ideologie", 6. Auflage, Frankfurt/M. 1973, S. 120 ff.

Habermas, Jürgen / *Luhmann*, Niklas: Theorie der Gesellschaft oder Sozialtechnologie — Was leistet die Systemforschung?, Frankfurt/M. 1971

Häberle, Peter: Allgemeine Staatslehre. Demokratische Verfassungslehre oder Staatsrechtslehre?, Besprechung von R. Herzog, Allgemeine Staatslehre (1971), AöR 98 (1973), S. 119 ff.

— Auf dem Weg zum Allgemeinen Verwaltungsrecht (1977) mit Nachtrag: Die Aktualität des status activus processualis (1978), in: ders., Verfassung als öffentlicher Prozeß, S. 656 ff.

— Berufs„ständische" Satzungsautonomie und staatliche Gesetzgebung. Zur Facharztentscheidung des BVerfG vom 9. 5. 1972, DVBl. 1972, S. 909 ff.

— Demokratische Verfassungstheorie im Lichte des Möglichkeitsdenkens, in: ders.: Verfassung als öffentlicher Prozeß, S. 17 ff.

— Erziehungsziele und Orientierungswerte im Verfassungsstaat, Freiburg / München 1981

— Grundrechte im Leistungsstaat, VVDStRL 30 (1972), S. 43 ff.

— Die Grundrechte im demokratischen Staat. Besprechung des gleichnamigen Werkes von Hans H. Klein, in: ders., Verfassung als öffentlicher Prozeß, S. 579 ff.

— Kulturpolitik in der Stadt, ein Verfassungsauftrag, Heidelberg / Hamburg / Karlsruhe 1979

— Kulturverfassungsrecht im Bundesstaat, Wien 1980

— „Öffentliches Interesse" als juristisches Problem, Bad Homburg 1970

— Die offene Gesellschaft der Verfassungsinterpreten (1975) mit Nachtrag (1978), in: ders., Verfassung als öffentlicher Prozeß, S. 155 ff.

— Struktur und Funktion der Öffentlichkeit im demokratischen Staat, in: ders., Die Verfassung des Pluralismus, S. 126 ff.

— Die Verfassung des Pluralismus. Studien zur Verfassungstheorie der offenen Gesellschaft, Königstein/Ts. 1980

— Verfassungsinterpretation als öffentlicher Prozeß — ein Pluralismuskonzept, in: ders., Verfassung als öffentlicher Prozeß, S. 121

— Verfassung als öffentlicher Prozeß. Materialien zu einer Verfassungstheorie der offenen Gesellschaft, Berlin 1978

— Die Wesensgehaltgarantie des Art. 19 Abs. 2 Grundgesetz. Zugleich ein Beitrag zum institutionellen Verständnis der Grundrechte und zur Lehre vom Gesetzesvorbehalt, 2. Auflage, Karlsruhe 1972

— Zeit und Verfassung (1974) mit Nachtrag (1978), in: ders., Verfassung als öffentlicher Prozeß, S. 59 ff.

— Besprechung von Dagtoglou, Der Private in der Verwaltung als Fachmann und Interessenvertreter, AöR 90 (1965/1966), S. 381 ff.

— Anmerkung zum Beschluß des Bundesverfassungsgerichts vom 4. 10. 1965, DVBl. 1966, S. 215 ff.

— VVDStRL 28 (1970), Diskussionsbeitrag, S. 110

— VVDStRL 31 (1973), Diskussionsbeitrag, S. 298 f.

Harrer, Friedrich: Jugendwohlfahrtskunde, 7. Auflage, Neuwied / Darmstadt 1977

— Gesetz zum Schutze der Jugend in der Öffentlichkeit. Gesetz über die Verbreitung jugendgefährdender Schriften, Kommentar, München 1962

Hartisch, Andreas: Verfassungsrechtliches Leistungsprinzip und Partizipationsverbot im Verwaltungsverfahren, Berlin 1975

v. Hartlieb, Horst: Staatliche Filmförderung, in: Der Staat als Mäzen der Medien?, Hrsg. M. Löffler, München 1981

Hartmann, Volker: Repräsentation in der politischen Theorie und Staatslehre in Deutschland, Berlin 1979

Hasenclever, Christa: Jugendhilfe und Jugendgesetzgebung seit 1900, Göttingen 1978

Hättich, Manfred: Demokratie als Herrschaftsordnung, Köln / Opladen 1977

Heckel, Martin: Staat — Kirche — Kunst, Rechtsfragen kirchlicher Kulturdenkmäler, Tübingen 1968

Hege, Hans: Das Grundrecht der Berufsfreiheit im Sozialstaat, Berlin 1977

Heller, Hermann: Politische Demokratie und soziale Homogenität, in: Grundprobleme der Demokratie, Hrsg. U. Matz, Darmstadt 1973, S. 7 ff.

— Staatslehre, 4. Auflage, Leiden 1970

Hennis, Wilhelm: Verfassungsordnung und Verbandseinfluß, PVS 2 (1961), S. 23 ff.

Herzog, Roman: Gesetzgeber und Verwaltung, VVDStRL 24 (1966), S. 183 ff.

Hesse, Konrad: Bemerkungen zur heutigen Problematik und Tragweite der Unterscheidung von Staat und Gesellschaft, DöV 1975, S. 437 ff.

— Freie Kirche im demokratischen Gemeinwesen, ZevKR 11 (1964/65), S. 337 ff.

— Grundzüge des Verfassungsrechts der Bundesrepublik Deutschland, 12. Auflage, Heidelberg / Karlsruhe 1980

Hirsch, Joachim: Die öffentlichen Funktionen der Gewerkschaften, Stuttgart 1973

Hoffmann-Riem, Wolfgang: Interessenzuordnung im Handwerk, Baden-Baden 1980

Hofmann, Hasso: Repräsentation. Studien zur Wort- und Begriffsgeschichte von der Antike bis ins 19. Jahrhundert, Berlin 1974

Höhler, Gertrud: Entgleitende Normen verteidigen?, in: Jugendmedienschutz — ohne Zensur in der pluralistischen Gesellschaft, Hrsg. R. Stefen, J. Weigand, Baden-Baden 1978

Hollihn, Frank: Partizipation und Demokratie, Baden-Baden 1978

Huber, Ernst Rudolf: Zur Problematik des Kulturstaates, Recht und Staat, Heft 212, Tübingen 1958

Huber, Hans: Staat und Verbände, Tübingen 1958

Imboden, Max: Das Gesetz als Garantie rechtsstaatlicher Verwaltung, Baseler Studien zur Rechtswissenschaft, Heft 38, 2. Auflage, Basel und Stuttgart 1962

Ipsen, Hans Peter: Mitbestimmung im Rundfunk, Frankfurt/M. 1972

— Empfiehlt es sich, die vollständige Selbstverwaltung aller Gerichte im Rahmen des Grundgesetzes gesetzlich einzuführen?, Verhandlungen des 40. Deutschen Juristentages, Band II, Tübingen 1954, C 5 ff.

Isensee, Josef: Verfassungsgarantie ethischer Grundwerte und gesellschaftlicher Konsens, NJW 1977, S. 545 ff.

— Subsidiaritätsprinzip und Verfassungsrecht, Berlin 1968

Jank, Klaus Peter: Die Rundfunkanstalten der Länder und des Bundes, Berlin 1967

Jans, Karl-Wilhelm / *Happe*, Günter: Jugendwohlfahrtsgesetz, Kommentar, Köln / Stuttgart / Berlin / Hannover / Kiel / Mainz / München. Stand: 6. Lieferung, August 1980

Jellinek, Georg: Allgemeine Staatslehre, 3. Auflage, Kronberg/Ts. 1976 (Nachdruck der Ausgabe von 1920)

Jentzsch, Konrad: Jugendgefährdende Medien — Verhütung und Bekämpfung durch die Bundesprüfstelle, in: Stefen / Weigand, (Hrsg.), Jugendmedienschutz — ohne Zensur in der pluralistischen Gesellschaft, S. 31 ff.

Jesch, Dietrich: Unbestimmte Rechtsbegriffe und Ermessen in rechtstheoretischer und verfassungsrechtlicher Sicht, AöR 82 (1957), S. 163 ff.

John, Peter: Bedingungen und Grenzen politischer Partizipation in der Bundesrepublik Deutschland am Beispiel von Bürgerinitiativen, München 1979

Jordan, Erwin (Hrsg.): Jugendhilfe, Weinheim / Basel 1975

Jugend im Spannungsfeld zwischen Gesellschaft und Recht. Dokumentation des Jugendhilfekongresses „Jugend und Recht", vom 3.—5. Juni 1975 in Düsseldorf, Bonn 1975

Erster Jugendbericht, Bundestags-Drucksache IV/3515

Dritter Jugendbericht, Bundestags-Drucksache VI/3170

Kaiser, Günther: Gesellschaft, Jugend und Recht. System, Träger und Handlungsstile der Jugendkontrolle, Weinheim und Basel 1977

Kaiser, Joseph H.: Die Repräsentation organisierter Interessen, 2. unveränderte Auflage, Berlin 1978

Kellner, Hugo: Neue Erkenntnisse zum sogenannten Beurteilungsspielraum, DöV 1972, S. 801 ff.

Kimminich, Otto: Die Entwicklung des öffentlichen Wertbewußtseins und die Verantwortung des Staates, in: Arbeitshilfen, Heft 19 (1980), hrsg. vom Sekretariat der Deutschen Bischofskonferenz

Kisker, Gunter: Gruppenmitbestimmung in der öffentlichen Verwaltung, DöV 1972, S. 520 ff.

Klein, Eckart: Die verfassungsrechtliche Problematik des ministerialfreien Raumes, Berlin 1974

Klein, Hans H.: Demokratie und Selbstverwaltung, in: Festschrift für Ernst Forsthoff zum 70. Geburtstag, Hrsg. R. Schnur, München 1972, S. 165 ff.

— Die Grundrechte im demokratischen Staat, Stuttgart / Berlin / Köln / Mainz 1974

Kmieciak, Peter: Werte — Wertwandel — Jugendmedienschutz, in: Stefen / Weigand (Hrsg.): Jugendmedienschutz ohne Zensur in der pluralistischen Gesellschaft, Baden-Baden 1978, S. 73 ff.

Knies, Wolfgang: Schranken der Kunstfreiheit als verfassungsrechtliches Problem, München 1967

Knöpfle, Franz: Organisierte Einwirkungen auf die Verwaltung, DVBl. 1974, S. 707 ff.

Koch, Hans-Joachim: Unbestimmte Rechtsbegriffe und Ermessensermächtigungen im Verwaltungsrecht, Frankfurt/M. 1979

Kracauer, Siegfried: Über die Aufgabe des Filmkritikers, in: ders., Kino, 2. Auflage, Frankfurt/M., S. 9 ff.

Kreimeier, Klaus: Kino und Filmindustrie in der Bundesrepublik. Ideologieproduktion und Klassenwirklichkeit nach 1945, Kronberg/Ts. 1973

Kremendahl, Hans: Pluralismustheorie in Deutschland, Leverkusen 1977

Kriele, Martin: Das demokratische Prinzip im Grundgesetz, VVDStRL 29 (1971), S. 46 ff.

Kröger, Klaus: Grundrechtstheorie als Verfassungsproblem, Baden-Baden 1978

Krüger, Hartmut: Interessenpolitik und Gemeinwohlfindung in der Demokratie, München 1976

Krüger, Herbert: Allgemeine Staatslehre, 2. Auflage, Stuttgart / Berlin / Köln / Mainz 1966

— Die geistigen Grundlagen des Staates, Stuttgart und Berlin 1940

— Diskussionsbeitrag in: Der Staat und die Verbände, Gespräch veranstaltet vom Bundesverband der deutschen Industrie, Heidelberg 1957, S. 36 f.

Kübler, Friedrich: Verbandsprobleme zwischen Sozial- und Rechtswissenschaft, JZ 1978, S. 773 ff.

Kühn, Evelyn: Kindeswohl im Spannungsfeld von Gesellschaft und Recht, in: Das Selbstbestimmungsrecht des Jugendlichen im Spannungsfeld von Familie, Gesellschaft und Staat, Hrsg. Kühn / Münder / Pfürtner / Raum, Bielefeld 1978, S. 329 ff.

Kunczik: Zur Wirkung massenmedialer Gewaltdarstellungen auf Kinder und Jugendliche, in: Stefen / Weigand (Hrsg.): Jugendmedienschutz — ohne Zensur in der pluralistischen Gesellschaft, Baden-Baden 1978, S. 99 ff.

Kurz, Hans: Volkssouveränität und Volksrepräsentation, Köln / Berlin / Bonn / München 1965

Lecheler, Helmut: „Funktion" als Rechtsbegriff?, NJW 1979, S. 2273 ff.

Leder, Gottfried: Grundwertsicherung im pluralistischen Staat, in: G. Leder (Hrsg.): Zur Sache: Grundwerte, Hildesheim / New York 1979

Leibholz, Gerhard: Strukturprobleme der modernen Demokratie, 3. Auflage, Karlsruhe 1967

— Das Wesen der Repräsentation und der Gestaltwandel der Demokratie im 20. Jahrhundert, 3. erweiterte Auflage, Berlin 1966

Leisner, Walter: Die quantitative Gewaltenteilung. Für ein neues Verständnis der Trennung der Gewalten, DöV 1969, S. 405 ff.

Lenz, Helmut: Rundfunkorganisation und öffentliche Meinungsbildungsfreiheit, JZ 1963, S. 338 ff.

Lerche, Peter: Verfassungsfragen um Sozialhilfe und Jugendwohlfahrt, Berlin 1963

— VVDStRL 34 (1976), Diskussionsbeitrag, S. 282

Loening, Hellmuth: Der ministerialfreie Raum in der Staatsverwaltung, DVBl. 1954, S. 173 ff.

Lorenz, Dieter: Der Rechtsschutz des Bürgers und die Rechtswegegarantie, München 1973

Luhmann, Niklas: Grundrechte als Institution. Ein Beitrag zur politischen Soziologie, Berlin 1965

— Legitimation durch Verfahren, 2. Auflage, Darmstadt und Neuwied 1975

— Theorie der Verwaltungswissenschaft, Köln und Berlin 1966

— Zweckbegriff und Systemrationalität. Über die Funktion von Zwecken im sozialen System, Tübingen 1968

Maassen, Hermann: Die Freiheit des Bürgers in einer Zeit ausufernder Gesetzgebung, NJW 1979, S. 1473 ff.

Malinowski, Bronislaw: Kultur und Freiheit, Wien / Stuttgart 1951

Martens, Wolfgang: Öffentlich als Rechtsbegriff, Bad Homburg v. d. H. / Berlin / Zürich 1969

Maunz, Theodor / *Dürig*, Günter / *Herzog*, Roman / *Scholz*, Rupert: Grundgesetz. Kommentar, 18. Lieferung, München 1980

Menger, Christian-Friedrich: Höchstrichterliche Rechtsprechung zum Verwaltungsrecht, VerwArch. 49 (1958), S. 368 ff.

Menzel, Hans-Joachim: Legitimation staatlicher Herrschaft durch Partizipation Privater? Dargestellt am Beispiel der Gewerkschaften in Gremien der Wirtschaftsverwaltung, Berlin 1980

Meyer, Hans: Das parlamentarische Regierungssystem des Grundgesetzes, Anlage — Erfahrungen — Zukunftseignung, VVDStRL 33 (1975), S. 69 ff.

Meyer-Teschendorf, Klaus G.: Staat und Kirche im pluralistischen Gemeinwesen, Tübingen 1979

Mrozynski, Peter: Jugendhilfe und Jugendstrafrecht, München 1980

Müller, Christoph: Das imperative und freie Mandat, Leiden 1966

Müller, Friedrich: Freiheit der Kunst als Problem der Grundrechtsdogmatik, Berlin 1969

— Juristische Methodik, 2. Auflage, Berlin 1976

— Rechtsstaatliche Form — Demokratische Politik, Berlin 1977

— Strafrecht, Jugendschutz und Freiheit der Kunst. Fragen der Begrenzung vorbehaltlos verbürgter Grundrechte, in: ders.: Rechtsstaatliche Form — Demokratische Politik, S. 75 ff.

Müller, Horst Joachim: Urteilsanmerkung zum Urteil des Bundesverwaltungsgerichts vom 16. 12. 1971, NJW 1972, S. 1587 f.

Münder, Johannes: Der sozio-ökonomische Rahmen rechtlicher Regelungen der öffentlichen Erziehung und deren Reform. Gesellschaftlicher Kontext der Selbstbestimmung von Kindern und Jugendlichen, in: Kühn / Münder / Pfürtner / Raum (Hrsg.): Selbstbestimmungsrecht des Jugendlichen im Spannungsfeld von Familie, Gesellschaft und Staat, Bielefeld 1978, S. 33 ff.

Münder, Johannes, u. a.: Frankfurter Kommentar zum JWG, Weinheim und Basel 1978

Narr, Wolf-Dieter: Pluralistische Gesellschaft. Schriftenreihe der Niedersächsischen Landeszentrale für Politische Bildung — Gesellschaft und Politik — 2 —, Hannover 1969

Naschold, Frieder: Organisation und Demokratie. Untersuchungen zum Demokratisierungspotential in komplexen Organisationen, Stuttgart / Berlin / Köln / Mainz 1969

Neumann, Franz: Demokratischer und autoritärer Staat, Frankfurt/M. 1967

Nikles, Bruno W.: Jugendpolitik in der Bundesrepublik Deutschland: Entwicklung, Merkmale, Orientierungen, Opladen 1978

Nissen, Gerhardt: Erziehung 1978: Jugendhilfe im Spannungsfeld von Freiheit und Bindung — aus anthropologischer Sicht, in: Erziehung 1978. Neue Schriftenreihe der Arbeitsgemeinschaft für Erziehungshilfe (AFET) e. V., Heft 28/1978, S. 9 ff.

Noltenius, Johannes: Die Freiwillige Selbstkontrolle der Filmwirtschaft und das Zensurverbot des Grundgesetzes, Göttingen 1958

Oberndorfer, Peter: Partizipation an Verwaltungsentscheidungen in Österreich, DöV 1972, S. 529 ff.

Offe, Claus: Die Institutionalisierung des Verbandseinflusses — eine ordnungspolitische Zwickmühle, in: v. Aleman / Heinze (Hrsg.), Verbände und Staat, Opladen 1979, S. 72 ff.

— Politische Herrschaft und Klassenstrukturen. Zur Analyse spätkapitalistischer Gesellschaftssysteme, in: Kress / Senghaas (Hrsg.), Politikwissenschaft, Frankfurt/M. 1969, S. 155 ff.

v. Olshausen, Henning: Beurteilungsspielraum in der Verwaltung und Rationalität der Rechtsanwendung, JuS 1973, S. 217 ff.

Ossenbühl, Fritz: Aktuelle Probleme der Gewaltenteilung, DöV 1980, S. 545 ff.

— Die Erfüllung von Verwaltungsaufgaben durch Private, VVDStRL 29 (1971), S. 137 ff.

— Die gerichtliche Überprüfung von Kernkraftwerken, DVBl. 1978, S. 1 ff.

— Die Interpretation der Grundrechte in der Rechtsprechung des Bundesverfassungsgerichts, NJW 1976, S. 2100

— Kernenergie im Spiegel des Verfassungsrechts, DöV 1981, S. 1 ff.

— Vom unbestimmten Gesetzesbegriff zur letztverbindlichen Verwaltungsentscheidung, DVBl. 1974, S. 309 ff.

— Zur Renaissance der administrativen Beurteilungsermächtigung, DöV 1972, S. 401 ff.

Ott, Sieghart: Kunstfreiheit und Filmbewertung — BVerwGE 23, 194, JuS 1968, S. 459 ff.

— Die neue Rechtsprechung des Bundesverwaltungsgerichts zum literarischen Jugendschutz in verfassungsrechtlicher Sicht, NJW 1972, S. 1219 ff.

Papier, Hans-Jürgen: Die rechtlichen Grenzen der Bauleitplanung, DVBl. 1975, S. 461 ff.

v. Pestalozza, Christian: Rundfunkfreiheit in Deutschland, ZRP 1979, S. 25 ff.

Peters, Hans: Die Gewaltenteilung in moderner Sicht, in Rausch (Hrsg.): Zur heutigen Problematik der Gewaltentrennung, Darmstadt 1969, S. 78 ff.

Pfürtner, Stephan H.: Moralwissenschaftliche Reflexionen zur gegenwärtigen Familienforschung, in: Das Selbstbestimmungsrecht des Jugendlichen im Spannungsfeld von Familie, Gesellschaft und Staat, Hrsg.: Kühn / Münder / Pfürtner / Raum, Bielefeld 1978, S. 329 ff.

Pleger, Jürgen: Massenmediale Gewaltdarstellung und Aggressionspädagogik, in: Stefen / Weigand (Hrsg.): Jugendmedienschutz — ohne Zensur in der pluralistischen Gesellschaft, S. 87 ff.

Podlech, Adalbert: Das Grundrecht der Gewissensfreiheit und die besonderen Gewaltverhältnisse, Berlin 1969

Potrykus, Gerhard: Gesetz über die Verbreitung jugendgefährdender Schriften, Kommentar, München und Berlin 1967

— Jugendwohlfahrtsgesetz, Kommentar, München 1972

Potrykus / Rauball: Der Jugendwohlfahrtsausschuß, 4. Auflage, Neuwied und Berlin 1975

Preuß, Ulrich K.: Zum staatsrechtlichen Begriff des Öffentlichen, untersucht am Beispiel des verfassungsrechtlichen Status kultureller Organisationen, Stuttgart 1969

Püttner, Günter: Toleranz als Verfassungsprinzip, Berlin 1977

— VVDStRL 33 (1975), Diskussionsbeitrag, S. 293 ff.

Raue, Peter: Literarischer Jugendschutz. Was kann nach dem Gesetz über die Verbreitung jugendgefährdender Schriften indiziert werden?, Diss. jur., Berlin 1969

Rausch, Heinz (Hrsg.): Zur Theorie und Geschichte der Repräsentation und Repräsentativverfassung, Darmstadt 1968

Redeker, Konrad: Fragen der Kontrolldichte verwaltungsgerichtlicher Rechtsprechung, DöV 1971, S. 757 ff.

— Grundgesetzliche Rechte auf Verfahrensteilhabe, NJW 1980, S. 1593 ff.

Reuss, Hermann: Zur Geschichte der Repräsentativverfassung in Deutschland, in: Rausch (Hrsg.): Zur Theorie und Geschichte der Repräsentation und Repräsentativverfassung, Darmstadt 1968, S. 1 ff.

Ridder, Helmut K. J.: Meinungsfreiheit, in: Neumann / Nipperdey / Scheuner, Die Grundrechte, Bd. 2, 2. Auflage, Berlin 1968, S. 243 ff.

Rinken, Alfred: Das Öffentliche als verfassungstheoretisches Problem, dargestellt am Rechtsstatus der Wohlfahrtsverbände, Berlin 1971

Roellecke, Gerd: Die Verwaltungsgerichtsbarkeit im Grenzbereich zur Gesetzgebung, NJW 1978, S. 1776 ff.

Roellenbleg, Rainer Rüdiger: Die Rechtsstellung der Filmbewertungsstelle, Diss. jur., München 1963

Rupp, Hans-Heinrich: Freiheit und Partizipation, NJW 1972, S. 1537 ff.

— Grundfragen der heutigen Verwaltungsrechtslehre, Tübingen 1965

— Hochschulorganisation und wissenschaftliche Lehrfreiheit, NJW 1972, S. 16 ff.

— Vom Wandel der Grundrechte, AöR 101 (1976), S. 163 ff.

— VVDStRL 34 (1976), Diskussionsbeitrag, S. 286 ff.

Ryffel, Hans: Öffentliche Interessen und Gemeinwohl, Reflexionen über Inhalt und Funktion, in: Wohl der Allgemeinheit und öffentliche Interessen, Schriftenreihe der Hochschule Speyer, Band 39 (1968), S. 13 ff.

Saenger, Michael: Filmfreiheit und Filmkunst und das Problem staatlicher und gesellschaftlicher Kontrolle, Diss. jur., Mainz 1971

Salzwedel, Jürgen: Staatsaufsicht in der Verwaltung, VVDStRL 22 (1965), S. 206 ff.

Scharpf, Fritz: Demokratie als Partizipation, in: M. Greiffenhagen (Hrsg.): Demokratisierung in Staat und Gesellschaft, München 1973, S. 117 ff.

— Demokratietheorie zwischen Utopie und Anpassung, Kronberg/Ts. 1975

— Die politischen Kosten des Rechtsstaats, Tübingen 1970

Schäuble, Frieder: Rechtsprobleme der staatlichen Kunstförderung — unter Ausschluß bundesstaatlicher Probleme, Diss. jur., Freiburg 1965

Schefold, Dian: Jugendmedienschutz aus der Sicht der Rechtswissenschaft, in: Jugendmedienschutz — ohne Zensur in der pluralistischen Gesellschaft, Hrsg. Stefen / Weigand, Baden-Baden 1978, S. 13 ff.

— Kunstvorbehalt und Beschränkungen der Medienfreiheit, in: Jugendmedienschutz — ohne Zensur in der pluralistischen Gesellschaft, Hrsg.: Stefen / Weigand, Baden-Baden 1978, S. 161 ff.

Schelsky, Helmut: in: Wissenschaftliche Experten und politische Praxis — Das Problem der Zusammenarbeit in der heutigen Demokratie, Bergedorfer Protokolle, Bd. 23, Hamburg 1966, S. 6 ff.

Scheuner, Ulrich: Konsens und Pluralismus als verfassungsrechtliches Problem (1976), in: Staatstheorie und Staatsrecht. Gesammelte Schriften, S. 135 ff.

— Die neuere Entwicklung des Rechtsstaats in Deutschland (1960), in: Staatstheorie und Staatsrecht. Gesammelte Schriften, S. 185 ff.

— Das repräsentative Prinzip in der modernen Demokratie (1961), in: Staatstheorie und Staatsrecht. Gesammelte Schriften, S. 245 ff.

— Politische Repräsentation und Interessenvertretung (1965), in: Staatstheorie und Staatsrecht. Gesammelte Schriften, S. 337 ff.

— Der Staat und die Verbände, in: Der Staat und die Verbände, Gespräch veranstaltet vom Bundesverband der deutschen Industrie, Heidelberg 1957, S. 10 ff.

— Staatstheorie und Staatsrecht. Gesammelte Schriften, hrsg. von J. Listl und W. Rüfner, Berlin 1978

— Staatszielbestimmungen, in: Festschrift für Ernst Forsthoff zum 70. Geburtstag, Hrsg. R. Schnur, München 1972, S. 325 ff.

— Voraussetzung und Form der Errichtung öffentlicher Körperschaften (außerhalb des Kommunalrechts), in: Gedächtnisschrift Hans Peters, Hrsg. Conrad / Jahrreiß / Mikat / Mosler / Nipperdey / Salzwedel, Berlin / Heidelberg / New York 1967, S. 797 ff.

— VVDStRL 33 (1975), Diskussionsbeitrag, S. 121

Schilling, Robert: Literarischer Jugendschutz, Berlin-Spandau / Neuwied / Darmstadt 1959

Schlaich, Klaus: Neutralität als verfassungsrechtliches Prinzip vornehmlich im Kulturverfassungs- und Staatskirchenrecht, Tübingen 1972

Schlink, Bernhard: Abwägung im Verfassungsrecht, Berlin 1976

Schmidt, Walter: Abschied vom „unbestimmten Rechtsbegriff", NJW 1975, S. 1753 ff.

— Die Entscheidungsfreiheit des Einzelnen zwischen Herrschaft und gesellschaftlicher Macht, AöR 101 (1976), S. 24 ff.

— Gesetzesvollziehung durch Rechtssetzung, Bad Homburg v. d. H. / Berlin / Zürich 1969

— Organisierte Einwirkungen auf die Verwaltung. Zur Lage der zweiten Gewalt, VVDStRL 33 (1975), S. 183 ff.

— Die Programmierung von Verwaltungsentscheidungen, AöR 96 (1971), S. 320 ff.

Schmidt-Aßmann: Verwaltungsverantwortung und Verwaltungsgerichtsbarkeit, VVDStRL 34 (1976), S. 221 ff.

Schmidt-Eichstaedt: Staatsverwaltung und Selbstverwaltung bei Rudolf von Gneist, Die Verwaltung 8 (1975), S. 345 ff.

Schmidt-Preuß, Matthias: Verfassungsrechtliche Zentralfragen staatlicher Lohn- und Preisdirigismen, Baden-Baden 1977

Schmidt-Salzer, Joachim: Der Beurteilungsspielraum der Verwaltungsbehörden, Berlin 1968

— Anmerkung zum Urteil des Bundesverwaltungsgerichts vom 16. 12. 1971, DVBl. 1972, S. 391

Schmieding, Walter: Kunst oder Kasse — Der Ärger mit dem deutschen Film, Hamburg 1961

Schmitt, Carl: Grundrechte und Grundpflichten (1932), in: ders., Verfassungsrechtliche Aufsätze aus den Jahren 1924—1954. Materialien zu einer Verfassungslehre, 2. Auflage, Berlin 1973 (unveränderter Nachdruck der 1958 erschienenen 1. Auflage), S. 181 ff.

— Der Hüter der Verfassung, 2. Auflage, Berlin 1969

— Die Tyrannei der Werte, in: Säkularisation und Utopie, Ebracher Studien, Stuttgart / Berlin / Köln / Mainz 1967, S. 37 ff.

— Verfassungslehre, 3. unveränderte Auflage, Berlin 1963

Schmitt Glaeser: Demokratie, Demokratisierung, in: Handwörterbuch der Wirtschaftswissenschaft, hrsg. von W. Albers u. a., Zweiter Band, Stuttgart / New York / Tübingen / Göttingen, 1980, S. 142 ff.

— Das elterliche Erziehungsrecht in staatlicher Reglementierung, Bielefeld 1980

— Die Eltern als Fremde, DöV 1978, S. 629 ff.

— Die Freiheit der Forschung, WissR 1974, S. 107 ff.

— Kabelkommunikation und Verfassung, Berlin 1979

— Die Meinungsfreiheit in der Rechtsprechung des Bundesverfassungsgerichts, AöR 97 (1972), S. 60 ff., S. 276 ff.

— Mißbrauch und Verwirkung von Grundrechten im politischen Meinungskampf, Bad Homburg v. d. H. / Berlin / Zürich 1968

— Partizipation an Verwaltungsentscheidungen, VVDStRL 31 (1973), S. 179 ff.

— Planende Behörde, protestierende Bürger und überforderte Richter, Der Landkreis 1976, S. 442 ff.

— Systemgerechtigkeit in der Raumplanung, in: Verwaltung und Rechtsbindung, Festschrift zum hundertjährigen Bestehen des Bayerischen Verwaltungsgerichtshofs, Hrsg. Th. Maunz, München 1979, S. 291 ff.

Schnurre, Wolfdietrich: Rettung des deutschen Films — Eine Streitschrift, Stuttgart 1950

Scholler, Heinrich: Die Freiheit des Gewissens, Berlin 1958

Scholz, Rupert: Verwaltungsverantwortung und Verwaltungsgerichtsbarkeit, VVDStRL 34 (1976), S. 145 ff.

Schomerus, Lorenz: Die organisatorische Eingliederung der Interessenverbände in die Bundesverwaltung, Diss. jur., Heidelberg 1959

Schuhmacher, Karl: Zum Aufbau der Dritten Gewalt, DRiZ 1953, S. 17 ff.

Schulz, Gerhard: Über Entstehung und Formen von Interessengruppen, PVS 2 (1961), S. 124 ff.

Schulze-Fielitz, Helmuth: Sozialplanung im Städtebaurecht, Königstein/Ts. 1978

Schuppert, Gunnar Folke: Funktionell-rechtliche Grenzen der Verfassungsinterpretation, Königstein/Ts. 1980

Schwakenberg, Friedrich Karl: Filmförderung als Gegenstand der Wirtschaftslenkung durch Finanzmittel, Diss jur., Münster 1973

Schwan, Alexander: Grundwerte der Demokratie. Orientierungsversuche im Pluralismus, München 1978

Schwarze, Jürgen: Auswahlentscheidungen bei der staatlichen Kunstförderung und deren richterliche Kontrolle, AfP 1974, S. 692 ff.

— Der funktionale Zusammenhang von Verwaltungsverfahren und verwaltungsgerichtlichem Rechtsschutz

Sippell, Helmuth: Die Filmabgabe nach § 15 des Gesetzes über Maßnahmen zur Förderung des deutschen Films vom 22. Dezember 1967 (FFG), FuR 1969, S. 232 ff.

Smend, Rudolf: Verfassung und Verfassungsrecht, in: ders., Staatsrechtliche Abhandlungen, 2. Auflage, Berlin 1968, S. 119 ff.

Sörgel, Werner: Konsensus und Interessen, Stuttgart 1969

Der Staat und die Verbände. Gespräch veranstaltet vom Bundesverband der Deutschen Industrie in Köln am 27. März 1957, Hrsg. W. Beutler / G. Stein / H. Wagner, Heidelberg 1957

Starck, Christian: Rundfunkräte und Rundfunkfreiheit, ZRP 1970, S. 219

— Staatliche Organisation und staatliche Finanzierung als Hilfen zu Grundrechtsverwirklichungen, in: Bundesverfassungsgericht und Grundgesetz, Bd. II, Hrsg. Ch. Starck, Tübingen 1976, S. 480 ff.

v. Staudingers, J.: Kommentar zum Bürgerlichen Gesetzbuch, Buch 1, Allgemeiner Teil, §§ 90—240, erl. von Hermann Dilcher, 12. neubearbeitete Auflage, Berlin 1980

Stefen, Rudolf (Hrsg.): Jugend — Medien — Schutz 1974, Heft 4 der Schriftenreihe der Bundesprüfstelle für jugendgefährdende Schriften, Bonn-Beuel 1974

— (Hrsg.): Massenmedien und Jugendschutz, Heft 7 der Schriftenreihe für jugendgefährdende Schriften, Bonn-Beuel 1976

— (Hrsg.): Jugendmedienschutz — ohne Zensur in der pluralistischen Gesellschaft, Baden-Baden 1978

Steffani, Winfried: Pluralistische Demokratie, Opladen 1980

Steinberg, Rudolf: Die Interessenverbände in der Verfassungsordnung, PVS 14 (1973), S. 27 ff.

Stern, Klaus: Das Staatsrecht der Bundesrepublik Deutschland, Bd. I, München 1977

Sternberger, Rolf: Kritik der dogmatischen Theorie der Repräsentation, in: ders., Herrschaft und Vereinbarung, Schriften III, Frankfurt/M. 1980, S. 173 ff.

Stimpfle, Josef: Die Grundwerte in der Sicht der katholischen Kirche, Stuttgart-Degerloch 1979

Streithofen, Heinrich Basilius: Macht und Moral. Die Grundwerte in der Politik. Stuttgart / Berlin / Köln / Mainz 1979

Suhr, Dieter: Repräsentation in Staatslehre und Sozialpsychologie, Der Staat 20 (1981), S. 517 ff.

Szépl‌ábi, Michael: Das Gesellschaftsbild der Gewerkschaften, Stuttgart 1973

Teubner, Gunther: Organisationsdemokratie und Verbandsverfassung, Tübingen 1978

Thieme, Werner: Der öffentliche Dienst in der Verfassungsordnung des Grundgesetzes (Art. 33 GG), Göttingen 1961

Tschira, Oskar / *Schmitt Glaeser*, Walter: Verwaltungsprozeßrecht, Kurzlehrbuch mit Systematik zur Fallbearbeitung, 4. Auflage, Stuttgart / München / Hannover 1980

Verbände und Staat. Vom Pluralismus zum Korporatismus. Analysen, Positionen, Dokumente. Hrsg. v. Aleman, U. / Heinze, Rolf G., Opladen 1979

Vilmar, Fritz: Elemente einer integralen Theorie der Partizipation, in: Bürgerbeteiligung und Bürgerinitiativen, Hrsg. Matthöfer, S. 294 ff.

Vogel, Klaus: Gesetzgeber und Verwaltung, VVDStRL 24 (1966), S. 125 ff.

Wagenitz, Thomas: Urteilsanmerkung zum Urteil des Bundesverwaltungsgerichts vom 16. 12. 1971, DVBl. 1972, S. 392 f.

Walter, Robert: Partizipation an Verwaltungsentscheidungen, VVDStRL 31 (1973), S. 147 ff.

Weber, Jürgen: Interessengruppen im politischen System der Bundesrepublik Deutschland, München 1976

Weber, Werner: Spannungen und Kräfte im westdeutschen Verfassungssystem, 3. erweiterte Auflage, Berlin 1970

— Der Staat und die Verbände, in: Der Staat und die Verbände, Gespräch veranstaltet vom Bundesverband der Deutschen Industrie, Heidelberg 1957, S. 19 ff.

Wehr, Gerhard: Der pädagogische Impuls Rudolf Steiners, Theorie und Praxis der Waldorfpädagogik, München 1977

Weides, Peter: Gesetzgebungszuständigkeit des Bundes für das Filmförderungsgesetz 1974, UFITA 83 (1978), S. 147 ff.

Weigel, Hanns Jürgen: Beurteilungsspielraum oder Delegationsbegriff?, Frankfurt/M. 1971

Wiese, Walter: Der Staatsdienst in der Bundesrepublik Deutschland, Neuwied und Berlin 1972

Wilke, Dieter: Über Verwaltungsverantwortung. Bemerkungen zu einem ungebräuchlichen Begriff, DöV 1975, S. 509 ff.

Wissenschaftliche Experten und politische Praxis — Das Problem der Zusammenarbeit in der heutigen Demokratie, Bergedorfer Protokolle, Bd. 23, Hamburg 1966

Woeller, Walter: Die Verfassungsmäßigkeit des Filmförderungsgesetzes. Wirtschafts- oder Kulturförderung?, Diss. jur., Gießen 1978

Wohland, Werner: Informationsfreiheit und politische Filmkontrolle. Ein Beitrag zur Konkretisierung von Art. 5 Grundgesetz, Berlin 1968

Wolf, Manfred: Die Klagebefugnis der Verbände. Ausnahme oder allgemeines Prinzip?, Tübingen 1971

Wolff, Hans J.: Organschaft und Juristische Person, Bd. 2, Theorie der Vertretung — Stellvertretung, Organschaft und Repräsentation als soziale und juristische Vertretungsformen, Aalen 1968 (berichtigter Neudruck der Ausgabe Berlin 1934), hier zitiert nach: H. J. Wolff, Die Repräsentation, in: Zur Theorie und Geschichte der Repräsentation und Repräsentativverfassung, hrsg. v. Rausch, Darmstadt 1968, S. 116 ff.

Wolff, Hans J. / *Bachof*, Otto: Verwaltungsrecht. Ein Studienbuch. Band 1, 9. Auflage, München 1974

— Verwaltungsrecht. Ein Studienbuch. Band 2, 4. Auflage, 1976

Würtenberger, Thomas: Recht auf Erziehung und Bildung, in: E. Jordan (Hrsg.): Jugendhilfe, Weinheim und Basel 1975, S. 134 ff.

Zacher, Hans F.: Pluralität der Gesellschaft als rechtspolitische Aufgabe, Der Staat 9 (1970), S. 161 ff.

— VVDStRL 33 (1975), Diskussionsbeitrag, S. 273 ff.

— VVDStRL 34 (1976), Diskussionsbeitrag, S. 284 ff.

Zimmer, Gerhard: Funktion — Kompetenz — Legitimation. Gewaltenteilung in der Ordnung des Grundgesetzes, Berlin 1979

Kolibri 360 GmbH
Ferdinand-Jühlke-Straße 7
99095 Erfurt, Deutschland
produktsicherheit@kolibri360.de

Druck:
CPI Druckdienstleistungen GmbH
im Auftrag der
Kolibri 360 GmbH
Ferdinand-Jühlke-Str. 7
99095 Erfurt